行动研究系列丛书

杨静　刘源　主编

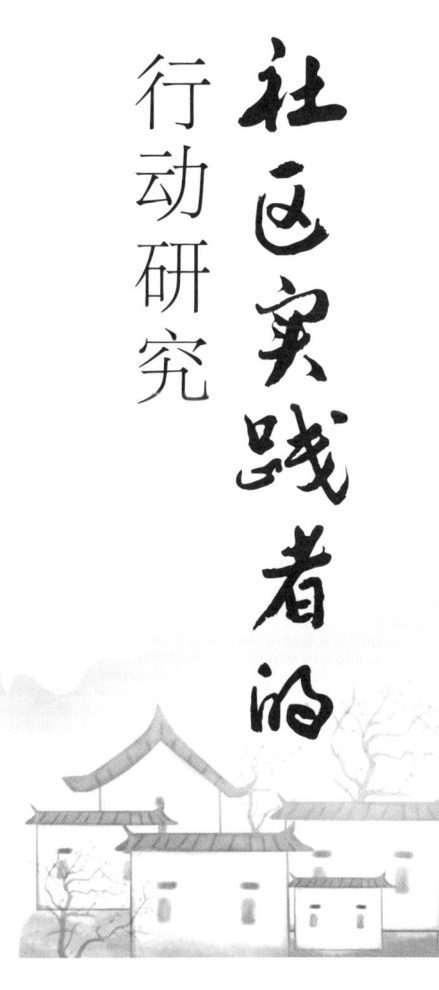

ACTION RESEARCH OF COMMUNITY PRACTITIONERS

社区实践者的行动研究

社会科学文献出版社
SOCIAL SCIENCES ACADEMIC PRESS (CHINA)

序 一
如大地般厚重，像恒星般闪耀

刘 源

初识行动研究，还是我就职于一家国际非营利组织的北京办事处时。十多年前的公益圈，蓬勃有闯劲还有满满的可能性，但社区一线行动者们在耕耘前行的道路上，也时不时遭遇能力瓶颈，常常四顾而无门。为数不少的公益同仁急需个体解惑赋能支持，与此同时，社会工作如何基于本土特点发展出中国内地自身的方法、视角和价值，也成为当时日渐迫切的需求。我与中华女子学院杨静老师的相识与合作正是在这样的背景下开启的。大约10年前，杨静老师主编的《在地人形——本土农村社区组织工作探索》一书，将一批公益前行者的实务经验和理论思考集结成册，这正是杨静老师开始探索通过学习网络的方式培养实践者成长路径的开始。我记得最早的一批青年农村工作者共同研读行动研究经典书籍，他们一点一点地辨识概念、一次一次地对谈讨论、一遍一遍地修改文本……最终于2015年推出《行动研究经典读书札记》。这本书既是干劲十足的行动者对自身实践进行反思和领悟的结晶，也是发展领域的工作者以自身工作和成长经历为剖析样本，惠及更多业内同行的真诚奉献。

从点滴行动到落于文字，再到反复修改最终成文，这个历程对于每一位行动者而言都是难之又难的，但对于经历过这一淬炼的伙伴来说，得到的成长也是显而易见的。更为重要的是，经由这样的集体协力赋能成长，行动者获得了阐释自身行动的权利与可能性，在依赖学者研究之外，多了一条自我叙述的路径。

正是有了这样的"可贵经验",2022年,万科公益基金会支持的"恒星伙伴计划"与杨静老师多年锤炼已成体系的实务者赋能行动研究"双向奔赴"。2018年至2023年,万科公益基金会在五年战略规划的指引下,聚焦"可持续社区"目标,致力推动环境保护与社区发展,打造"美美与共的未来家园"。在此期间,基金会先后支持了300多家各类伙伴机构,实施了400多个项目,其中,始于2020年至本书出版时依然持续资助的"恒星伙伴计划",是专项支持具有区域引领能力的可持续社区机构或组织负责人的成长项目。"恒星"作为天体的一种,不仅自身发光发热,也产生能量向外传输。以此命名,恰是寄托了基金会对入选伙伴们在自身组织力、领导力、业务力各方面不断提升,并为其所在区域内社会组织培力,共建可持续在地社区生态系统的殷殷期待。2020年至2023年8月,28家恒星伙伴计划成员行动辐射到全国18个省、自治区和直辖市,至2023年底累计服务494个社区,直接服务人数达到100.81万人,间接影响超过500万人次。平均1个机构覆盖33个社区,直接影响6.7万人,可以说非常优秀地达成了立项时的目标与期待。

"建设行业生态园"是万科公益基金会重要的关注点。在恒星伙伴计划实施过程中,基金会逐渐意识到,伙伴机构发展程度各有不同、成员具有的特质和专长也有区别,如何伴随伙伴成长并因材施教提供更好的支持,推动伙伴成长,是基金会应该重点考虑的。2022年3月,基金会与北京市近邻社会工作发展中心(以下简称北京近邻)合作,联合北京合一绿色公益基金会、质兰基金会等机构启动了"基于行动研究的可持续社区领域实践者综合能力提升项目"(以下简称"可持续社区行动研究学习网络"或"行研项目"),这也是万科公益基金会追求有效资助的驱动力使然。

来自恒星伙伴计划、质兰基金会资助伙伴以及西部地区优秀社会组织的负责人等18位行动者结成研习团队,两年间共同阅读经典求索知识,从前人智慧中汲取养分;一起走进广袤的中国大地,从扎根社区的前辈处获得力量;团体内部拉开空间彼此映照,理解他者的同时实现了对自身的反观。在这段历程中,学员们克服了工作压力、时间压力和环境压力,以且行且"挣扎"的顽强,扛住了行动研究的磨砺,自身破茧成蝶之余,也完成了行动研究报告的书写,其中的酸甜苦辣,相信各位读者展开此书时会有深切体会。

研习营员们以社区为志业场，深耕于社区营造、生物多样性保护、社区环境治理、社工服务、机构传播等多个领域。在阅读过程中，四个可以描述他们共性的词语逐渐清晰于我脑海中。一为真诚。各位作者并非公益新人，他们梳理自身来路，直面曾经的自己，不回避不闪躲，一点点剖析自身成长的动力来源——并非一蹴而就或命中注定，而是生命中的每一步带来了变化的下一步。在文中，他们与当年的自己再次相逢，也向读者们呈现了行动者的成长脉络。二为求解。自始至终（甚至大概率还将持续下去），作者们在社会工作中、在自身成长中总是在遭遇挑战、陷于困境、苦于出路，又一次次凭借自己的韧性、能力和突破脱困。解扣过程中，团队自身和周围同道的鼎力合作至关重要，可以说是从个体行动向团队协力的递进之道。三为明理。在个人成长脉络的事实呈现之外，每一篇文章中对于社区、环境、行动、挑战乃至社会的思考，让我看到作者基于"人"和"事"又归于"理"的反思。这就超越了一般的个人生活历程梳理，而且犹如透镜般由小见大辨明道理。四为安心。通篇看下来，我时常在结束处轻舒一口气，并不是前路再无阻障，而是体会到作者们拥有了也无风雨也无晴的"心安"感。作为致力于推动社会良善治理的行动者，真诚、求解、明理、安心四个词可以描绘我们心目中的美好社区，而行动者自身也渐渐靠近这种状态，真是美美与共了。

对于本书大多数作者而言，这可能是他们首次细致地书写自身，进而观照自身，相信这对他们而言仅仅是一个开始。若前路依然，衷心期待实务践行者们在今后的磨砺中，见人见事之余，还要拓展到见脉络见社会，并打磨"于无声处听惊雷"的笔力。唯此，一个个实务者的故事才会集结成我们自己的行动社会史。

写下这些文字时，我本人已开始了一段新的职业旅途。十多年来，作为与行动研究一路同行，也深受其滋养的公益人，我想借此序文感谢并致敬中华女子学院教授、北京市近邻社会工作发展中心创社理事长杨静老师，她以知识、智慧，更以满满的一颗真心引领着整个行研过程，这本身就是一次行动研究带来改变的言传身教；质兰基金会的张颖溢秘书长，她打造了独树一帜的物种保护资助机构，且深具不多见的社区发展关怀，不仅联合资助了本项目，颖溢及其同事陈楠更是躬身入局加入学习，她们灵动的观点常给行研伙伴们带来别样的启发；资深公益人李大君老师是恒星伙伴计划的执行负责

3

人,也自告奋勇担任本次行研项目的"学习委员",大君老师在公益和行研道路上的探索经历一直是伙伴们的榜样;万科公益基金会负责行研项目的张艳和林虹女士,不仅先后接力踏实认真地确保项目高质量推进,也在行动研究中实现了自身的成长。张艳看到了伙伴们通过梳理自身发展脉络,进而带动机构发展、深化行动策略,产生了良好的延展效果。与伙伴们的互动也给了她汲取力量继续前行的能量。作为一位经验丰富的资助工作者,林虹曾与我讨论行动研究项目中,伙伴们的变化过程对自身工作的启发,意识到若要推动人的改变,确实需要付出更多时间、葆有更多耐心,将此思考放眼于行业,则需要资助方和实施方都要看到并理解时间与耐心的重要价值。

本书作者们生活于祖国各地,从西北雪域到东海之滨,这本行研文集是他们不懈前行道路上克服重重困难的一次集结。他们以此行研"修炼"之旅,淬炼自身,使自己更具行动韧性,也更具能量,从而延展自身、回哺团队甚至滋养家人。我想这正是行动研究的独特魅力,它不仅助力我们在工作中思考与行动,更能协力我们成长为一个更为整全的个体、一个具有独立思考和扎实行动能力的人,进而继续投入行动中。正是一个个独立的人的成长强大及不断实践,我们所共同追求的美美与共的未来家园,才有可能实现,也才有了真正的价值。

伴随行动研究在中国内地走过的十余年,我深切领略过行动研究为一线行动者注入的能量与价值,也欣慰在可持续社区建设道路上,行动研究依然发挥着它的独特魅力——带领我们看到个人、行动、工作、团队、环境等不同圈层、不同维度之间的脉络关系,实践者在行动中不放弃思考,坚持不懈地提高自己的能力以指向更扎实的实践,并以陪伴成长的方式助力更多行动者。

前路依然迢迢,愿我们继续携手前行,如大地般辽远厚重;也愿我们转角处不断重逢,犹如恒星般照亮彼此。

序 二
行动研究，带苦味的蛋糕

张颖溢*

许多人都曾问我，什么是行动研究？虽然我总努力想说清楚它的概念和价值，但还是很难给个确切答案，一是由于我自己也在学习的过程中，对它的理解也在不断变化；二是谈话的对象、语境和场景不同，答案也不尽相同，有时我是在劝说对方参加行研学习，有时是与基金会同行共同探讨行动研究的意义与价值，有时则是在学习中感到迷茫的伙伴们自我怀疑时的追问。

杨静老师总结的行动研究的核心要义，形式优美、寓意深刻，看似一块美味的蛋糕。

> 脉络中的行动者——脉络要梳理
> 处境中的行动者——处境要清晰
> 关系中的行动者——关系要对待
> 过程中的行动者——过程要持续
> 结果中的行动者——结果要负责

---

* 张颖溢，质兰基金会创始人、秘书长，国家林草局世界自然遗产专家委员会成员，IUCN自然保护地委员会EAGL专家组成员，IUCN物种生存委员会灵长类专家组成员，国际社区保护地联盟理事。从2017年开始关注和学习行动研究，并将其融入质兰基金会的资助工作中，支持受资助的伙伴学习行动研究，然后将其运用到相关的社区工作中去，推动当地社区的绿色扶贫和可持续发展。

但细品下去，往往是五味杂陈，甚至"苦"不堪言，因为每一句都指向要行动、不要"躺平"，要负责、不要逃避。学习者往往要啃读艰深难懂的论文与书籍，在繁忙的工作和生活中挤出时间共学、讨论、写报告；要学会直面各种问题，在关系和脉络中去反思和剖析自我；要能时刻警醒心头随时冒出的偏见与刻板印象；要能学会倾听；更要能负责任地反映与对话，担起自身行为的种种后果。

这种"苦"不只是身体的劳累，更是抵抗人性自我保护本能，而扒开自己进行检视的痛苦。每一桩每一件都在挑战自我已固化的行为模式与思维习惯，逼着自己走出舒适区，从改变自我做起，然后去改变他人。

与此同时，学习的益处却往往不那么直接与明显。成长的那一刻也许是你开始察觉到，每一个人、每一个念头背后都带着视框，对自己"当然"和"应然"的念头开始冒出一丝怀疑，会想着到关系中和实践中加以验证；也许是你开始感受到，在对话和关系中被听到、看到的强大力量，从而反思自己的一言一行在对话与关系中可能产生的后果；也许是你开始观察到，在一个团队内部，每个人的每个念头与行动，影响到了整个团队的样貌与走向，从而看到自己存在的方式和由此产生的影响……

一言一行是行动，一心一念也是行动。行研这块蛋糕若能吃得下，就有能力逐渐看到行动背后的复杂脉络。对此进行梳理、分析与研究，不仅能让学习者（也是行动者和实践者）知晓自己从何处走来，了然和应对每一次重要抉择、每一个困难与挑战，也能理解自身的行动对他人的影响，从而更清晰地看到自己的初心和信念、困惑和怀疑、青涩与遗憾、沉淀与经验。

所以，在接下来每一位学员的行研报告中，你能看到他们对自己某一时期或某一方面行动脉络的梳理过程和结果。在字里行间，你会看到这些社会实践者的笃定与坚持，看到他们在实践中积累的、任何书本和理论中都找不到的宝贵知识与经验，也能看到他们的挣扎与纠结，不安与掩饰。这就是行研学习小组这个由学员共同构建出的新行动场域到目前为止的状态和成果。一切才只是刚刚开始，行研对实务工作者带来的改变已经在不知不觉中萌芽。

前　言
共学动能："可持续社区行动研究学习网络"回溯的行动研究

杨　静

说在前面

本书的主要文章，主要来自"基于行动研究的可持续社区领域实践者综合能力提升项目"（简称"可持续社区行动研究学习网络"或者"行研网络"）的成果。该项目从2022年3月启动到2023年10月结束，由万科公益基金会和北京市近邻社会工作发展中心联合发起，北京合一绿色公益基金会与质兰基金会参与支持，主要支持恒星伙伴计划成员以及质兰基金会的合作伙伴，还有来自甘青行动研究网络[①]和其他公益机构的伙伴，提升他们反映实践的能力，梳理工作经验，生产实践者的知识。

作为项目发起人和主要带领者，我想借本书的出版，对一年多的学习历程做一个回溯，以"学习动能"作为回溯过程中的核心研究议题，探寻一年半的学习历程中，学伴们是否启动了个人学习和共学的动能。回溯将起到三方面的作用，一是对项目进行自评，二是带大家温习整个行研学习的历程和各阶段学习的理论，三是做一个"对行动反映"的行动研究。

动能这个概念来源于物理学，是指让物体动起来的一种能或力，人有内

[①] 从2018年到2019年，我带的甘肃、青海行动研究网络，后来因为疫情中断。

动力和外动力之分。为什么要强调学习动能？《行动科学》一书认为，如果一个人还处在第一型学习理论的思维方式中，说明还在惯用的学习思维模式中。人真正发生改变是在启动第二型学习理论后。第一型学习理论是确定目标，自己努力，在工作中防御性比较强，比较封闭，在学习过程中尽量避免生成或者表达负面的情绪，要保持一种理性，单方面地保护他人不受伤害，创造一种行为规范，召开私人会议，不公开验证对错，沉默，不愿意有冲突，你好我好大家好等。第二型学习理论是自由选择，在执行过程中持续监督是否偏离了最初的选择，设计者开放、合作，共同成长，不怕冲突，在人际交往中有比较少的防御机制，以学习为导向，互相信任，公开面对问题、公开验证理论，双向学习，不只是我来学，而是从同学中学，老师也可以向学生学，等等。

学伴们的学习动能从第一型转到第二型，这是我对学习网络的期待。我回溯研究的态度，用《行动科学》一书中的一句话来描述：研究者要有坦诚开放的态度，放下自我防卫，接受参与者的检查与批评。这个过程同样是相互教育和学习的过程。

回溯研究的资料来源，首先是基于学伴们提交的各种作业和一对一辅导、访谈，其次是基于我自始至终沉浸式参与其中的体验和观察，再次是基于项目开展以来，每一次行动、小组会议、大组学习、大家发言的详细记录。既然是行动研究报告，就要坦诚面对行动过程中所有影响行动的因素，无论是正向的，还是负向的。歌功颂德、无关痛痒式的总结，能让大家感到舒服，却无助于真实的学习，有冲突和痛苦才是学习的开始。

本文中的观点是基于我个人视角的呈现，所得出的判断、结论难免有偏颇，需要学伴们进行检验。严谨一点说，文中的结论应该从分析每一个人的学习情况、学习动能等方面得出，但从时间顺序上来说无法达到，因为个人评估报告要在学习结束后才能书写，所以，在叙述过程中只能用"一部分人或少部分人"等笼统的话语来总结大家的学习，对每一个人的学习可能并没有充分地认识和评论，请大家在此背景下去理解，其中有不妥的观点和结论请放到个人评估报告或各小组评估中进行对话、检验。

第一部分　学习网络的缘起

一　为什么我要推动行动研究

每个人都要基于自己的行动位置开展行动研究，要说清楚为何要推动行动研究，且以网络式共学的形式来开展，就必须要讲一个行动的脉络。

(一) 一个成人教育者的课堂教学需求

我曾经执教的中华女子学院（以下简称"女院"），最早是全国妇联妇女干部培训学校。从1986年进校到1995年期间，我的教学对象是在职脱产学习（大专文凭）的妇联干部，这段经历对我日后学习和推动行动研究产生了非常深刻的影响。

试想，一个刚毕业的大学生去教有丰富实务经验的妇女工作者，教的还是妇女工作管理、妇女解放理论等与实务紧密相关的课程，怎么教？有很长一段时间，我的内心经历着心虚得连脚都迈不进课堂的尴尬，也迫使我产生了强烈的冲动——去基层了解妇联工作。

1990年，我主动要求去河北省衡水地区妇联挂职一年。其间，我跟着地区妇联主席张锡然走遍了衡水各县妇联，目睹了基层妇联干部与百姓同吃同住同劳动和非常有智慧地解决问题的诸多方法。我在《中国妇女报》陆续发表了好几篇文章，讲述她们的故事。那一年的经历，让我的教学和研究与她们结下了深厚的缘分，种下了想挖掘她们身上带有智慧经验的种子。我的博士学位论文——《女领导干部生命故事研究》也是这个种子发的芽！

20世纪90年代兴起了诸多回应妇女问题的妇女NGO。因为有女院老师的身份，我参与了北京几家妇女NGO，如王行娟老师主办的红枫妇女热线、陈一筠老师的京伦婚姻家庭研究中心、皮小明律师主持的妇女法律援助中心等的志愿者服务，从参与的各种志愿服务中学习了诸多前辈公益人的精神和经验。1995年，我参加的第四次世界妇女大会，开阔了我对妇女问题研究与解决的视野。2000年我加入了京津社会性别小组，学习到了参与式培训的理念和方法……这些从教学开始的实践，不仅丰富了课堂教学活动，带动我开始思考书本中的理论和实践对接的问题，而且开启了我的公益之路，从此我乐此不疲。

(二) 实践中感受到梳理实践者经验的紧迫性

真正感受到梳理实务经验的紧迫性，来源于硕博学习中的理论碰撞。

2000~2003 年，我参加了香港理工大学和北京大学联合举办的培养中国社会工作教育者的社会工作硕士班。读书期间，我有意识将所学理论与我的公益经验对话。如学了北京大学王思斌老师的社会政策课程后，课程作业我就将参与的反家庭暴力工作写成了一篇文章《家庭暴力：从问题到社会问题、政策问题的成因》；学了北京大学林彬老师的质性研究中的行动研究内容后，写了一篇文章《对北京城市下岗女工行动研究的反思》，反思这个项目在实际操作中所使用的行动研究的理论……由此，我自觉不自觉地开始了西方理论与本土实践的对话工作。

2001~2009 年，作为德国米苏尔社会发展基金会的顾问，我接触到很多发展领域的老师，如绿色流域的于晓刚老师、云南思力的况荣平老师等，他们的公益领域涉及扶贫、心智障碍、农药替代、社区工作、环境保护等。我发现这些在各领域有着高学历和研究能力的公益人，似乎是基于自己的专业在解决环保、农药替代、橡胶林改造中的问题，但最终要解决的还是人、社区的问题，且卓有成效地解决着农村的发展问题。正在香港理工大学攻读硕、博学位的我，一面学习理论，一面在和他们的经验对话，觉得这些发展领域的经验应该成为社会工作教育的素材，并占有一席之地，当时我就是这样想的。

这个想法变得清晰起来，要从六家妇女 NGO 经验梳理的项目说起。2004 年，中国 NGO 遇到了一次非常大的挑战，一些国际组织进入中国，要求正在蓬勃发展的 NGO 进行规范化治理，如必须有理事会……那时候没有非营利组织单独注册的政策，NGO 要不挂靠在行业协会之下，要不进行工商注册。老一批的 NGO 都是志同道合的朋友一起想解决某个社会问题而组建的，没有什么正规的理事会，也没有全职工作人员。

1988 年就成立了陕西省妇女理论婚姻家庭研究会的高小贤老师，觉得中国的 NGO 有自己的发展路径，应该总结这些经验和国际组织对话，给更多正在兴起的 NGO 一些经验。2004 年，她申请了德国米苏尔社会发展基金会的资金，组织了发展比较早、比较好的六家妇女 NGO[①]进行二十年公益之路

[①] 六家妇女 NGO 包括陕西妇女婚姻家庭研究会、北京红枫妇女热线、河南社区教育研究中心、北京大学妇女法律援助中心、北京农家女、西双版纳妇女儿童法律援助中心。

的经验梳理。我以米苏尔顾问兼协助者的身份，有幸全程参与了2005~2008年，历经3年，共计5次的经验梳理会。主要议题有：要不要组建理事会、要不要职业化及专职化、如何培养年轻人/接班人/团队以及如何面对多年培养的年轻人离开等，这些议题迄今为止仍是社会组织发展必须回答的问题。其内容之丰富、宝贵对我后来的公益之路产生了极其重大的影响，尤其是让我看到中国NGO有自己独特的发展条件，不能简单地套用西方社会组织管理的办法和要求。部分经验收录在高小贤等老师主编的《激情、使命与行动——中国妇女NGO的公益之路》这本书中。可惜，大量丰富的带着泪水的知识，基于种种考虑无法呈现。

2001年，我在云南平寨（被称为"中国第一个专业农村社会工作发起地"）进行硕士阶段的实习，2005年之前，我利用暑假参与了平寨的一些工作，也带着满腔的热情，先后将我的两位学生刘静和张杨送到平寨工作。这段经历让我强烈地认识到，一是必须贴身带一线工作者，二是农村社会工作实践或者学科建设，应该建基于已有的本土农村发展或者农村工作经验。我强烈地感觉到学者们基于实践做的研究似乎回不到，也指导不了实践。基于上述经历，2007年，我成立了北京市近邻社会工作发展中心（以下简称"北京近邻"），躬身实践我的思想。2008~2010年，我组建了一个农村社会工作学习网络，旨在梳理本土农村工作经验，供社会工作教育作为案例教材使用。

网络学习初始，"农村社会工作学习网络"的名称就被参加的老师们颠覆了，他们称自己是20世纪90年代以来的发展工作者，不想给自己冠以社会工作之名，于是我将名字改为"农村发展工作者学习网络"。鉴于我发起的初心是和来自西方的专业社会工作学科相区别，将本土性的经验带入大学社会工作专业教育中，作为教学案例，因此我仍然将没有经过西方社会工作专业训练、没有专业身份（学历或者资格证书）的人的实践称为"本土性农村社会工作"，他们就是我心中中国本有的社会工作者。于是，2008~2010年，在米苏尔社会发展基金会等的支持下，我们邀请梁军、高小贤、于晓刚、况荣平、毛刚强、郑冰、杨云彪、陆德泉、向荣等关注和开展农村发展工作的老师一起梳理经验和理论，集结成《在地人形——本土农村社区组织工作探索》这本书，并正式出版。从此，我走上了一条梳理本土实务经验和以学习网络培养实践者的路，也因此接住了后来的夏林清老师在大陆推动的行动研究。

（三）带团队、培养人急需方法

无论是六家妇女 NGO 的研讨，还是农村工作学习网络，大家强烈感到团队难带，人难培养，且非常需要后继有人。2005~2007 年，一个偶然的机会，我主持了一个带一线工作者团队的项目，深刻体验到带一线团队和带学生实习完全是两回事，一个在公益领域走了十多年的老师遭遇了滑铁卢。初遇夏林清老师的行动研究时，不知她用了什么力气，让这群年轻人服服帖帖。而真正感受到夏老师推动的行动研究的魅力，还是在与我创建的北京近邻的深度相遇中。

多年在外"指手画脚"当专家、当督导、当顾问，隔靴搔痒不如自己躬身亲耕。2007 年，我和两个毕业的学生、一个打工者组建了北京近邻，在这样一支特别的队伍中，不仅有社工专业的本科生，拥有硕士、博士学位的人，还有打工人，没想到张力由此显现。遇到难题，我们总会归结为人的问题，看不见或者看不清人背后起作用的深层因素，看不到彼此的差异。依靠情感组建的团队，出现张力之后的杀伤力也大，都是内伤。

我想不出是什么原因让张力如此之大！我使出浑身解数，一线工作者还是觉得隔靴搔痒，怎么贴身才是贴身？为何贴不到大家心里的问题？此时恰逢夏老师的学生王芳萍在北京读博士，我了解到她使用行动研究的方法搞团队关系很厉害，但不知道行动研究是什么，我就邀请芳萍给我们的团队关系解困，经过一年的贴身督导（反映对话），才让团队中的每个人彼此看见，为北京近邻后来走行研之路奠定了基础！以此我体会到行动研究的力道，决心创造条件学习行动研究。

从 2007 年起，我通过组建北京高校社会工作老师行研学习网，学习行动研究。2010 年，农村发展工作者学习网络（以下简称"老网"）结束之后，基于对年轻人培养的需要，2010~2012 年，以老网机构中的年轻人为主，我组建了一个"农村青年工作者行动研究学习网络"，将夏老师及其团队引进来，第一次使用行动研究方法带人、带团队。第一期五次网络学习之后，北京近邻团队的行动力明显增强，但对于究竟什么是行动研究，为何要使用反映对话等问题的认识大家还是云里雾里，我觉得还是需要知道行动研究理论的。

2013~2015 年，我申请了一个带着农村学习网络的青年人研读行动研究经典著作的项目，以研读心得作为导读内容，并编写《行动研究经典读书札记》一书，供热爱行动研究的学习者参考使用。通过编写这本书，我从理论上明晰了来自西方的行动研究的脉络和核心内容，也理解了夏老师所开展的反映对话，在反映什么和如何对话。

2015年之后，我开始了边学习、边总结提炼、边推动行动研究的历程。2016年，我对玉树州金巴慈善会二十周年公益之路的梳理和未来五年的战略规划，就产生于我用行动研究反映对话的方法和金巴核心人员的讨论。2017年在两期以"周山村"为典型案例的研习中，梁军老师梳理的周山村案例，编入了《悄然而深刻的乡土变革——本土性农村社会工作探索》这本书。2016~2018年，我带领四个陕西农村养老团队展开养老项目的行动研究。2018~2019年，我带领甘肃青海行动研究学习网络项目，后来因为疫情中断。2020年，我作为顾问参与了银杏基金会抗疫行动的梳理。2022年，基于各种机缘和条件，这个可持续社区行动研究学习网络成形了。

一路走来，我觉得行动研究发挥的直接作用是梳理经验、提升个人的实务能力和反映对话能力、改善团队关系等。再如学会基于自己的实践生产知识等意想不到的诸多效果不再赘述，想必大家有所体验。

通过近十年边学习边整理行动研究理论和实践的过程，我基本上形成了一套带领实践者开展行动研究学习的理论和方法，这更坚定了我推动和传播行动研究的信心。

有人问，推动实践者学习行动研究，究竟是从理论入手还是从实践入手？其实，从理论入手还是从实践入手都不重要，重要的是你能否给自己一定的时间沉浸下来学习。改变取向的行动研究是一种思维方式的变革，不是听课、读书就能学到的，需要我们不断磨炼，有耐心且投入一定的时间和精力。我之所以称其为"实践者的行动研究"，和学者开展的行动研究加以区别，是因为二者的行动位置、起点不同，终点就不同。

二 为什么用"共学"的形式

使用"共学"的方法和行动研究所倡导的民主参与、对话等理念十分契合！

自2000年以来，所有的国际援助项目中必须加入社会性别的视角，参与式理念随着国际援助进入中国，我参加的京津社会性别小组所有的培训，必须使用参与式方法。《受压迫者教育学》提及的对话式教学，将参与式方法和社会工作课程中的批判课程论等联系在一起，加深了我对参与式的理解。参与式方法成为我在课堂教学、带工作坊、学习网络中使用的主要方法。行动研究使用的"反映对话"，更加彻底地践行了参与式的理念。我称之为"共学"，一方面是基于参与式的理念和方法，一方面是基于对《行动科学》第一型学习理论和第二型学习理论的认识，下面会谈到。

三　为什么是"这群人"组成学习网络

（一）项目支持方

此次项目主要由万科公益基金会支持，也主要得益于时任基金会的项目总监刘源博士。她将这个项目作为赋能恒星伙伴的一个内容，若不是她的洞见、认可和支持，也不可能启动这个项目。她在香港工作期间，就支持北京近邻推动行动研究的工作。从 2008 年的"老网"，再到后来的青年人网络，以及 2018 年《悄然而深刻的乡土变革——本土性农村社会工作探索》一书的出版，她都是其中重要的支持方。

2018 年，合一绿的李大君将我引荐到劲草同行项目做公益导师，作为劲草同行项目成员的大君发起了劲草伙伴的行动研究学习小组，坚持到最后的，就是当时作为劲草伙伴和后来成为质兰基金会秘书长的张颖溢。张颖溢成为质兰基金会秘书长后，就在质兰伙伴群中力推行动研究，这也是质兰伙伴加入的原因。

说实话，没有支持团队的洞见和远见，很难有这样的项目！

（二）项目组

项目组成员是一直学习、认同行动研究的同路人。李大君不仅在劲草同行项目中积极推动，还将行动研究放入他主要负责的恒星伙伴计划中，行动研究对恒星伙伴产生的效用，给了万科公益基金会批准支持该项目的信心。项目组的高队（高思发）曾是 2010 年农村青年工作者行动研究学习网络的成员，之后一直在自己的机构使用和推动行动研究。陈楠是质兰基金会的副秘书长，此次也是学习伙伴，代表质兰伙伴参与到项目组织中。高队因为工作太忙，经商量换成恒星伙伴的杨旭伟（岩羊），还有北京近邻的张杨和鲁清香。张杨自近邻创始就一直在参与和推动行动研究工作。

项目组所发挥的作用有两个，一是支持，项目组成员相互支持把小组学习带好；一是学习，尽管每个人有多年的学习行动，但几乎没有系统学习过行动研究的理论。我本人期待通过组建项目组，推动这些一路走来的同路人能相互学习和促进，因此，我们这些人组成了一个项目组，网名叫"行程码"（疫情期间必须使用的），每个月都有一到两次线上会议，大大小小的学习活动都经过大家协商讨论后决定。

（三）学习伙伴的组成

学习伙伴一部分从万科公益基金会支持的恒星伙伴中选出，总共八人；一部分来自质兰基金会的伙伴，有五位；还有三位甘青行动研究学习网络项目的伙伴（2018年组建了甘青学习网，因为疫情停止），以及两位多年的公益人，都是自愿自费加入。伙伴关系中有多种结构和身份存在，包括资助方和被资助者的关系、夫妻关系、一个团队的上下级关系、多重的合作关系等。学科、领域各异，印证了团体动能学理论中"一个团体呈现了成员作为个人系统、成员系统、团体系统、团体整体系统的多层"的说法。可想而知，带这个学习社群面临的挑战。

伙伴差异性大，对一个学习社群来说有利有弊，若能产生共学，则带来更多学习的可能性，若无法产生共学，也将成为减弱动能的原因。

关于学习网络的环境，有些时候会将学习效果欠佳归因为疫情，我起初以为没有多大影响，因为有没有疫情，学习都是线上和线下相结合，只是因为疫情推迟了线下学习的时间。但疫情之后，大家疲于忙疫情期间落下的工作，寻找资源求得机构的生存等，确实影响了一些伙伴的学习动能。

上述的说明，回应了学习行研的一个知识点——脉络中的行动者、处境中的行动者，即在什么样的脉络、什么样的处境之下产生了这个学习网。

第二部分 学习网络历程分析

这部分我主要针对学习网络运作进行分析，核心仍然放在学习动能上。

一 学习网络的目标设定

学习网络的目标，主要依据平时带行动研究工作坊的经验、万科公益基金会支持恒星伙伴的目标和一部分学员对行动研究的学习需求而定，为"深度赋能实践者，促进和加强行业的生态良性发展"，与之相对应的还有三个分目标：促进个体能力和团队协作力的提升；构建行研社群，促进伙伴们成为行业的推动者；梳理经验，生产实践知识。

2022年4月，学习网络启动一个月后，我们开展了一次线上读书会。看到大家交上来的读书感受，通过一对一沟通和约聊后的反馈，我发现大家对行动研究的认识非常有限，且三分之一多的人是被基金会推荐而来，学习动能不大，实现初定目标的难度比较大。据此，项目组讨论制定了一份详细的学习计划，总目标微调为"培养具有反映能力的实践者"，具体目标定为"了解实践者行动研究的知识、提升反映对话能力，拓宽视野、梳理工作经验，改善实务品质"等比较切实的内容，把维度降下来。

二 为了达成目标的行动策略

参加行动研究学习后，伙伴们提交一份基于经验梳理的行动研究报告，作为可见、可评估的成果。本书的文章，基本上是从个人行动报告挑选出来的。但这并不是说，书写一份行动研究报告就做了行动研究，这只是实践者的行动研究之一，即对行动的研究。

我强调的是，以对行动研究报告书写过程的辅导为抓手，由此展开对行动研究的学习。书写报告并不是唯一目的，在这个过程中的学习才是重中之重。协助实践者"说出来，说清楚；写出来，写清楚"，既是协同探究者的能力，也是实践者必备的能力，这两者也是相互支撑的。我们的辅导过程，两者兼而有之，一并训练。"说"和"写"能够帮助实践者站在另一块高地去审视和发现自己行动的意义。对我们协作者来说，从一个实用的行动研究报告入手，即从"术"入手，目的是走到"道"上，即必须达到产生改变和"共学"（第二型理论）的思维，实现民主平等、尊重、反映对话、共构知识、批判性思考等。

实践者若要写好一个报告，必须了解什么是实践者的行动研究。与其他学者做的有何异同？研究报告要以什么资料为证？这些资料或结论是否经过团队的公开检验？为什么要通过反映对话的方式进行经验梳理？为什么实践过程中的行动研究（在行动中认识和反映）更重要？一个行动研究的报告与项目工作报告和学术报告有何异同？等等。实践者行动研究的学习就在以完成报告为目的的过程中展开了。

实践者知识服务的对象是民众，其次是同行。因此实践者的知识首先是

"大众化"的知识，表达方式一定要适合民众。民众接受了，才能推动改变。知识的"表达"，不能是一套套"高深的理论"，而是深入浅出、言简意赅、人人都能听得懂的"大白话"。表达的形式要多种多样，普及读物、戏剧、影像、村报、自媒体等，都是表达的平台，而未必是学术刊物。表达的目的，不是"发表学术文章"，而是服务于"改变"——人的改变和社区的改变。实践者要有自信，相信无论多么高深的理论，都要经由从理论到实践，再从实践到理论的数次循环才会产生，而在这个循环的过程中实践者的作用是无可替代的。实践者的知识和学术知识有不同的价值观和评价体系。学术知识最忌讳"抄袭"，实践者知识却主张"共享"，因为实践者知识不是某一个人独有的[①]。

实践的场域就是实践者的用武之地，是实践者拥有的"知识生产"平台，只要坚守实践者的价值观，不去认同什么"理论高位、实践低位"，就能在知识生产中做出一点自己的贡献。我也是在协助实践者不断总结、提炼和书写的过程中，慢慢有了底气，体会到实践者有能力研究自己的行动，同时再用实践者的知识去印证理论、丰富理论，甚至创造理论。

但我们这个策略，被一些人误认为是一个任务性的学习，来学习就是为了完成一个行动研究报告，对自己和基金会有交代。

有很多项目也在支持实践者梳理经验，让大家很快写一个经验报告，或者请学者写一个有学术规范的文章，这样又有成果又不累，大家都很欣喜。还有一些培训或者只做对话和参与式训练，或者只做项目报告书撰写、项目运作等项目管理或团队关系协作。这些如同西医，将一个实践者日常实践工作涉及的方方面面切割成若干块，每一块都变成了一个专门的技术，看上去简单好学见效快，但在实际工作中，各块都是相互依存、相互支撑的存在，是实践者不能缺的整体训练，不能头痛医头，脚痛医脚。也有人建议我把行研学习变成初级、中级、高级等进阶式的学习，每个阶段变成一种产品。做公益走商业逻辑，未尝不可。但我要问自己，为何要推如此艰难的行动研究？不就是要培养具有系统思维、批判思维的反映实践者吗？实践者改变取向的行动研究就是要用中医思维，将实践者以及他们开展的实践看成一个有机的整体，从学习中看到实践者的战略规划、项目规划，结果和目标达成的

---

① 此段参考2023年6月份周山村梁军老师在行动研究研习营的讲座。

关系，这都与实践者的分析和介入，有极其紧密的关系，因此需要投入时间，通过反映对话，慢慢整合、勾连、辨析……道阻且长，行则将至，这是改变之道！

三 学习网络的学习手段及内容

我们主要使用线上读书会、线上专题讲座、线下工作坊、一对一的反映对话、线下区域辅导、反映对话专题练习、小组对话练习以及书写行动研究报告八种手法，从不同的侧面来推动伙伴完成学习目标。这套组合拳，大概也是这二十年探索出的培养实践者的方法体系吧！

（一）线上读书会

在多年推动行动研究的过程中，是否要读关于行动研究的书以及怎么读，迄今没有一个好的经验。我自己的学习，不是从理论开始的，而是从实操开始的，在学习过程中充满了迷茫，因为我不知道为何这么问？为什么要这么做？以至于我决心申请一个项目进行理论上的导读，搞清楚背后的原理。因此，这十年来，将实践者的行动研究搞清楚、讲明白就成为我的行动研究。我认为理论和实操要同步进行。

理论要读什么，所有的学科都一样，要读经典原著。所以，我们开了线上读书会，从学习行动研究的经典著作开始。

我们先推荐大家学习《反映的实践者》《行动科学》这两本书。因为这两本书的核心内容一脉相承，基本上定义了实践者开展的行动研究和学者们的研究不同。夏老师改变取向的行动研究则是在此基础上在台湾的脉络中发展出来的。这是行动研究理论学习的重要书目。

《反映的实践者》探讨了专业工作者如何开展有效的行动并在行动中思考，对科技理性和专业霸权进行了批判，提出了要做反映的实践者。学术行动的逻辑可被称为科技理性，学术研究可以在实务情境之外发生，先确定问题，找到合适的方法后研究，目的是发表和出版，而如何转化成实践者的行动，则是实践者的事儿。所以很多大学中涉及培养实践者的专业，认为实践者的核心能力是理论应用于实践的能力。

实践者有自己的行动逻辑，他们面对的情境是复杂的、不确定的、独特的，厘清问题的情境比确定一个问题更重要。所以实务工作需要在独特的情境下，面对复杂的问题有独特的解决方法，而不是将某个理论应用于实践就能解决。实践者必须积累实践智慧，具备系统性、批判反思性、反映对话的核心能力。

比如说我们在王金庄学习时，给王金庄的梯田协会就如何自我造血办民宿提了很多建议，例如要引进资本和企业，农民合作社要发展起来等看似都是在解决问题。但后来我问了李为青会长，我们参观的那所民居可以改造吗？他说其实只需要几万块钱就能改建，但是房子的产权是别人的，协会没有多大的干预能力；我们又建议协会会员可以带头改造自家的老房子，但他说二十年前大家有点钱就把老房子拆了改成现代化的房子，现在回头来不及了。这就是我们的建议和实际的差距。实践者面临的问题情境非常复杂，解决问题的方法只能从他们的实践中得来。经验只能参考，不能简单复制，因此我们要对输出的经验有反思。

在《反映的实践者》一书中，舍恩对"学术领域所尊崇的知识"和"专业实践所注重的能力"进行了深入探究，在检讨与批评科技理性的实践模式和实证主义的认识论的基础上提出"行动中反映"的实践路径。舍恩认为，优秀的专业工作者在行动中的"所知"远甚于"所能说的"，在面对复杂的、独特的情境时，他们在实践中展现出一种不同于科技理性的、具有"直觉"与"艺术"特点的专业能力，但实践中真实存在的认识与知识，却不能被清晰、系统地描述与表达出来，也无法嵌入主流的专业理论模式。

《行动科学》的理论思想与《反映的实践者》一脉相承，或者说，《行动科学》的理论构建有赖于舍恩的"行动中反映"的实践认识论与"反映性实践"的行动研究方法的支撑。

《行动科学》的作者阿吉里斯等阐述了从实践认识论到行动理论的行动科学理论体系。从中我们可以看到，行动科学的精神是"可证伪性"基础上的开放共享与相互促进，其目的在于提高学习者与行动者的双路径学习能力。双路径学习理论（第一型和第二型），是阿吉里斯等人发展出来的行动科学的最核心内容，也是阿吉里斯对行动研究的最大贡献——他打破个人与组织的防卫机制并创造了可行动的知识。行动科学是在实践中推进探究的科学，即作为介入者的研究者要在实践之中推动参与者参与到研究进程之中。行动科学的科学性不止于主流科学宣称的实证与伪证等内容，还包括生产出有效的、可用的行动知识。在这个实践与探究相互交织的进程里，研究者要保持坦诚开放的态度，克服自我防御的冲动，毫无保留地披露个人的推理与行动，公开接受参与者的检查与批评。可见，这是一种共同管理学习情境的研习过程（共学）。行动研究是在"做中学、学中做"的研究，必须通过反复的在"行动中反映"的现场练习才能打破个人与组织的自我防御机制，辨识与揭露隐含并运用于我们日常行动中的理论，构建出新的行动理论并导入新一轮的行动。但是我们一直活在"熟练却无能"的第一型人际世界里，一切思维与行动都是机械地、惯性地，理所当然地被认为是合理的。"困难的是，我们如何在真实世界中创造出第二型的学习理论、组织以及第二型人际行为世界"，从而展开促进行动并生产有用知识的行动研究，并把行动研究的知识、经验与技巧融入社会问题的解决方案之中进行实践与验证，不断形成与丰富因地制宜、与时俱进的实践知识。

这两本书因为内容比较难懂，我们只是开了书单但没有推动大家去读，而是推荐了吉家钦老师在《行动研究经典读书札记》中对这两本书的导读文章，并邀请他来导读。

我们分四次来导读《受压迫者教育学》，这本书是实践者开展行动研究的指南，它教我们变到哪里？人性化是什么？非人性化是什么？我们怎么去启发民众的意识觉醒？提醒大家改变别人的人首先要反省自己改变的手段和目的，不能用灌输、文化侵略、操控等非人性化手段达到改变的目的等，这些内容对我们都是醍醐灌顶。最核心的是，书中对为什么要对话，如何对话做了理论阐释，加深了我们对行动研究对话的理解。

我们也推荐了夏林清的《大小团体动力学》。这本书的核心内容是指出一个团体中人际世界的建构历程，团体中的惯性压抑、沉默、逃避等，这些都是我们在行动中首先跑出来的防卫机制。比如说团体遇到一个问题，你马上想到的可能不是怎么回答，而是想到我的回答对不对，我回答出来别人会怎么反应，我说了有什么后果。

比如我们这个团体就很复杂，伙伴来自不同群体，学习动能受到个人多重身份的影响，而这本书的核心内容就是让我们理解团体动能的复杂性，认识团体中的沉默等，协助我们开展针对机构、团队关系的行动研究。

这些年，我读的最多的是南京大学翟学伟教授关于中国人人情、面子、权力、关系、行动逻辑等的书，也读传统文化中的经典，了解和理解中国人的行动逻辑、关系构建等如何受中国传统文化影响。尤其是当下，实践者从事的社会服务和改变的工作，受到多重价值的影响，甚是混乱。对行动的理解和研究必须回到中国本土的脉络、处境中进行。

花时间读书，对很多实践者来说本身就是一件不易的事情，学习网络也是创造条件督促大家读书。但读书是自己的事情，谁也替代不了。从伙伴们提交的作业内容上看，一些伙伴能够贴着书的知识结合自己的工作来写，另一些则没有做到，其中原因请大家检查反馈。我自己的结论是读书对一部分学伴来说，并没有发挥助力学习动能的作用，是不是这样？请大家检验。

（二）线上专题讲座

实践者所开展的研究不是为了写一篇文章，而是寻找改变之道。能让实践者行走在持续改变的路上，就要问他们行动的动能来源于哪里？行动要指向哪里？而公益前辈们的精神和走过的路，就是榜样和参照。线上专题讲座，也是为这个目的服务。

我们邀请了老一辈公益人梁军老师、高小贤老师、谢丽华老师，从前辈们走过的路，寻找自己的公益路；邀请了中国农业大学孙庆忠老师来谈一个人类学者的行动研究；邀请了中央党校（国家行政学院）张孝德老师从中国天人合一的文化及思想高度来讲生态文明；邀请了张颖溢和李大君讲行动研究与项目设计；邀请刘源老师讲故宫零废弃的案例；邀请北京近邻张杨讲述从农耕文化切入发动社区的案例。

从大家听课的反馈来看，绝大部分人认为讲座开阔了眼界，尤其是前辈公益人的讲座，使大家真切感受到了他们带着使命和智慧解决真问题的精神。讲座起到了增强学习动能的效果。

（三）线下工作坊

学习网络的目标是整合性学习，一方面要结合可持续社区这个议题，深度研习以文化启动社区可持续力量的案例，开阔视野，另一方面还要学习行动研究中个人的经验梳理、团体动能启动等内容，核心是感受和学习反映对话。

第一次线下工作坊是四川凉山工作坊，目的是学习侯远高老师深耕凉山二十年的经验。他以一个在地应用人类学者的视角，不仅给我们分析了凉山"不穷却很穷"、问题很多的原因，也展示了二十年来他们如何寻找到真问题并有效干预的历程。想让大家学习的是，当有人构建出一套话语体系说你落后，就意味着一些自认为带着先进理念和拿着丰厚资本的人要去改造落后的人。被认为落后的人也逐渐认同自己落后了，等着、盼着"先进"来改造自己，结果自身的文化消失，主体性丧失。但如果我们有文化自信，不认为自己落后，不认可那套建构起来的话语时，文化自信就出来了，发展就有了主体性。

在凉山夜话中，一小群伙伴分享了自己的生命故事，使大家明白了行动者的动能与个人生命经历的相关性，被称为启动了一点"生命动能"。

由于一位伙伴的积极贡献，我们有了难得的线下反映对话练习和观摩机会。对于这场对话我的感受是，我们每个人在参与到别人对话的时候，都是站在"我"的立场上去理解别人。能不能把"我"放下，先站在"他"的立场上理解他？同理，在我们的人际世界中，我们通常会用自己的知识、经验、假设去理解一个人，很快主观判断就出来了，而主观判断又不进一步进行检验，结果导致双方对话终止。因此，当下的判断要回到关系中检验，这是这场对话的贡献。

在凉山工作坊后，我认为大家的学习动能调动起来了，表现在什么地方呢？三个小组的学习活动更多了，小组有两三次的线上交流，线上反映对话也开始了，大君、大衍、陈楠等发起了观影对话会，大家该交的作业也都交了，作业的质量很高。

第二次线下工作坊是云南丽江吾木工作坊。选择吾木的理由还是一样——基于可持续社区领域的发展目标和行动研究学习目标。由北京近邻崔泽峰、鲁清香对话，张杨协助的一场团体对话示范引发了大家的热议。李大君说甭管对话结果啥样，即便一地鸡毛，一个机构能存续这么多年，人员还相对稳定，也是团队能让对话发生的结果。

在吾木令人印象深刻的还是"翻车"事件。前一天晚上针对近邻对话，大家展开了热烈的讨论，但在复盘时一个组却三言两语草草了事，而这种完成任务式的复盘大家却习以为常。吾木学习的就是团体动能，这种现象被岩羊老师定义为"翻车"。我提问后，各小组就问题进行讨论和思考，而从各组反馈来看，基本上是完成学习任务的思维。即便有人觉得不妥，也选择保持沉默，不出头，不冲突，还有就是时间不够、精力不足、工作太多、压力太大等看似合理的理由……其实背后的根本考量是"我不知道为了这样的任务型的学习费那么大劲干嘛""团体关我什么事情，一群临时凑起来的伙伴而已""谁都不说我干嘛说""我学到了就行，其他我不关心"……每个人都待在自以为的、假设的人际世界中，不能动弹，永远维持内心不变的理由，陷入"无力、无能或者不想、不愿"的关系结构中，习以为常。然而讽刺的是，本次所学的重点就是如何跳出自己假设的团体关系而促进团体动能的增加。

吾木之后，我以为"翻车"事件会提升大家的学习动能，不料适得其反，又赶上疫情结束，大家疯狂出差、疯狂找资金、疯狂完成积压下来的工作……学习动能反而下降。

作为项目带领者，在项目组研讨策略时，我认为最低限度还是要完成项目设定的任务目标。若共学难，那就抓紧个人的学习。以项目名义推进改变，"难"就是一个真实状况，是改变的必要性和价值所在。项目组商量启动一对一的辅导以及线下区域辅导来应对线上学习动能不足、深入度不够的问题。事实证明，这个方法最有效。

第三次线下工作坊是河北邯郸王金庄工作坊，伙伴们克服各种困难前来学习。

三次工作坊都是整合性学习，既有拓宽视野的、以文化启动社区力量的可持续社区案例分享，也有行研理论的学习，还有反映对话。从提交的报告中能看到每个人在上述三个方面的学习收获，团体之间确实也增进了感情。三次工作坊的目标自始至终内含着行研学习促进可持续社区发展的理念。它比较符合我们这个社群的特性和学习目标，也是我认为中国本土社会工作的发展思路。改变人、家庭、社区的工作无法用一个专业知识完成，学院的专业工作者们要走出象牙塔，打破专业壁垒，深入民间看看这些民间的智慧和方法，集所有学科知识、所有人朝向改变。

我所选择的线下工作坊研习地或者线上的专题讲座，都是以文化为社区发展的核心。通过这些年的实践工作，我深深地认为，文化蕴含着一个民族的生存基因和密码，我们想要启动一个社区/社群的发展，必须要读懂它们的生存密码——文化。我们去了凉山、吾木、王金庄，体会到文化中蕴含的民族的生存能力。如果要建可持续社区，建社区的人要可持续，社区中的人要可持续发展，读懂文化和启动文化，才能启动社区发展的力量。如对于王金庄来说，孙庆忠老师从人类学和农业文化遗产保护的视角，赋予村庄里即将被遗忘的一张契约、废弃的石头房、梯田等意义，这种启动村庄文化的工作，孙老师称之为"叫魂"——找到老百姓生命的密码，启动村民的文化自信。紧接着，就做"还魂"工作——让文化回到老百姓的生活中，重塑他们的自信和生存的力量，达到社区可持续发展。

因此，在我们的工作中，如何立足本土文化和经验，和西方的理论对话，是一个值得我们去思考的点。

三次线下工作坊，每次设计四天的议题，对启动一个社群的学习动能来说是非常有限的，它会导致因为议题多且无法深入，对话浮于表面。若想陪伴一群人成长，项目设计的时间和内容是完全不够的。

（四）一对一的反映对话

用反映对话的方法进行个人行动探究和行动研究报告书写的辅导，都是行动研究反映对话的学习。我和每个伙伴去分析看问题的视框、去探究那些隐而未显的经验以及使用理论和信奉理论的差距、去对质那些知行不一的行动逻辑和理念……在这个过程中让大家慢慢去体会、理解行动研究的奥妙。项目组征求辅导伙伴同意后也向学习社群开放。

长期以来，实践者给各种资方写报告，积累了项目报告书写的经验，但问题依旧存在，即问题描述宽泛笼统，不聚焦。问题笼统，目标就笼统，干预的内容和方法就很笼统，最后变成缺乏逻辑关系的系列活动，活动完成，项目即完成，似乎目标自然就达成。最后，笼统地总结一下经验和教训，经验既不作为下一次干预的借鉴，教训也不作为下一次干预的起点。每年要书写多个项目报告，做多个PPT，开多次项目总结会，却很难与研究能力和工作能力的提升挂钩，很难梳理经验进而指导实践，也很难有效地解决问题。以活动为导向的项目，实践者很难提升系统分析问题的能力，很难形成整体的活动与活动之间、项目与项目之间有效的逻辑关联，很难形成问题、目标、内容、方法和结果之间反思性检验的闭环，忙碌而成效不明显……

很多一线实践者很擅长讲我做了什么事情，却很少去追问事情做成背后的诸多关联因素是什么，以及如何促成了这件事情……行动研究通常是以讲故事的方式展开的，因为故事里蕴含着一个人的行动视框和逻辑；但如果只讲故事，不去探寻其行动视框、人际假设等，就不是行动研究……

实践者书写行动研究报告，最难的就是如何有"研究"的味道。

首先就是确定研究问题，以及如何围绕问题展开研究。如，本书作者之一新疆山水的杨曙辉老师描述了她多次参与辅导的心得。

> 我的主标题"寻路山水间"的文字描述一直没变，副标题即研究内

容调整了三次。最开始，我并没有完全理解这个行动研究报告的研究主题是什么，所以想把机构发展过程中所有我认为重要的事都写进去，既想让团队同事知道机构发展的历史和每一个比较突出的事件，又想让大家知道机构的愿景、使命、工作策略、原则是怎么形成的。什么都想写，但两个目的放在一起，结果就变成什么都往里装，研究主题主线就不突出，或者说不聚焦。当时杨静老师问我，"你这个报告究竟要发挥什么作用？主要给谁看"？我意识到行动研究报告不能是机构发展历程的一个过程和大事记录。

第二次调整框架后，我以组织使命的确定过程为研究主题，尽量突出组织发展目标的成型过程，因此缩减了很大一部分内容。经过再次对话，我又发现，虽然研究主题比之前明晰了，但是整体框架中的各个部分之间还是比较割裂，使命和路径之间没有呼应。认识到这个问题后，做了第三次调整，把使命明晰和路径探索的过程都融合到一起进行分析，逻辑就比较清楚了。（杨曙辉）

我发现实践者非常擅长描述一件事情的发生过程，基本上是线性的，按照时间顺序回顾，但不会深究一件事件的相关方如何作用导致事情成为这个样子而不是那个样子，不追究、不探究。也就是说很难去探究促成这件事情背后因素之间的关联以及通过讲述故事找到经验和前行的方向或者动力。

本书的作者之一，施永青基金（香港）北京代表处的周丽娟这样说：

我的文章，最初的题目是"迷雾开见光明　道且长行则至"，主要是想探究为何我对公益尤其是关心底层人的生活情有独钟，目的是探究我的公益动能来自哪里。因此，文章的第一稿就是按照时间顺序写我的生命故事，回忆了童年的苦难经历、社会工作专业学习的经历以及过去的每一段工作，故事详实，每每阅读都深陷于情感之中，感动不已。我将对底层人的情怀定义为"底层逻辑"。而在与杨老师和项目组成员一次次对话后，我发现我的书写，更多的是一种情感的流动，定义为"底层关怀"更为精准，有"豁然开朗"之感。

"底层关怀"给我带来了生命的动能，也让我在当下的工作中遇到困难。之前我的工作对象是流动人口和建筑工，这些人确实如我的父母一般处在底层。和我一起工作的同事，因为都有底层关怀的情怀，与我们的服务对象形成了生命共同体。参加这一期行动研究一年多的时间，正是我的职业低谷期。公益环境的变化、角色位置的变化以及来自周遭环境的压力与质疑，都让我时而失去工作的动力、时而自我怀疑、时而质疑别人、时而绝望想要逃离，很长一段时间我找不到曾经激情燃烧的工作动能。对过去生命历程与行动的梳理研究，最终要回到"给当下的行动带来什么样的改变力量"——这是我在最终成稿时逐渐清晰起来的内容。我如何从过去的行动中总结经验找到托举当下的力量，并给周围的同事和项目伙伴带来能量与滋养，就逐渐清晰起来。沿着这条思路再去修改行动研究报告时，就能够准确做出总结与提炼，使文章较第一稿而言，逐渐有了研究的味道。因此，如何在生命故事的基础上做升华，是个不小的挑战。在杨老师和项目组的支持下，我开始尝试跳出自己的生命故事，站在读者的角度去看我的生命故事，重新铺排各板块顺序，并尝试对每个板块做总结，开始将"过去的经验"放到当时的环境中，并能够跳出来看"过去的经验"给"当下的自己"带来的影响，开始回到最初学习行研的期待"看清来时路，找到新的动力"，来回应和帮助自己走出生命与职业困顿期。（周丽娟/周周）

多年协同探究的经验，让我总结出，实践者写出一个行动研究报告，第一步应该先确定问题以及问题产生的情境。问题是你要研究的重点和核心，问题清晰了，选取什么经验故事就能取舍了。问题确定之后第二步就要定框架，框架是为了回答问题做的思考，框架清晰，写作思路就出来了。第三步是整理框架和内容之间的逻辑关联。第四步是通过多次反复的反映对话，一点点整理经验中的默会知识，等等。第五步是参看同类的经验或者能与你经验对话的理论，但实践者很难达到这一层。这些步骤的顺序排列不是绝对的，但不能缺少，每一步都要通过反映对话进行和完成。

这里涉及行动研究报告与学术报告、项目报告的异同的知识点。李大君基于多年的实践和行动研究的学习对此进行了总结，属于实践中的知识生产，仅供大家参看。

表1 项目报告、学术报告、行动研究报告之比较

报告类型	项目报告	学术报告	行动研究报告
谁写？	多为当事人（项目负责人）	多为学者	多为当事人（实务工作者）
为谁写？	服务对象/客户/资助方/自己，优先资助方/客户	资助方/自己/研究对象，优先自己/资助方	自己/团队/服务对象/资助方，优先自己和团队
怎么写？	对照项目目标—阐述项目策略/活动—检视项目产出/成果—形成后续优化措施或结项	发现探究问题/事实/趋势—确立研究主题—对已有理论/文献/观点进行梳理与对话—展开新的调查研究与分析—构建新的理论、解释与建议	根据行动需要确立研究主题—展开行动脉络的梳理与对话—关注行动中的关系、动能与行动效率—报告成果放入行动中检验
贡献什么价值？	沉淀经验 总结方法 检验目标 交付成果	新理论 新发现 新建构 为了发表/出版	接得住过往 握得住现在 看得清未来 为了改变
"我"的状态	我的理性在场 力求理性客观	无我 力求理性客观	我的强在场 立基于情境化的真实 从"小我"到"大我"
容易踩的坑	活动代替成效	看错问题，开错药方 云里雾里，误导实践 研究对象被工具化	缺乏行动检视地讲故事 行动研究报告成果团队/相关方接不住

我们还组织了一场行动研究报告辅导的汇报，分享辅导前后的变化和收获以及存在的困惑。从分享中看到伙伴们对行动研究的理解多了一些，有人说"摸到门了""开了窍了""会写一个行动研究报告了"。后来，也组织了多次分组的线上行动研究报告分享，从分享中明显感受到大家的变化，一方面大家对书写一份行动研究报告越来越有感觉了，另一方面个人的思维方式发生了变化，对团队关系也产生了影响。从收上来的行动研究报告来看，一对一的辅导确实起到了实质性的作用。

通过一遍一遍的辅导，大家理解了什么是行动研究，什么是反映对话，我觉得在这个过程中对伙伴的启发比较多，增加了个人的学习动能。

（五）线下区域辅导

受疫情和项目经费的影响，线下区域辅导只进行了新疆、广西、甘肃、四川四场。

线下区域辅导，能与伙伴们以及伙伴团队深度交流行动研究报告，效果非常好，是未来开展网络学习值得借鉴的方式。工作坊开放给伙伴的团队以

及当地的其他学习网络伙伴，最大的优势是可以展开团队对话，如就新疆山水曙辉老师的《关于机构使命建立过程的行动研究报告》中有些观点和看法，团队成员一起展开对话、检验。从内容到情感，伙伴们都可以深度交流，这是比较有效地增强动能的方式，也能促进一个团队的共学。

（六）反映对话专题练习

反映对话是实践者开展行动研究的核心方法，也是伙伴们学习行动研究的兴趣所在，是增强动能的重要方式。基于伙伴们学习动能的差异和各种因素，我们用三种形式进行反映对话练习——线上专题练习+小组对话练习+观影对话练习，这里主要讲两种。

1. 线上专题练习

我们共举办了六次反映对话专题练习。第一次是李大君与李宁宁的示范，这场示范带出了重要的学习内容——反映对话和访谈之间的区别。访谈是访问者带着话题引导被访者说话，是想要得到自己想得到的资料，而对话则是协同探究者完全依据对方的话题，引导、启发、深究对方的思考和想法，让对方通过对话更明晰自己的行动、想法背后究竟有哪些因素在起作用等，启发大家的思考。

第二次对话在我和王大衍[①]之间进行。线上练习反映对话，受限于时间，也受限于伙伴们的熟悉程度和关系深度。两个小时的时间，选择什么样的内容进行反映对话，是一个难题。大衍是一位社区保护地的环境保护工作者，他的社区保护工作在质兰伙伴群里已经对话过，该议题也比较适合学习社群的学习。对话进展比较艰难，但我认为最能呈现反映对话的方法。这场对话的经验是，当对方对某些深究的话题有一些顾虑和考量，不想深入探究时，自然会采用防卫和迂回等策略。对话难，通常是协助伙伴反映对话的常态，对话不总是在轻松愉快中进行，尤其是在行动者不愿直面某些问题或者内心的一些脆弱的时候！其实最难的不是对话，而是没有机会和条件再次深入对话……通过多次的对话让大家去学习和了解，势必会增加大家学习反映对话的动能。

---

① 王大衍，质兰基金会支持的学习伙伴，曾任职于神农架太阳坪生态保护中心，现任职于成都市新都社区发展基金会。

2. 小组对话练习

项目组一开始就分了三个小组，把来自各个团队的人分散在三个小组中，促进不同团队、多工作领域之间的人学习，弥补大组讨论不够深入的不足，深度练习反映对话。组长主要由项目组人员担任，他们学习行动研究十几年，自信且有一定的对话能力。

但几次对话之后，组长们推动小组对话越来越困难，呈现各种状态，有的不想推、有的没有推、有的推不动。推不动、不想推的理由是不熟悉大家，领域太杂，伙伴学习动能不足，自己各种忙碌……没有推的理由是组长和组员"放不开"，为何放不开呢？只能回到组内去检查……其实，组长们心知肚明，上面的理由并不是问题的实质，真问题是愿不愿意花时间、想办法去推动，或者能不能兜得住推动后的结果。行动受阻，反映了组长们自带的人际难题和局限，如本身不善于面对冲突，不愿深度进入人际纠缠，好面子……行动研究的学习不是知识的学习，是实践、亲证的学习，带组也是一种推动行动研究的真实场域的学习，更何况大家组局的意思不就是要和伙伴们一起寻找和学习一种解决问题的出路吗？为何我们一边做着推动别人学习行动研究的事情，自己却因难而退？

这几种学习手段，是推动社群学习行动研究的一套组合拳。多形式、多维度的学习，理论上可以多角度促进学习者的学习，在某种程度上，解决大家时间不够、精力不足、学习难度大带来的一些学习障碍。但无论打出什么拳都是外部的推动力量，启动学习者的内在动能，才是根本。

第三部分　学习网络的成效检验

学习是否有成效，一部分内容已经呈现在大家完成的"行动研究报告"以及日常的作业及反馈中，一部分要经过大家面对面的对话检查。

一　学习网络目标达成检查

如前所述，项目目标是"了解实践者行动研究的知识、提升反映对话能力，拓宽视野、梳理工作经验，改善实务品质"。从个人学习层面来说，这个目标基本达成了。也可以说，某些目标任务出色完成，如从最后完成的行动研究报告来看，多数伙伴经过多次修改，对自己的工作有了更清晰的认识，对行动研究有了更深入的理解，绝大多数人认为"改变了思维方式"，对日常实践更有意识地去思考和研究。整体共学的动能有所提升，但仍有不足。

二 项目组和伙伴参与动能分析

项目组总是1个月至少开1次工作组会议，有时候会开两次或三次，基本保证全员参与，平时有事情也会在微信群随时沟通。项目组成员表示个人有不同程度的提升，尽职尽责完成项目任务。

但项目组主动推动的动能各异，表现为"我"做了该做的、做了让"我"做的，"我"本身就是被动来的、推不动"我"无能为力，"我"没想用力推。大概不出这几种类型吧。

关于伙伴们的动能，想学的比较主动，部分被动的也转为了主动，还有的一直是被动状态。行动研究对人人都有用，都能学，而不是有什么适合学的人群。核心问题不在于我们推动的方式是什么，而是没有产生主动学习的动能，没有意识到这样一个方法对今后的工作和生活有很大的作用。

如果我们用团体动能来分析恒星伙伴计划的话，恒星伙伴既有这个学习社群的学习，也有恒星计划的学习，同时还交织着自己的工作、机构环境的变化，完美演绎了团体动力学中提及的"个人系统、个人成为团体成员系统、团体系统、团体作为整体系统四个层次交织在一起对学习动能的影响"。

总体来说，我认为共学的学习动能比较弱，核心原因不是这套组合拳打下去的外力推动不够，而是一些伙伴还在第一型学习中，没有进入第二型的学习[1]。

三 我个人的成长

2015年，学习推动行动研究近十年之后，我越发感受到行动研究的利器在指向别人的同时，也深深扎回自己。行动研究强调的是知行合一，此时恰遇母亲生病离世，一些痛苦的经历让我开始内观自修，我常问自己，你将利剑指向别人的改变的时候，你自己能做到吗？我又开始探索能让人产生生命动能的能源。机缘巧合，我遇到了中国传统文化，尤其在2021年之后，我

---

[1] 对各组学习状况和动能的检查对话，都放在第三次线下工作坊王金庄纪实报道中，请大家查看北京近邻公众号相关链接。

借着三亲教育①的评估工作，开始系统学习中国传统文化，发现阳明心学的知行合一和一般我们理解的理论与实践合一根本就是两回事。让我理解行动者的能力提升，需要能量，而能量来源于能源。每个行动者该有怎样的能源呢？我开始对行动研究如何与中国文化结合，以及本土性社会工作的理论和实践该如何结合，有了一些深度的思考。

在学习和推动行动研究的路上，我对改变取向的行动研究理论学习更加系统了；在行动研究的理论中，开始加入我们中国人自己的行动逻辑和关于行动动能的理解。

我提出中国本土社会工作应该叫生态社会工作，如同中医一样，强调天人合一、系统整体。党的二十大报告中提出的"两个结合"应该成为构建生态社会工作的核心理论和价值观。

在与各领域实践者生命交织的学习中，我领悟到，行动研究不只是利器指向别人，更是照见自己、不断磨炼自己心性的方法。

行动研究的学习，必须与实践者参与社会改变的议题紧密结合，从美国产生、夏林清老师在我国台湾承接转化的改变取向的行动研究，放置于大陆，也一定要结合大陆的实际情况。我相信，本书中诸多内容也是一种本土情境下的实践的呈现。所有外来的方法，必须适合在地的土壤，行动研究如此，所有西来的学科都是如此！大概，这也是我要探寻的一条路。好在，我一直在路上，没有停下来！一批由扎根于社区的实践者们组成的"探寻撬动社区的力量实务工作者研习营"又开班了。

---

① 三亲教育是由中央党校（国家行政学院）张孝德教授和山西长治一中退休校长鲍喜堂以及北京的一批专家发起的基础教育改革实验，历经十年，形成了一整套基于中华优秀传统文化中的礼乐教育、陶行知教育思想和西方华德福课程体系的基础教育体系，旨在应对当下教育出现的问题，让教育回到本质，让孩子得到幸福。

目　　录

寻路山水间

——"新疆山水环境保护与可持续发展中心"发展历程的
　　行动研究报告 ································· 杨曙辉 / 1
　一　山水中走来 ······································· / 2
　二　山水间初探 ······································· / 5
　三　山水里锤炼 ······································· / 9
　四　回看来时路 ······································ / 14
　五　一直在路上 ······································ / 16

行动的力量

——笨鸟先飞，不惧未来 ···························· 陶镜如 / 19
　一　笨鸟先飞，尽力就好 ······························ / 20
　二　加入公益组织 ···································· / 22
　三　大树底下好乘凉 ·································· / 24
　四　从三足鼎立到独木难支 ···························· / 27
　五　挑战中再次艰难"起飞" ···························· / 31
　六　未来飞行的方向 ·································· / 34

守土寻根

——北京近邻团队使命聚焦历程中的行与知 ············ 张　杨 / 36
　一　前言 ·· / 36
　二　从北京近邻的发展脉络看使命的形成 ················ / 39

三　使命从何而来，如何由行而知？ …………………………… /46
　　四　"行动探究过程中的组织使命"塑造了团队 ……………… /48
　　五　坚持的背后，本质究竟是什么？ …………………………… /50
　　六　结语 …………………………………………………………… /52

牧区生计发展与生态保护的行动研究探索
　　——以新疆山水在江布塔斯村的实践为例 …………… 周　环 /53
　　一　行动缘起 ……………………………………………………… /53
　　二　牧区生计发展与生态保护的行动过程 ……………………… /56
　　三　用本土文化撬动社区 ………………………………………… /67

探寻启动社区的力量
　　——北京近邻农转居社区工作十年探索 ………… 魏傲麟　张　杨 /70
　　一　农转居社区的问题分析和介入策略 ………………………… /71
　　二　凝聚人心的核心动力——农耕文化 ………………………… /78
　　三　足迹深深，社区十年，见人见心 …………………………… /83

支持更多人从附近出发，主动营造美好的社区生活 …… 何　嘉 /88
　　一　从建筑师到社区营造行动者 ………………………………… /89
　　二　从"为社区做设计"到"由社区共同创造" ………………… /93
　　三　像营造社区一样营造组织——大鱼营造的组织进化 ……… /99
　　四　面向未来不确定性的持续行动 ……………………………… /104

换一种路径做品牌
　　——质兰基金会品牌塑造的路径思考与探索 …………… 陈　楠 /106
　　一　质兰品牌观的由来 …………………………………………… /107
　　二　传播让品牌落地 ……………………………………………… /112
　　三　开展赋能工作 ………………………………………………… /119
　　四　质兰的品牌立住了吗？ ……………………………………… /121

目 录

草根的韧性
——从"被公益改变"到"去改变公益" ………………… 李宁宁 / 124
  一 研究背景 ……………………………………………… / 124
  二 公益如何改变我 ……………………………………… / 125
  三 在摸索中看清前路（2017~2020 年） ……………… / 129
  四 编织从内到外的韧性环境（2021~2023 年） ……… / 133
  五 打造韧性公益生态 …………………………………… / 138

回望与安放
——用确定的底色接住不确定的时代挑战 ……………… 周丽娟 / 141
  前 言 ……………………………………………………… / 141
  一 本是无意选择，为何如此执着？ …………………… / 142
  二 底层关怀的践行 ……………………………………… / 146
  三 理想经我而实现 ……………………………………… / 154

附录 1 可持续社区行动研究学习研习营学习心得摘录 ……… / 158
  让行动者有力：实务工作者知识生产的重要性
  ………… 对谈人：杨 静 刘 源 李大君 整理：李文芬 / 159
  行动研究，让我学会反思 …………………………… 杨曙辉 / 168
  大凉山线下工作坊的学与思 ………………………… 才旺江才 / 170
  一次团队的冒险 …………………………… 杨旭伟（岩羊）/ 172
  团体动力与团体对话 ………………………………… 张 杨 / 175
  从历史脉络中回望，在现实关系中安放
    ——可持续社区议题行动研究研习营吾木工作坊
      纪实 ……………………………………………… 李大君 / 178

附录 2 残障领域需要什么样的研究？ ……………… 整理 解岩 / 186

跋 安驻那 5%的软土深掘 …………………………… 李大君 / 200

后 记 …………………………………………………………… / 208

寻路山水间

——"新疆山水环境保护与可持续发展中心"发展历程的行动研究报告

杨曙辉[*]

新疆山水环境保护与可持续发展中心（后简称"新疆山水"）是一家关注生态文化传承的社会服务机构，成立于 2015 年 2 月，以"人人助力环境可持续发展"为愿景，致力于"重拾在地传统智慧，看到生态文化价值，再建人地和谐关系"，在自然保护地周边社区，挖掘宣传人与自然和谐共生的生态文化，助力社区的可持续发展。

2014 年机构酝酿之时，新疆的公益事业还处于较初级的阶段，社会组织发展较慢。虽然全疆有八千多家社会组织，但大多是政府发起的企业商会或兴趣类的团体、职业技能培训机构，真正的社会发展领域的草根组织非常少，专业化程度低，公益活动也更多的是捐钱捐物、学雷锋献爱心，职业公益人非常少。到 2023 年，全疆注册登记的社会服务机构有 3319 个，其中环境类的组织主要是关注野生动物、植物、自然生态系统。像"新疆山水"这样关注社区、关注人与自然如何和谐相处与传统生态文化如何传承的机构仍是凤毛麟角。"新疆山水"无论是组织的目标定位还是行动路径，在新疆的社会组织中都显得与众不同，它的发展历程既有社会组织的普遍性，又有其

---

[*] 杨曙辉，新疆农业大学森林培育专业农学硕士。先后就职于新疆林业厅（现新疆林草局）、新疆林业学校、国际救助儿童会。2015 年创办新疆山水环境保护与可持续发展中心，关注关键自然生态系统的社区保护。

成长的特殊性。也许会有人好奇，"新疆山水"是在什么背景下创办的，机构的方向和目标是如何一点一点明晰的，团队如何一步一步走到今天。作为组织创办人，我也想带着同样的疑问，用文字重走这段旅程。

一　山水中走来

（一）自然生长的生命底色

对自然中的人感兴趣和我的成长经历密不可分。我是土生土长的新疆人，儿童时代在南疆戈壁深处一个兵工厂度过，来自东南西北的人们在这里埋头苦干，挥洒人生。厂区小绿洲的周围是戈壁、沙漠，看上去荒凉，但丝毫不影响一群孩子玩得不亦乐乎，我爬树、滑冰、跳皮筋、打沙包，把羊骨头当玩具，在沙丘间追着蜥蜴跑，和爸妈去沙漠割骆驼刺当柴烧，给院子里种的西红柿浇水，去戈壁给家里养的鸡拔鸡草。一个人的时候，我喜欢看万花筒，夜晚仰着脖子望着银河发呆，也常常坐在远离厂区的沙包上盯着夕阳和晚霞出神，在不断用心感受这个世界的过程中长大。高考报志愿时，不知是因为沙漠里太缺少绿色了，又或许是希望一直活在自己的感性世界里，我选了林学院，幻想着每天都在大森林里生活。

对青春的回忆总是美好的，每当回想起自己的八九十年代，总感觉那时空气中处处弥漫着浪漫、理想的气息，银幕上苏联乡村女教师在茫茫夜色中走在山巅的侧影，书本里苏维埃战士踏着修铁路时灌满雪水的泥泞靴子，银屏前日本排球女将小鹿纯子摔倒再爬起来的笑脸，大学校园里用相机捕捉到的自然中的美，用落叶自制的书签，年轻人聚会弹着吉他谈论未来，自我飞扬的青春让我的眼睛发亮。我始终相信爱的存在，对明天永远抱有希望。

从中学时代起，我就很喜欢看《读者文摘》，经常被里面那些散发着真善美的人和事打动，其中有个小故事直到现在都记得：一天退潮后，海边的沙滩上很多小鱼搁浅，在烈日的炙烤下，它们正面临死亡。这时，一个孩子来到海边，一条一条捡起挣扎的小鱼，把它们放回大海。有人问孩子，"那么多小鱼，你救得过来吗？一条小鱼而已，谁在乎呢"？孩子一边往海里扔鱼，一边说，"你看，这一条在乎，这一条也在乎……"

这个故事告诉我"从我做起，从现在做起"，这是那个时代的信仰，也是我从小相信的,它不是一句口号,而是一个行动,即使这个行动很微小。爸妈常对我说,"先老老实实把自己能做的事做好,不要挑别人的毛病"。不浪费粮食、纸一面用完再用另一面、用洗衣服和洗菜水冲马桶、出门尽量自己带水杯……从来没觉得事小就不去做,千里之行,始于足下,我相信做好眼前的事,才能走得远。也许是时代留下的印记,也许是单纯的环境塑造的天性,我始终相信人性中的真善美,相信人是自然的,和自然是亲近的。

(二)林业系统的职业积累

1992年我从西北林学院(今西北农林科技大学)毕业进入林业系统,在新疆维吾尔自治区林业厅组织人事处工作,除了做好本职工作我没想过什么职业规划,一眨眼三年过去了。当时,林业厅有林业专业教育背景的干部不多,处里的大姐们说纯行政岗位有点浪费我学的专业了,去业务处室搞专业更有前途。我动了心,私下比较了各个处室,对科技教育处做林业宣传教育很感兴趣,就给处领导说了自己的想法。一个毛丫头怎么能说去哪就去哪,领导当然没同意。自由选择受阻,心里自然不舒服,大家劝我好不容易进了厅机关就要熬时间,再等几年总能如愿,不管哪个处室,像我这样有专业背景又做事认真的人将来最低也是处长。可未来遥不可及,眼前的感觉才最重要。当时,虽然厅机关是多少人羡慕的工作单位,可我不想生活在等待中,况且是等待一个自己不能把握的未来,于是我离开厅机关,去了下属的新疆林业学校。这里的工作至少和林业宣传教育相关,而且校园一直有我喜欢的自由的感觉。

来到林校这个中等职业学校,我还是像爸妈教育的那样,老老实实把自己的事做好。从担任专业课老师开始,两年后兼任教务处副主任,我开始做管理。作为学校"课题教学法"课题组的主要成员,我第一次接触到了项目,因为英语基础好我被转去国际合作项目办担任副主任,参与了和日本国际协力机构(JICA)合作的中日林业生态培训项目和中德林业培训项目,第一次接触到了林业国际合作项目。因为要给日本、德国的专家做翻译,2002年我被学校选派到北京语言文化大学进修半年英语。进修期间,我跟着在国家林业局工作的大学同学,参加了一些国际林业合作项目的交流学习活动,第一次接触到了NGO。和天南地北的人交流及工作阅历的增加,让我的视野开阔起来,做事的想法也越来越多。

在北京的学习很快结束了，回到林校的我继续投入工作。当时就业环境不太好，招生也比较困难，我认为其中一个原因是教学内容和实践需求相脱节，实践经验缺乏的我再也给不了学生有价值的东西，当了快十年教师，我却越来越怕上讲台。2005年妈妈因病去世，我一夜之间明白，生命的价值只能在有限的时间中实现，我应该去做能给他人带来价值的事情了。领导、同事都很意外，没想到小杨真砸了自己的铁饭碗。

（三）公益领域的基础训练

2005年我辞职离开了林校，拿着报纸上的一则招聘启事走进了救助儿童会新疆办公室。救助儿童会是1919年在英国成立的一家老牌NGO，是我公益职业生涯的启蒙之地和成长摇篮。在这里的十年，我感受到国际机构深厚的组织积淀，人性化的组织文化，接受了社会发展领域的理念熏陶和规范化的项目管理训练，积累了一定的专业能力。从项目官员、教育项目经理到新疆项目副经理，从一个人做项目到管理十几个人的团队，从项目设计实施监测评估到预算管理，我积累了完整的项目管理经验，也从一个完全不了解公益、发展领域的外行成长为一个能带领团队、独当一面的管理者。

2012年的一天，南都公益基金会来新疆推介银杏伙伴计划，受邀参会的都是在新疆长期做公益的伙伴。推介人刘洲鸿秘书长在演讲中，经常会说到"NGO"这个词。在提问环节中，一位伙伴问，"刘老师，NGO是什么"？刘老师一脸懵，我看出这个问题出乎他意料。当时，公益早已成为一个行业，国内外在环境、妇女、农村等不同领域的NGO多种多样，"NGO"早已为业内熟悉。这个看似突然的问题也让我一惊，救助儿童会作为一家国际百年NGO，在新疆工作了十多年，为什么新疆的公益伙伴却不知晓呢？以后的几年，这个问题还时不时从脑海中冒出来。随着外部环境的变化和时代的发展，中国社会和公益领域也发生了很多变化，但救助儿童会新疆办公室与新疆公益组织、行业之间似乎总隔着一层。我在救助儿童会长时间高强度工作带来的影响也只是局限在团队内，难以展现新疆公益行业发展的变化，慢慢地，我有了一种想离开的冲动。虽然救助儿童会的职业平台、组织文化、工资收入都非常好，但我还是决定离开。

2013年初，刚辞职的我受新疆大学新翼社工服务中心邀请参与他们的社区儿童工作，他们对救助儿童会的工作很认同，对我也非常信任，邀请我加入担任项目总监，但我婉拒了这个从各方面讲都挺适合的机构，还是想回到环境领域做一些事。

2013年4月，四川雅安发生7.0级地震，辞职没多久的我被救助儿童会返聘管理救灾项目。2014年8月，云南鲁甸发生6.5级地震，我又继续参与紧急救援项目的管理。这期间，我第一次大量接触了国内草根公益组织，它们在最真实的社会一线，做着实实在在的事，虽然组织很小，有些还不成熟，但无一例外都在自己行动并带来改变，这让我很钦佩，胆子也大了起来，自己做一家机构的想法冒了出来。虽然一个人做独立顾问相对自由，没有组织生存的压力，但我觉得如果没有组织作载体，很难把自己积累的发展理念和公益项目管理经验进行检验和应用。离开机构单干，我很高兴又一次能有机会把脑子里那幅人与自然和谐相处的图画通过自己的行动绘制出来。

二　山水间初探

（一）上路使命初想象

2014年，国家高度重视环保和可持续发展，在新疆脆弱的生态环境和较低的环境承载能力下，实现环境、经济和社会的可持续发展，不仅是新疆各级政府工作的主要内容，也是全社会关注的焦点。当时的环境保护部于2014年9月印发了《贯彻落实第二次中央新疆工作座谈会精神支持新疆生态环境保护的实施细则》，大力支持加强新疆生态环境保护。基于自己林业系统的人脉，和救助儿童会的公益项目管理经验，结合政策环境、个人兴趣等，我开始启动注册一家环保类的民办非企业。

我和林校的老同事、当时在中国科学院新疆生地所工作的于瑞德老师开始办理注册的各种手续，于老师提供了办公场所，新疆财经大学的大学生创业者霍安无偿帮忙建设官网。经历了琐碎繁杂的工作，"新疆山水环境保护与可持续发展中心"终于在2015年2月9日正式在自治区民政厅注册成立了。

山水在中国人的传统文化中一直有着丰富的内涵，人因为有了山水而有了智慧，山水因为有了人也有了灵魂。在给机构起名字时这个词一下就蹦到我眼前。新疆的山山水水独特而美丽，为了这一山一水，为了青山常在，绿水长流，每个人都可以用自己的行动带来改变。我创办"新疆山水"正是希望实现"人人助力环境可持续发展"的愿景,"人人"指的是每一个普通的你我他,一个人的力量也许很小,但涓涓细流,可汇成大海,点点星光,可照亮银河。

和我小时候相比,今天,人和自然的关系似乎远了,人们更多的是低头看手机而不是抬头望星空,在孩子们接受的教育里,大自然也不再是需要用本能去感觉、用心灵去感知、用经验去适应的一个生命体,而是一个专业的学科、一个利用的对象、一个竞赛的资本、一个谈判的筹码——一个以"有没有用"为评价标准的东西。人们在处理发展与保护的关系上,还没有找到平衡点。我们怎样才能找回自然中的人、自然的人?

虽然我对环保领域社会组织的发展状况一无所知,机构要往哪里走、走一条什么样的路、具体做什么、怎么做都不清楚,但至少眼前的路已经开启,就这样我单纯带着一个"人人助力环境可持续发展"的朴素理想上路了。

(二) 社区行动初体验

2015年,酝酿机构的第一个项目时,我请教了新疆师范大学的崔延虎教授,他是社会文化人类学家,我在救助儿童会时和他有过很好的合作。他分析说,水资源保护是新疆环境保护的核心,新疆有丰富的节约利用水资源的传统智慧,例如吐鲁番的坎儿井——一个古老的仍在利用的节水灌溉系统。人口增长、耕地面积的不断扩大、绿洲外围生态系统的破坏、机电井的兴起和不断加大的石油开发力度,使得地下水位下降,坎儿井数量及水量都呈衰减之势。崔教授的担忧打动了我,机构的第一个项目我决定落脚在吐鲁番的坎儿井保护上。

但具体做什么呢?我开始收集资料,看看其他环保组织都在做什么。大自然保护协会"照片之声"和"乡村之眼"影像记录的项目很吸引我。从民间视角出发,挖掘坎儿井水资源在社区层面上的保护思路,丰富水资源保护的途径和手段。说干就干,崔教授对接了自己的朋友,争取到国家地理学会空气与水保护基金的资金支持;于瑞德老师对接吐鲁番市人民政府,让我和文物管理局、水利局取得了联系;我在救助儿童会的老领导赵中华老师推荐了刚从世界动物保护协会离职回疆的女孩张淼做志愿者。就这样,我和张淼走近世代在葡萄架下生产生活的农民,在四个村挑选了生活在坎儿井周围的十一户家庭，每户提供一部简易数码相机。经过8个月的拍摄，村民们共拍摄了近5000张照片，其中近百张有代表性的作品集结成了画册《我们的坎儿井——吐鲁番农民摄影作品集》，向公众宣传坎儿井的水资源利用智慧，展现人们与坎儿井的密切关系，以及当地政府与人民为保护坎儿井和水资源所做的努力。这种身体力行的参与方式，不仅充分体现了当地民众的参与能力和热情，也挖掘出水资源保护背后的文化多样性。一张张照片呈现的村庄里人们与水资源之间纯粹深厚的情感联系，民间公益的优势，让我和张森激动兴奋。

可当兴奋过去，我们发现这只是做完了一个项目而已，一本影集似乎谈不上"人人助力环境可持续发展"的组织愿景，倡导可持续发展理念仍像飘在天上的云。每当大家说"你是做环保的"时候，我心里总是很紧张，因为对比那么多专业的环保组织，我好像什么也不会，下一步做什么都不知道。项目一结束张森离开新疆去了北京、广州，寻找她一直向往的大城市生活，我又回到一个人。既然什么都不知道，那就有什么先做什么，边做边找。

（三）自然教育初尝试

在社区参与环保上我有了一点感觉，但组织的长远使命还是模糊的。这时，一个新项目的落地让我接触到了自然教育。

2016年，经于瑞德老师引荐，我认识了德国大众新疆公司的德国专家Christian。他热爱打猎，在中国虽然不能捕猎，但森林仍是他的最爱，周末没事就带着我们爬山。在他的导引下，我第一次看到了野猪在树干上磨蹭毛皮留下的毛发、马鹿留下的粪便、各种野生动物的脚印。Christian说，德国的森林里有自然观察径，新疆的森林完全有条件做。这个填补新疆国有林区环境教育空白的想法很快得到响应，新疆天山东部国有林管理局，与德国大众集团新疆代表处、中国科学院新疆生态与地理研究所及我们合作，在乌鲁木齐附近天山北坡的照壁山国家森林公园内建设了一条自然观察径，长约3公里，沿途设置体验装置和标识牌，向游客普及动植物、鸟类知识及天然林保护的内容。

这年夏天，刚从新疆财经大学毕业的马丽成为机构的第一个正式员工，在劳动合同上签字时，我心里暗暗对自己说，不要让信任我的人失望。马丽负责财务和行政，空余时间和我一起和林业局人员开会，到木材厂跟进度，和师傅一起抬着标识牌安装。我在林校的一帮老同事刘钢、薛建明、任伟、肖文惠、胡杨等帮忙完成现场勘测，自然观察径建成后，我们又一起先后接待过亲子家庭、环境教育老师、中小学生、大学生环保社团、公益伙伴等人群，我能看到一个一个具体的、真实的人在自然里愉悦身心。处于创业第二年的我们，因为这个项目，有幸成为SEE基金会第六季创绿家[①]，打开了通向环保NGO的门。

自然观察径建成不久，Christian因工作调整回了德国。自然教育需要大量像Christian这样专业的人，可我们在这方面的人员储备远远不足，我的相关专业能力也很缺乏，缺少想法，更不用提方法、路径、策略等深入的思考，这样是没办法带领机构长久发展的，而且人们离开自然观察径后，我看不到自己的工作给他们的可持续生活带来的变化。后续如何吸引公众？如何持续发挥自然观察径的教育作用？机构要走自然教育这条路吗？我有点犯怵。

2016年夏，新疆阿尔泰山国有林管理局局长阿勒泰来到自然观察径。阿勒泰局长思想开放，对民间力量很认可。看完自然观察径后，对我们的工作态度很欣赏，当场就邀请我们去他们帮扶的村子开展社区共管发展替代生计的工作。我跟着阿勒泰局长一行来到阿尔泰山，看到了过度放牧造成的草场退化，以及林业局矿山植被恢复取得的成效。

2016年秋的一天，我和马丽正坐在办公室闷头想着下一步怎么走，电话响了，是合一绿色公益基金会的创办人祝丽华女士，她正物色合适的环保机构。虽然是第一次沟通，但祝丽华老师的用心倾听和专业回应，让我坦白了自己初创机构的担心、业务选择时的犹疑，要长期做自然教育吗？是聚焦做水资源保护吗？要在社区做吗？我能行吗？祝丽华老师帮我分析了现状，建议如果目前暂时定不下来做什么，可以先从社区需求调研开始。这对刚刚成立两年、目标还不清晰的机构来讲，是一个非常合适的选择。

[①] "创绿家环保公益创业资助计划"（简称"创绿家计划"）是由北京市企业家环保基金会（SEE基金会）发起的、专门支持环保公益团队创业期发展的资助计划，旨在发掘和培育中国环保公益领域的新生力量，协助那些关心环境和家园、富有企业家精神的创业者们（团队）更为成功地度过创业阶段，从而推动环保公益行业形成一个健康、多元的生态系统，最终实现可持续的环境保护目标。

三　山水里锤炼

(一) 社区营"皂"闯生计

从"公众"回到"社区"让我很高兴，因为做"人的教育"能落地了。从自然教育到替代生计这个全新的领域，这对机构来说是个找路的过程。找路需要同路人，马丽赶紧到处发招聘广告，有 NGO 工作经验、崇尚并身体力行可持续生活方式的李芳就在这时加入了。2016 年冬，李芳、马丽和我来到了阿勒泰地区青河县查干郭勒乡江布塔斯村。江布塔斯村是一个纯牧业村，毗邻新疆阿尔泰山两河源自然保护区。它的夏牧场在保护区内，湿地保护与草场过度放牧之间存在矛盾。作为该村的驻村单位，阿尔泰山国有林保护区管理局、两河源自然保护区管理局急需社会力量参与发展替代生计，我们设计的社区替代生计需求调研项目得到了北京合一绿色公益基金会与"和平台"联合发起的成蹊·和平台的资助。

需求调研梳理出了七个替代生计方案，其中传统黑肥皂制作因基础条件具备首先实施。黑肥皂是哈萨克人沿用至今的自制清洁用品，以植物草木灰、当地羊油、水为原料制成，除了洗头洗澡，不同植物做成的黑肥皂还有不同的功效，作为替代生计产品挺合适。

工作要铺开，人手短缺成了问题。2017 年 6 月的一天，崔延虎教授的学生、中南民族大学研究生态环境人类学的陈祥军老师打来电话，"你在招人吧？我有个学生不错，推荐给你"。就这样，刚从中南民族大学民族学专业毕业的硕士生周环加入了团队。周环爱学肯干，组织妇女们讨论制作销售黑肥皂作为替代生计的可行性、记录传统做法配方、设计包装、对接市场等，工作推进得很快。同年，我们很幸运得到甘肃省天水市陇右环境保育协会景利忠老师的推荐和一家基金会的支持，机构加入了西北社区营造践习营[①]，在台湾城乡聚落永续发展协会林佳贤老师的带领下，李芳、周环和我与来自

[①] 由甘肃天水市陇右环境保育协会主办、台湾社区营造专家授课的一个学习网络，成员来自陕西、甘肃、青海、新疆。2017~2018 年，践习营通过引进台湾社区营造的成功经验、理论体系和工作手法，帮助西北社会组织学习、研究和思考落实社区营造的理论和方法，提升在农村领域的工作能力，为推动改变西北贫困农村的面貌提供新的手法和思路。

台湾、大陆的专家以及西北的伙伴们学习交流社区营造，这是团队整体第一次接受社区工作的入门训练，也是机构进入第一个社区工作的时候的学习，非常及时、难得。

2018年11月，李芳结婚成家去了外地，团队在关键时期少了一员大将。我继续物色合适人选，一年后，在青少年环境教育活动中有过良好合作、有媒体市场推广经验的谢红梅加入团队。红梅加入后，我们在对接外部资源、拓展合作伙伴方面有了很大推进，官方微博、微信公众号信息得到及时更新，机构影响力逐步扩大。2019年，合一绿色公益基金会的张逸君老师还专程到新疆，带领我们对机构发展战略、定位、资源和能力建设的需求做深入讨论，促使我开始思考组织发展目标和发展路径的关系。

2018~2020年间，在两河源自然保护区GEF项目、中华环境保护基金会、中国绿色碳汇基金会、招商局慈善基金会的先后资助下，在壹基金新疆公益救援联盟的杨军、博大自然的苟军和丁鹏、丝路自然教育平台的陈雨潇、青年远征的丁谷等很多专家老师的支持下，我们在江布塔斯村持续以发展"蒙泰依们和她们的黑肥皂"替代生计项目，培养村民骨干，培育黑肥皂妇女小组，建立社区发展基金，对接开拓销售市场，工作做得风生水起。为了使生态产品的定价与其文化价值相匹配，我们与黑肥皂妇女小组成员将制作流程精细化，编写出黑肥皂生产、质量检验管理手册，在2020年初获得国家知识产权局颁发的商标注册证，先后联系了20多个线上和线下合作伙伴，搭建起了销售网络。到2020年9月项目快结束时，黑肥皂妇女小组成员直接收益共计31000多元，因黑肥皂带来的生态旅游家庭旅馆和租车收入共计28390元，101户村民家庭直接受益。

（二）问题中跋涉

社区营"皂"一步步向前推进，我和同事感受到传统文化显现的社区动员力和生计价值，与此同时，层出不穷的问题也在考验着我们：延续传统做法还是改变原料配方，村里不同片区的妇女有不同看法；妇女小组骨干哈美拉希望靠卖黑肥皂一年挣2万元的高期待值我们达不到；销售渠道拓展、维护有困难；一部分人不愿继续参与小组活动了；新当选的村两委不愿接手；因为制作销售流程没厘清，网店的销售停了，公众号上的销售链接取消了；受疫情影响，游客不来了……真让人头疼！

其实，问题在几年前就有蛛丝马迹。2017年我和李芳刚去村里不久，村里人弄不清社会组织是个啥单位，随着替代生计调研的展开，村里传开了，"山水公司的杨总来了，她们有钱，会帮我们卖黑肥皂"！类似的误解、误传还不少。2019年6月，西北社区营造践习营的伙伴来江布塔斯村走访，直言不讳地提醒我们，黑肥皂项目的定位不清，是为闯市场卖肥皂挣钱？还是通过黑肥皂引起社区对环保的关注？可我当时并没觉得这些都是问题，也没意识到，问题背后潜藏的，其实是机构"激发社区力量，助力生态保护"的使命没落地，只是固执地觉得出现问题主要是我们社区动员推进太快，而且做生计本来就难度大，和目标定位没多大关系。

2019年11月，我和周环去武汉参加全国自然教育论坛，希望能扩大眼界、开阔思路、梳理机构使命路径。其间，我们去中南民族大学拜访她的导师陈祥军，陈老师认真听了我们的工作介绍，感叹说："你们做的就是生态文化的事呀！""生态文化"这四个字让我和周环好像一下子找到了问题的卡点。生态文化是人与自然和谐共生的关系在生产生活中的具体体现，包括乡土知识、行为习惯、观念、习俗、乡规民约、日常用品等，黑肥皂就是生态文化的代表。我们在社区做了这么多事，在自然教育、环境宣传、社区生计发展、生态保护之间来回游走，始终说不清楚机构在做什么，现在明白了，我们做的其实是生态文化的传承，可是不是黑肥皂卖出去了，就是传承生态文化了呢？

2021年1月，还没等我们进一步消化生态文化的事，更令人头疼的事发生了。一位顾客反映，买的黑肥皂放了一段时间后，表面长出了一层白色绒毛，像发霉了。我们和妇女小组的人都急了，认为有人做的黑肥皂质量有问题。1月31日，我们组织村委会和妇女小组骨干商量办法，村民骨干努尔孜依哈提议，进行黑肥皂盲测，选出质量较好的肥皂，统一制作方法，以确保质量。2月5日，盲测开始了，一层一层进行筛选淘汰，把现场的人心搅动起来了，肥皂没被选上的妇女不服气，急得嚷嚷起来，有的人生气离开了现场，活动不欢而散。周环、红梅都很沮丧。2020年加入我们团队的、我当年在救助儿童会的老同事加娜提也意识到出了问题，一路上都在琢磨，黑肥皂项目出现的问题是质量问题还是定位问题？社区参与度不够是态度、能力问题，还是行动策略的问题……

（三）直面问题挖根源

回到乌鲁木齐，我们开始全面复盘，梳理累积的问题。当时机构已经发展到第六年，生计项目刚结束，整个团队亟须对社区的角色、工作方法进行回顾反思，进而对组织使命、任务进行透视。

从具体的活动和项目层面分析，我们发现，当时的工作逻辑是，过度放牧—发展替代生计—减少过度放牧—草场（湿地）保护，发展替代生计既是核心又是链接问题和目标的节点。社区参与生计的积极性被激发出来后，并没有按照我们的预想演进，而转化为"发展生计—挣钱增收—多卖东西"这个逻辑。随着"黑肥皂"生计项目的开展，我们遇到的问题越来越多。不得不承认，完全跟着生计走，工作目标、注意力都在提高收入上，我们的工作内容、方法、传递的信息都围绕着商品和市场开拓，销售铺货展开，不仅社区只关心挣钱，我们自己也不例外，只是为了完成生计项目的收入指标，村民对我们工作的理解和期望势必就在挣钱上，忘记了"替代"这个目的，这就有问题了。

在做事情的层面扫描，团结为什么变成了竞争，生态保护为什么成了商品买卖？替代为什么没有被重视？我们针对过度放牧、水源地保护社区参与、社区能力培养做了这么多事情，核心究竟是什么？究竟想解决什么问题？究竟我们的路径对不对？我意识到组织使命和路径的配合出了问题，我们是在做文化传承，生计只是其中一个方面，不是全部。组织使命如果不足够清晰、没有被充分消化理解、团队达不成共识，就无法指导行动路径，就容易被项目带着走。机构负责人最重要的任务，是让每个人明白我们是干什么的，这样，团队成员才能从根本上理解自己为什么做、怎么做，这是组织发展的根基。只有目标足够清晰且坚定，才能避免路径不清，否则就容易走弯路，在原地打转，甚至走入死胡同。可以说，我们成功地执行了项目，却偏离了生态保护的初衷。

（四）看到局限

从团队回到个人，2018~2020年是我工作压力最大的时期，村里的工作全面展开，同事们不断遇到问题需要解决。"曙辉姐，社区发展基金和小项目的事，咱们要怎么做呀？儿童环保小组的游戏调查和口述史、环境保护的关系在哪？生态文化我要怎么给村民解释？家庭博物馆的主人有点不高兴，咱们什么时候能解决老房子维修的事？……"与此同时，员工工资也没着落，财务马丽着急地提醒我，"明年资金不到位，大家没有安全感呀"！

为了让机构有资金运转，保证人员的工资发放，我接了几个顾问的工作，以缓解资金紧张的情况，做顾问工作不时要去外地出差，还有大量报告要写，经常加班到凌晨，不能及时支持同事。我是一个对自己有要求的人，可因为精力有限只能放弃对完美的追求。团队外村里的人也面临压力，有一天，周环跟我说："曙辉姐，萨力克古丽说，以前她觉得咱们是外地人，这么远来村里帮大家做事，自己作为本地人不做就不好意思。现在村委会有人干了，她就不想再参与咱们的事了。"萨力克古丽是村民骨干，也是我的朋友。刚来村里时，多亏有她无私的帮助，我们才慢慢展开了工作。那时没有项目，但有目标，有信任。而现在，我们的项目来了，工作似乎走上了正轨，而她却走了。我好像不只失去了她，还失去了她的信任。作为负责人，要给大家鼓励打气，而自己情绪低落时却不能在团队释放。所有事情需要我兜底，可有时兜不住，我不得不承认自己的有限，种种"外忧内患"让我内心很有挫败感。

但沉浸在挫败里解决不了问题，旅途中双脚一旦迈开就没有别人可以代替。我冷静下来看，有了机构和团队，和一个人做事不同，必须接受这种不同，并看到自己的局限和组织的能力边界。要克服自己的局限，也要接受自己的局限，看似矛盾却又合理，真正认识自己，找到自己的位置，抛弃那些自我强大的幻想，要意识到局限就是特点。

顾问工作的结束让我有了喘息机会，我首先在工作方式上做出调整，紧抓活动计划制定环节，每个人都真正消化理解活动目标，保障执行时不迷失方向，减少了实地出现的问题。其次，我也将组织架构和分工做了调整，把原来的机构负责人、项目经理、项目官员三个层级改成机构负责人、项目负责人两个层级，团队职责明确，沟通效率也提高了。再次，我把专职传播岗位取消了，大家都可以独立管理项目，实现个人成长，传播功能也融入每个项目里。做出这些调整后，人跑在了问题前面，而不再是被问题追着跑了。

四　回看来时路

（一）跳出项目看使命

从 2020 年起，机构参加了由招商局慈善基金会支持、成都蜀光社区发展能力建设中心组织的一线社会组织能力提升系列学习活动，学习社区发展工作的理念、协作者的工作手法。杜玲、韩伟等老师对参与式发展理念有深刻理解，又在实践中运用，在他们身上，我明白组织的使命还需要有对发展理念的消化、有专业能力和工作手法的支撑，否则就容易自己制造问题，我们工作的社区也不得不付出代价。

2020 年初夏，经成都江源公益发展中心的创始人徐焰老师推荐，机构入选"恒星伙伴计划"[①]。在三年学习期间，我和同事们通过线上课程、导师陪伴、行动研究、组织管理工作坊、实地深度研习营等全面梳理机构工作。2021 年 7 月，"恒星伙伴计划"项目组和导师专程来新疆，帮我们整理工作思路，生计发展成效和生态保护目标不吻合、组织使命与路径不清晰等核心问题全面显现出来。北京天下溪教育咨询中心康耘老师和我们分享内蒙古的经验时说："社区自己的传统，自己先要继承。自己不继承，怎么让外地来的朋友们认可呢？"这给我们很大启发，为什么黑肥皂能把村民集结在一起？就是因为黑肥皂能传递出传统智慧带来的社区自豪感和文化自信，爱家乡的传统文化才是社区内生动力的源泉。村民们作为制作者和使用者是在传承生态文化，购买黑肥皂的消费者也是可持续生活的倡导者和参与者，这就赋予了以黑肥皂为代表的乡土生态知识传承的行动价值，跳出生计项目，拨开增加经济收入的表象，才能看到生态文化传承的原点和社会价值。

2021 年夏，大部分项目结束了，我们没有忙于申请新项目，而是花了大半年时间整体回顾了机构发展历程，分享讨论各自对组织愿景、使命的理

[①]　2020 年，万科公益基金会与北京合一绿色公益基金会联合发起"恒星伙伴计划，即可持续社区领袖成长支持项目"（简称"恒星伙伴计划"），以高潜力可持续社区领域公益领袖（即恒星伙伴）为对象，通过为期三年的非限定性资金支持和系统性赋能，帮助机构实现组织力、业务力和影响力的成长突破，实现业务模式化与组织规范化发展，具备孵化和赋能在地公益组织和自组织的能力，在地区性可持续社区发展领域发挥引领作用。

解，自己的收获，前期工作的成果和存在的问题。通过对组织愿景的解读，对使命发展历程的回溯，大家了解了组织愿景的由来，理解了使命的内涵并形成共识。每次在讨论中，当大家纠结、困惑的时候，加娜提老师总会冷静地提醒，"目标是什么？咱们不要忘了目标"。手段和目标的关系不能本末倒置，做得对，比做得多、做得快重要得多。

团队对做事情、做项目、做活动之间的关系有了更系统的理解——做事情，不是做项目。事情是目标，项目是工具，需要钳子还是榔头，得看事的需要。项目周期一般是两三年，事情要长久得多，需要考虑的问题、问题的轻重缓急自然不同，锻炼的更多的是耐力不是速度。做项目找的是结合，做事情找的是共识。每过一段时间把手头工作停一停，回头看看，问问自己，我们是在利用环境，还是在保护环境？

通过反思，我和同事们更坚定了使命、发展方向和目标，同时对组织发展路径、策略有了更清晰的认识，对生态保护与社区工作之间的关系开始有了清楚的了解，即让社区蕴藏的民间智慧得到展现，培育适合社区生态文化特点的可持续发展能力。

（二）在行动中学习

从2021年下半年起，"新疆山水"明晰了组织的使命，也就确定了组织的定位和前进路径，团队开始全面从项目驱动往使命驱动转，每个行动、每个计划、每个决定，大家都有意识地对照组织使命来衡量目标和产出。我们把激发社区文化自豪感作为一个首要的工作策略，聚焦"我的家乡美在哪"的主题，从项目设计、活动计划、成效评估等各个方面强化。邀请大学生、亲子家庭、观鸟爱好者、同行、高校教师来到村里，学习体验当地的生态文化，外来游客对村民的称赞、对传统生活方式的认可、对乡土知识的积极反馈，让村里人的家乡自豪感油然而生，使其看到了自己的文化价值，激发了参与生态文化传承的热情。

2022年初，在质兰基金会[①]社区保护地专栏，我看到了一句宣传语"重拾在地传统智慧，看到生态文化价值，再建人地和谐关系"，它完整地表达

[①] 深圳市质兰公益基金会是一家通过濒危物种保护开展绿色扶贫的资助型基金会，通过为一线研究与实践者提供小额、灵活、长期的资金支持，推动生态保护，促进社区减贫与可持续发展。

了我们想要践行的使命，感谢质兰基金会秘书长张颖溢欣然同意我用这句话作为"新疆山水"的使命。在机构发展进入第八个年头时，机构的愿景终于找到了一个合适的文字表达。"重拾在地传统智慧"是手段，要尊重、保护当地人民的知识、实践；"看到生态文化价值"是成效，要让社区看到生态文化在提高社区凝聚力、传承文化、推广绿色低碳生活方式、发展可持续生计中的价值；"再建人地和谐关系"是我们努力的目标。

使命得到深度解读后，生态文化传承成了核心，生活、生计、生态三方面的成效逐渐形成闭环，工作板块之间的关系也理顺了，于是"我的家乡美在哪"成了资源调查的工具，手工制作、传统游戏变成了互动的内容，羊骨头成了礼物，使用黑肥皂不再是游客的责任，村民从黑肥皂卖家变成生态文化传承人，从以增加收入为目标到以继承环保传统为目标。前几年建立的黑肥皂妇女小组、家庭旅馆小组等多个可持续生计村民小组组合成一个村民环保合作发展小组，保证信息分享同步。竞争转换为团结合作，这些在后续和研学机构、大学生志愿者团队合作的活动中都得到了体现。

2022 年，在"恒星伙伴计划"的导师中华女子学院杨静、万科公益基金会刘源、项目组李大君、质兰基金会张颖溢等师友的帮助下，机构引入了生态社会工作的理念和方法，机构的角色定位更清晰。在新疆大学社会与政治公共管理学院林芳菲老师、程海源老师的帮助下，我们开展了团结经济项目，进一步回应社区集体行动。他们还帮我们对接专家，参与牧区发展、团结经济等主题的读书会拓展团队思路。

2022 年末，在恒星同学合作共创基金的支持下，机构启动了"牧区应对气候变化乡土知识社区调研"。同事谢红梅带领大家把适应气候变化的乡土知识和"零废弃"3R 原则（减量化、再使用和再循环）联系起来，加上恒星导师邓豪讲的知识生产，把团队对生态文化传承什么，怎么传承又推进了一步，对使命中"在地传统智慧"有了具体落地的理解。

五 一直在路上

（一）一路有你

从 2005 年我进入公益行业至今，很多年过去了，在新疆，"NGO"不再是一个陌生的词，其生存环境也发生了很多变化。我曾经工作过的国际救助儿童会新疆办公室由于种种原因，在工作十七年后于 2021 年关闭。基金会、社团也基本完成了与政府管理部门的脱钩，以商业营利为目的的民办非企业或回归工商企业，或改为社会服务机构。新疆本地社会组织不断成长，县域社会组织逐步增多，社工机构不断涌现，关注领域逐渐细化，松散的志愿者团队步入专业化、职业化轨道。原先对新疆公益一无所知的那个我，不知不觉已身在其中。

从 2014 年"新疆山水"酝酿启动迄今，也已过去很多年，最初做大、做强的雄心，逐渐演变成做长久的耐心，但践行人与自然和谐共生的理想始终没变，做一家好机构的愿望没变。在新疆，我们扎根社区，用行动传承人与自然和谐共生的传统文化，填补了新疆社会组织在可持续社区实践中的空白，成为独树一帜的存在。在越来越多的新疆公益伙伴眼里，"新疆山水"是个专业的团队，提到社区环保的时候，都会提到"新疆山水"。基层政府"生态优先，绿色发展"和林草部门"社区共管"实践有了我们的身影，他们说，"你们做的工作是我们无法替代的"，我想，这是对机构最大的认可，也是创办机构的初心。

寻路途中，有幸遇到一个个关注、指点、支持、帮助我们的人，他们的身影和影响贯穿"新疆山水"的成长过程，帮助我们获得看清问题、解决问题的眼光和能力，明白行动研究和理论学习的重要性，把一路上遇到的问题、困难、意外转化成下一步的路标、资源和转机，推动经历向经验的历练、经验向知识生产、知识向行动转化。他们的参与，是"人人助力环境可持续发展"愿景的有力诠释。

（二）在传统文化中找出路

今天，相比物质极大丰富、科技突飞猛进和互联网的极速发展，人类的精神和文化生活似乎并没有取得同等的进步，在面对气候变化、数字时代、城市化、市场化等带来的问题时，人们更多寄希望于政治、科技、经济、市场、法律的手段，传统文化的作用似乎被边缘化、忽视、淡忘甚至遗弃。而"新疆山水"在寻路旅途中，却真切地感受到传统文化在社区的凝聚力、感召力，那些人与自然和谐共生的传统生态智慧、乡土知识，增强了社区应对外部风险的韧性。在"重拾在地传统智慧，看到生态文化价值，再建人地和谐关系"的使命引领下，我们通过社区资源盘点、环保宣传教育、推广绿色低碳生活方式、开展可持续生计和社区能力培养，重新发现、认识传统文化中有利于解决生态保护与社区发展矛盾的地方性知识，让社会看到生态文化的多重价值，通过社区的传承行动让人与自然和谐共生的生态文化一代代传下去。

人是自然的一部分，不是在山水之上。无论世界如何变化，人类都应该回到自然、回到生命本身、回到文化中去寻找出路，特别是在新疆这样的生态、文化多元化程度很高的地区。生态文化传承不是嫁接而是恢复，充分尊重当地人的智慧，保护乡土性知识和实践，用基于当地文化和自然的解决方案实践可持续发展，通过生态文化对社区生活、生计、生态的影响，让人们重新审视人和自然、人和人、人和社会的关系。在某些时刻，我们总要回过头来，重新审视生命，寻求改变。

（三）成为寻路者

相比其他组织，"新疆山水"的发展历程并不标准，寻路途中沟沟坎坎，在无数个岔路口面临选择和考验。我们已经习惯面对问题，在直面问题、解决问题的过程中，团队的动力、潜力不断被激发。我们也终于体会到，行进在山水间，从来没有直线，而是在"峰回路转"中。要对我们认为理所当然、习以为常、标准正确的事情始终保持警惕，不断质疑反思自己，在反思中发现自身的局限，这不是否定自己和不自信，相反，是找到自己的特点，在反思基础上，总结经验，加强学习，不断进化。我们没有因为出发点是善意的就认为行动是正确的，而是严格审视每一次行动的目的、逻辑、方式、过程、结果。对自己的清楚认识，反过来促进对世界的认识，最终汇合在对做的事情的认识上，越来越自信地投入下一步行动，并坦诚面对行动带来的结果。微小的行动日积月累，在长期的实践中有意识地训练，在良好的对话关系中保持开放，不断尝试，不断学习，自我纠错，获得知识的完善。

很幸运"新疆山水"能走到今天，以后的路未必就是康庄大道，好不好走尚未可知。我们也不去把精力放在对未来的想象上，只想一如既往把眼前能做的事尽力做好，一直保持出发时的活力，保留各种可能性，以避免模式化、标准化导致的固化、僵化，永远以寻路的心态探索，一步一步往前走。

行动的力量

——笨鸟先飞,不惧未来

陶镜如[*]

在大众的认知里,公益人似乎都富含爱心、同理心和奉献精神,而生物多样性保护又是一个专业壁垒较高的领域。我,既无这些特质又无专业背景,却在44岁那年,在一片质疑声中,开始担任一家名为广西生物多样性研究和保护协会(美境自然,简称美境)的公益组织的秘书长。美境2014年在广西民政厅注册,是区内第一家专业从事生物多样性保护的区级慈善组织,愿景是促进人类社会和自然生态系统的和谐共存与可持续发展,宗旨则是在科学研究的基础上,充分考虑当地人的需求,鼓励公众参与,选择可持续的解决办法保护广西濒危物种和关键生态系统。

2017年我接手秘书长之职时,美境已是一家在业内具备一定影响力的一线保护机构,拥有五十多名会员和一个十多人的专业执行团队。成为秘书长后,我经历了不少挫折和挑战,从一开始被动接受任命,只求平稳过渡,组织内部却冲突不断,到之后在战略调整、团队变动中被迫仓促应对,再到如今能主动思考并积极探索团队未来发展之路。究竟是什么力量,让早已习惯了平稳职业生涯的我敢于在挫折中站立起来直面挑战,带领一支专业的保护队伍前行至今?在公益机构生存困难的当下,作为一个仍不太成熟的管理

---

[*] 陶镜如,广西生物多样性研究和保护协会(美境自然)秘书长。1996年进入环境保护领域,先后服务过多个世行、亚行和欧盟等国际金融组织贷款/赠款的环境保护项目以及国际NGO。2014年参与创建美境自然,致力于推动当地人选择可持续的解决办法保护广西的濒危物种和关键生态系统,促进人与自然的和谐共存和可持续发展。

者，又能否在这种内驱力的支撑下，继续带领团队应对发展和管理过程中不断出现的各种问题和挑战？带着这样的疑问，我加入了行研学习网络，开始追溯自己的成长历程。

一 笨鸟先飞，尽力就好

我出生在"文革"后期，父母都曾当过兵。三岁前，爸爸还一直在中越边境的部队，妈妈退伍后到南宁工作，只能一个人带着我住单位宿舍。在那个特别强调奉献的年代，做政工的妈妈除了不出差的晚上和星期天，几乎没有时间陪我，家里的老人也由于种种原因没法从老家过来照顾我，于是我童年美好而深刻的记忆都在市中心附近的围屋式的大杂院和郊区的部队大院里。

妈妈是桂林人，十三岁离家参军，接受了十几年部队生活的洗礼，深受桂林传统的"礼性"文化和军营文化的影响，我是她的独女，自然也被这样的理念教育和培养了。我的保姆婆婆也是一个非常传统、严肃的老太太。从记事起，只要在她们面前，我的一言一行都必须遵循严格的规范，笑不露齿，拿筷子不能翘小指，见人要问好，麻烦他人要道谢，冒犯他人要道歉，做事要有耐心、要持之以恒等。这些后来都慢慢地转化成了我下意识的行为习惯，成为刻在骨子里的教养。然而公共场合中的规训并未束缚住我向往自由的天性，在部队大院，我一边听着艰苦卓绝的斗争故事，一边跟小伙伴们玩着打仗游戏；在妈妈工作的文工团练功房和舞台上，我模仿演员们的一招一式，尽情扮演各种不同的角色；在后来居住了几十年的体育局大院里，我和小伙伴们在大人们的监督（逼迫）下跟随运动员冬练三九、夏练三伏，闲暇时又上房揭瓦、翻墙爬树，体会着在妈妈和婆婆跟前完全不一样的恣意和飞扬。如今我身上种种矛盾的统一——敢于冒险又谨慎小心，坚强隐忍又爽朗乐观，崇拜英雄主义又相信平民的力量，不拘小节又坚守底线——可能就是在那样的环境里养成的。

父母对我品行的培养是严格的，但在文化知识和生活技能的学习上却没有给过我太大的压力。妈妈常挂在嘴边的一句话就是"笨鸟先飞，尽力就好"。初时，像对其他的"大道理"一样，我对这句话几乎无感，甚至还隐隐有种被否定的自卑。可当我看到只有小学文化的妈妈坚持在下班后参加夜校学习，两年内就拿到了政工学习的中专结业证书，特别是当经历了初二暑假的那次终生难忘的"人生历练"，我终于开始对这句话有了真实的体会。

那年的暑假，我因病无法走路，医生断定我几个月内都无法正常上学。之前我就因为成绩严重下滑对学习丧失了信心，疾病的打击更令我打算自暴自弃。可已40多岁的父母为了不耽误我的学习，每天轮流把身高已超一米五、体重80斤的我从五楼的家中背下，再用单车驮去学校，然后再背上四楼的教室上课，放学又用同样的方式接回家，坚持了整整三个月。在父母的影响下，深感惭愧的我终于下决心尝试去做一只重新起飞的"笨鸟"，借着因经历了长时间病痛生发出来的那股子韧劲，我逐步克服了高强度学习引起的畏难情绪，耐心细致地逐个攻破学习上的弱点、难点，而每一次小小的突破所带来的获得感又逐步帮我夯实了坚持下去的信心和决心，最终我以这种"笨鸟先飞"的心态和毅力一路"升级打怪"上了大学。

大学毕业半年后，同事推荐我到自治区环保厅国际合作处去面试一个世行贷款项目的翻译职位，面试的内容是为污水处理工艺技术的讨论提供口译服务。可当时的我只是一名刚离开校门的英语专业毕业生，没有任何实战历练，上场不到五句话就败下阵来，最终由外方带来的人员独立完成了翻译，而我只能全程低着头，尴尬得恨不得找条地缝钻进去。而且，最糟糕的是，我意外地听到外方的资深翻译私下跟合作处的领导说："这个小姑娘做不了翻译，你们换人吧。"这样的评价对于一个职场小白来说简直是灭顶打击，我的脑子当时就懵了。后来合作处的领导委婉地对我说，世行代表团到访之前的三个月内，希望我能暂时留在项目办帮忙做一些笔译，直到他们找到合适的翻译。回到家，我关上房门，哭到半夜才慢慢冷静下来，开始面对自己翻译能力不足的现实，思考未来三个月该怎么过。有了之前多次的"笨鸟"经历，我很快下定决心不计代价地再飞一次。即使不知道能飞多远，也比待在原地强。接下来的三个月，我边向同事请教专业知识，边查阅相关的中英文表达，很快便啃下了足足六大厚本的项目中英文资料。世行团到来的第一天，我作为后勤人员参与会谈。当新来的翻译遇到了不熟悉的糖业废水厌氧工序而卡壳时，我在一旁用英语流利地转译出了中方的回答，那一刻我开启了"笨鸟"在环保领域"升级打怪"的十年之旅。

在世行办公室工作的十年是幸运的。首先，这是为实施广西第一个世行贷款的环保项目临时设立的，没有政府部门内条条框框的约束；其次，项目内容涉及四个行政区域，从筹备到谈判到签约再到实施，一切都是全新的内容；再次项目的总负责人业务能力强、行政经验丰富且思想开放，他果断地采用了目标管理的方式给所有成员布置任务，尽力为团队营造创新和探索的空间。在这种管理模式下，所有人都养成了独立工作的习惯。我作为翻译，需全面了解从项目设计理念到相关工艺流程、合同谈判，再到项目执行和监管的所有流程与规范，因此每天都要学习化学、物理、土建等多个学科的知识，更要习惯随时清零去准备迎接新的挑战，以不懂就问、不懂就学、打破砂锅问到底的"笨鸟"精神去研究新问题、解锁新大陆。我也从最初的项目翻译升职成为翻译兼财务官员，负责项目的总体报账审核，尤其是英文资料的审核。

然而，幸运之中也潜藏打击。在世行办期间，因为工作关系我常与当时的自治区财政厅外资处有业务往来。外资处从处长到科员，再到我陪同过的副厅长都对我的表现很满意，由于人手紧张，处长主动向厅里申请将我调入外资处，但当财政厅人事处的外调函发到环保厅人教处时，却收到了我虽业务能力拔尖，但恃才傲物、不团结同事的评价。于是我进入体制的道路戛然而止。再联想到自己曾在大学入党和实习期间遇到的诸多因复杂人际关系产生的糟心事儿，我对处理人际关系产生了严重的排斥心理，打算在英文财务这个职业上"单打独斗"下去。

二　加入公益组织

世行项目即将结束，我又面临新的选择，或按之前的职业规划去外资公司或会计师事务所应聘，或接受有事业编制的南宁市政府直属的外资项目办高级项目官员职位的邀约，或继续留在还未能解决编制的自治区环保厅，加入新的中欧生物多样性项目团队任财务负责人和翻译。

我几乎没有犹豫就选择了第三个方案，主要原因就两点，第一，十年世行项目的打磨让我已完全适应并享受开放式管理和独立探索的工作环境；第二，孩子当时刚满两岁，孩子爸爸因工作原因完全顾不上家，家中父母虽能帮忙带娃，但毕竟上了年纪，不能过度劳累，而我也担心在孩子性格形成的关键时期，父母教育和陪伴的缺失会成为一生都无法弥补的缺憾。在这种情况下，我更需要一个相对轻松的工作环境来兼顾家庭和事业。

2006年下半年，我到新项目办报到。这个国际合作项目由欧盟赠款，是自治区环保厅和野生动植物保护国际（Fauna & Flora International，以下简称FFI）合作申请并实施的生物多样性保护项目。当时"生物多样性保护"即使在环保系统内部也属于比较新的概念。我在厅里都找不到相关的英文资料，现成的中文资料也仅限于"十一五"规划里的部分内容。随着项目的实施和深入，我对FFI中国的了解也越来越深入，觉得这家机构求真务实的探索精神和独立开放的工作氛围与自己的理念十分契合。2007年下半年，FFI中国向我抛出橄榄枝，希望我能帮助管理财务，我没有任何迟疑就答应了。其独立的工作环境以及相对简单的人际关系就是促使我加入的重要因素。

FFI是一家历史悠久，专注于一线生物多样性保护的国际NGO。从2002年开始进入中国，至2007年在广西注册代表处时，FFI中国一直都是个按项目制运营的小团队，主要通过与各级林业部门和保护区紧密合作来开展针对珍稀濒危物种和关键生态系统的保护行动。2007~2017年十年间，FFI中国在生物多样性一线保护工作中赢得了业内和政府部门的高度认可，皆因为其拥有以下两大优势。

第一，相对宽松的外部环境和稳定的资金保障。当时的中国作为国际公认的发展中国家，是许多国外基金会资助的对象。同时，中国在生物多样性保护领域还处于起步阶段，而国际NGO既有能力为中国的保护项目筹措到大量国外资金，还能带来先进的技术，自然广受国内政府部门和保护区的认可与欢迎。

第二，整个团队专业能力强，职业素养高，对所从事的工作有较强的认同感和责任感；FFI中国的工作人员大多是生态相关领域的海外留学归国人员或者国内重点高校毕业的硕士与博士，具备独立负责部分区域或者领域工作的能力。在日常的协作中，也都能基于各自的专业背景发表意见，就事论事、目标明确且成熟高效。团队的内部管理制度在人员高职业素养的保障下得以落地和执行，保证了机构的高效运转。

刚开始，我只是在项目办的许可下为FFI中国提供兼职服务，由于FFI中国的工作人员基本都在外地一线开展野外工作，我是独立于其他人的存在、一个远离核心业务的服务提供者。然而，2009年末新上任的FFI中国首代张颖溢博士（我们都亲切地称她颖溢）打破了这种状态，她邀请我转为全职，并与她一起搭建FFI的内部管理体系，一起查找、讨论和翻译可借鉴的国内外公益组织管理规则，制定 FFI 中国的财务、行政和人事等各项管理规定。她平时还会要求我积极参与各种项目讨论，许多与 FFI 英国总部和亚太分部的沟通也都拉着我参加，目的是让我对组织运营有更全面的了解，从而提供更符合组织需求的行政财务管理服务。当项目人员对我依据新的规定提出的要求有不同意见的时候，她会站在管理者的角度帮我说服对方，确保新规定的落地执行。她对我的高度认可，以及在此过程中我对国际公益组织财务管理的进一步理解、掌握及本土化，让我逐步建立起了对 FFI 中国的归属感，找准了"大管家"的角色定位，和她磨合出了一人主外一人主内的合作模式。随着制度的逐步完善和顺利执行，管理工作进入常态化，在 FFI 工作的后期，我又逐渐习惯了几乎一成不变的工作内容，开始进入一种单调乏味的状态。

三 大树底下好乘凉

颖溢一直都有将团队进行本土化转型，以更好地服务于中国生物多样性保护需求的想法，她拉上我和其他团队成员讨论过很多次，终于在 2012 年找到了机会，并在 2014 年，经自治区林业厅同意，在自治区民政厅注册成立了"美境自然"。

2014~2017 年，FFI 中国的植物项目经理、颖溢和我作为创始人与理事会主要成员，都志愿投入了大量的时间和精力。我们分工明确，颖溢负责组建独立于 FFI 中国的美境团队，讨论并确定美境的章程、战略、目标和架构，为美境申请项目、拓展筹资渠道和打造社会影响力，在早期没有资金聘请秘书长时，她实际承担了秘书长的工作；植物项目经理担任法人，承担法律责任；而我则负责完成新机构的注册手续，并参考 FFI 中国的制度和国内社团的相关管理规定制定美境的内部管理制度。

此时的我作为 FFI 中国的行政财务主管，虽然不拿一分薪水为美境做行政、财务等志愿服务，但这对我个人来说并无多大挑战，只是工作量有所增加，工作内容和以往基本相同。加上管理层中主要合作伙伴和合作模式也没有发生大的变化，还有颖溢承担美境的整体运营之责，我即使经常参与美境的业务讨论，但仍习惯从如何更好地提供行政财务管理服务的角度去思考机构和团队的发展，大树底下好乘凉，我也未感受到任何突破自我的压力。

就在我个人停滞不前的时候,美境在组织、保护路径探索上不断发展,也因此带来了团队结构、协作方式等的一系列变化。我更像是美境这个新生命从诞生到初期成长过程中的一个旁观者和协助者,不用承担太多责任,只是多一点辛苦,看着美境茁壮成长,很开心,却没有太多思考。以下的发现也是我成为秘书长之后反思的结果。

颖溢经过长期的实践探索,她越来越清醒地认识到,生态保护不是简单的自然科学的问题,而是人的问题,是社会公共事务;而当地的人是可持续保护的中坚力量。美境作为广西本土的保护机构应以区内最具保护价值的生态系统为首选的保护目标。因此,建立之初,美境就明确了自己的两大业务板块,一是以桂西南喀斯特森林生态系统为保护目标,探索社区保护地的保护模式;二是以北部湾滨海湿地生态系统为保护目标,尝试动员公众以及社会各界力量协同保护。

在社区保护地业务上,FFI中国曾和广西的环保和林业部门有过初步探索,美境成立后则在此基础之上,与FFI中国一起成功申请到了上百万的大项目来探索解决社区参与保护的动能问题,还招聘了具有社区发展项目经验、有人文社科专业背景的小团队(不再通过外部专家)更有效地融入在地社区,尝试运用不同手法来激发社区的内生动力。

新组建的擅长社区动员的美境团队与保护专业的FFI中国团队在协作中时常因工作理念、工作方式的不同发生争执,但在探索新模式的共同目标下均能凭借各自的经验取长补短、相互支持;再加上颖溢强有力的推动,很多内部的争执还没来得及蔓延开来,就随着项目的快速推进而弱化或消失了。此外,团队成员较高的专业素养和稳定的情绪也有效保障了内部沟通的顺畅,从而慢慢形成了独立、善思、协作、共创的工作氛围。

这个阶段的社区工作成果显著。两个团队依据广西林业部门出台的《广西森林和野生动物类型自然保护小区管理办法》[①],经过保护区和林业部门介

[①] 由广西壮族自治区林业厅发布,于2010年7月5日开始实施,目的是提升广西范围内由于分布面积小或分布零星无法建立自然保护区的,具有典型性的以及具有重要生态功能的森林生态系统,珍稀濒危野生动植物物种的天然集中区域或者繁育地等保护对象所在的陆地和陆地水体的保护和管理水平。

绍进入保护区周边的社区，如渠楠①，不仅给这些相对被边缘化的山地社区带来了政策的鼓励，更通过开展自然教育等符合在地特点的新的经营方式，给社区带来了全新的理念和认知，也给社区带来了额外的经济收入和政府投资。越来越多的外部肯定和关注激励着村民们打开视野，行动起来，山村的自信在慢慢地复苏。渠楠等社区保护地也逐步获得了行业内的认可和广泛的社会影响力。

北部湾滨海湿地保护业务，也是基于FFI中国项目一个中国鲎保护的志愿者项目做起来的。2013年美境成立后，颖溢大胆起用了原FFI植物项目组的年轻项目官员，从小项目做起，边探寻解决问题的方向，边搭建团队。通过动员和发展公众志愿者参与以中国鲎为旗舰物种的北部湾滨海湿地现状调查，鉴别出有重要生态保护价值的地块，并对这些地块开展长期监测，搜集和分析相关的监测数据形成报告，通过对外公示和传播这些关键地块的价值、正遭受到的威胁以及原因，来进行公众行动倡导及政策倡导。

2015年下半年，美境在劲草项目的资金支持下聘请了一位专职的传播经理，他的到来使美境的传播和合作伙伴关系都有了突破。美境一边通过区内外的媒体资源和公众平台开展线上宣传，一边组织各类大型线下活动，如"赏鹰节""寻找最美大树"等，打造美境的项目品牌，并借助线上线下活动的开展搭建在地的相关职能部门的关系网，寻找多方共同应对威胁的合作契机。其中"不吃鲎消费倡导"和"占领打鸟点"就是美境策划的应对鲎种群数量减少和遏制当地猛禽盗猎威胁进行行动倡导的经典案例。美境的传播团队也由此逐步成型，在与项目团队的合作中，虽也经历了激烈的冲突和长时间的磨合，但良好的职业素养、共同的行动目标和显著的工作成效同样成为缓解冲突和矛盾的润滑剂，美境工作成员内部的合作也日渐成熟。

在这个阶段，美境的业务模式在逐渐成形，工作对象的变化、人员结构的变化确实给团队带来了一些新的思考，例如，保护如何破圈；如何用公众能理解的语言传播保护理念和知识，让更多的人参与进来；团队内部沟通是不是应该增加一些人文关怀的视角；等等。然而此时我仍然陷在对人际关系的恐惧中，固守着行政财务经理的位置与其他成员保持着有距离的理性沟

---

① 位于广西壮族自治区崇左市扶绥县山圩镇，与广西崇左白头叶猴国家级自然保护区接壤，以白头叶猴为主要保护目标。

通。同时，团队中保护专业的成员无论在人数还是业务上都依然占据着主动的地位，所以团队的沟通和协作模式以及氛围并没有太大变化，依然是独立的、理性的、高效的。

四　从三足鼎立到独木难支

2017年下半年，颖溢觉得美境在组织架构、管理制度、筹资上都已初具规模，在行业内也已有了一定的影响力，是时候独立发展了，因此决定全身而退，不仅全面退出美境的日常管理，也从FFI中国辞职。在退出之前，她安排了一年的过渡期，让我协助美境的滨海项目经理和传播经理两人逐渐担起秘书长的工作职责，等过渡期结束后，再基于他们两个人的意愿和工作能力，共同商量由谁担任秘书长。考虑到我虽熟悉公益组织的管理，也参与过不少大型国际合作项目的管理和执行，有综合管理的思维，但缺点是非业务出身，不具备指导业务部门的知识储备和能力。综合考虑，暂且由我担任秘书长职务，直到更合适的秘书长人选出现。这样的安排既能稳定机构的运营，也有利于年轻总监们成长成为新的领路人。于是"三足鼎立"的新架构出现了——秘书长下设科学保护总监带领的项目部门（含喀斯特和滨海项目团队），运营总监带领的传播、对外关系和公共筹资部门，以及我负责的财务和行政部门。

带着过渡期秘书长的自我认知，我跟另外两位总监初步协商出了日常的合作模式，即两个总监按照既定的管理机制各自负责自己部门的业务拓展和团队管理，除非涉及部门间的协作，秘书长一般不介入两个业务部门的事务；机构战略层面的问题通过秘书长召集理事会和秘书处中层以上管理人员共同讨论决策。这样的安排在刚开始的半年还算顺利，两位总监在相对宽松的管理架构下加快了两大业务部门探索的步伐。滨海业务在总结过去三年经验的基础上正式提出了公民科学的保护模式，成功地以"不吃鲨"消费倡导行动和冠头岭猛禽保护的阶段性成效在国内的保护圈打出了影响力，并通过2018年在北部湾召开的IUCN[①]国际鲨研讨会确立了美境在公民科学保护模式探索上的地位；社区业务虽然没有实质性的进展，但前期在渠楠等社区保

---

① 世界自然保护联盟（International Union for Conservation of Nature）的简称。

护地的工作成效持续在圈内发酵，并借助 SEE 基金会广西中心成立的契机，得到了连续几年大额的项目资金支持。在传播上，美境也从 2016 年提出"人人都是自然保护者"的口号到 2018 年升级启用了 1.0 版机构 VI 形象，成功统一了一直探索的两种本质是"以人为工作对象"的保护路径。美境的保护不再局限于物种、生态系统或生态景观，而扩展至从创立之初就秉持的以人为本的保护。

然而，这种三个部门各自为政、重业务却缺乏统一的团队管理和协作的模式，并不适应已发生巨大变化的内外部环境。就在大家都在为取得的成效欢欣鼓舞的时候，团队内部已开始暗流涌动了。

首先我跟两位总监的磨合非常不顺利。我个人觉得自己不过是一个过渡期的秘书长，在不久的将来就会把这个位置交接给两位总监中的一位，我只要在过渡阶段稳定机构的总体运营，等待年轻人接班即可，无须投入太多心力在业务拓展和团队管理上。而两位总监则期待我能有与秘书长这个职位相匹配的投入和担当。所以在这段时间，我对很多问题都持被动和等待的态度，没能给予他们足够的支持，令他们越来越不满意。表面看起来这是彼此之间协作关系的认知错位所导致，但实际上有着更深层的原因。

第一，对复杂人际关系的忌讳仍是我的心魔。平日里，我都刻意回避对人的关注，更不愿意主动搭建关系，在遇到人与人之间的矛盾和冲突时，常常下意识选择逃避。

第二，在行政财务主管的位置上做了 10 年，我已经习惯了几乎一成不变的工作状态，长期缺乏创新和突破，也在一定程度上消磨了原有的锐气和勇气。所以当缺乏业务知识储备的我面对专业能力较强的下属的期待，尤其面对彼此协作中产生的矛盾冲突时，会下意识地用类似"彼此间的关系认知错位""这样处理是给年轻人更大的成长空间"等借口来麻痹自己，逃避行动。

第三，我的管理思维还停留在 FFI 年代，认为美境已经从 FFI 中国传承了一套运作成熟的管理机制，只要给足发挥的空间，所有人都可以如同当初的 FFI 团队一样在探索和创新的过程中提升自己的能力。

然而，美境所处的内外部环境已在以下两个方面发生了巨大的变化。第一，筹资环境。FFI 的资金来源渠道是国外基金会。生态保护和现代公益起源于西方社会，公众对公益和保护的认知水平高，因此国外基金会在资助理念、资助方式和可持续性上都处于领先水平。FFI中国凭借过硬的专业能力就可以持续获得国外基金会的稳定资助。但美境只能在国内筹资，能为其提供资金的国内基金会非常有限，对公益项目的要求也各不相同，更多追求公众参与、影响力和传播效果，竞争也很激烈；其他的筹资渠道——公众、政府和企业则更容易受到认知水平、人情关系和利益博弈等复杂社会因素的影响，使团队很难单纯地凭借领先的保护理念和专业的执行力就成功申请到资金，反而需要琢磨更多资助背后的影响因素，不断提升资源整合能力、沟通和协作的技巧，了解政府、企业、社区、基金会等各类合作伙伴的需求，才有可能实现筹资目标。年轻的中层骨干们虽然具备一定的专业能力，但往往缺乏对社会整体运行规律的认知，很难务实地思考和应对这些挑战，突破筹资瓶颈，从而也可能对挑起组织发展的重担缺乏足够的自信。

第二，团队成员专业能力和职业素养。这个阶段的美境在政府、保护区、科研院所等重要的合作伙伴眼中已经没有了专家的光环，取而代之的是草根机构的身份认定。同时，美境选择在广西这样的边远省份扎根，其薪资待遇和未来的发展前景自然缺少竞争力，所以与之前相比，这一时期总监以下的团队成员无论是专业能力还是职业素养都有所下降。不少成员虽然有着对保护事业的高度认同，但缺乏足够的自我价值认同，高度依赖外部的肯定和激励，独立工作能力、自我学习能力和自我突破的内驱力不足。两位总监在追求业务拓展和创新的同时，投入了很大的精力和情绪来带领这样的团队，但也终因受限于固有的知识与认知，无法帮助彼此认识并接受真实的自己来寻求突破，而是依赖于用模型和问卷测试等外部分析手段给每一个人做职业画像，通过流于表象的言语鼓励和情绪安抚来营造一个有高度情感需求的团队氛围，辅之以升职加薪等激励机制来提升团队的忠诚度。这样的做法非但没能有效地帮助团队成员提升业务能力和职业素养，反而让人更容易自我禁锢在狭小的舒适圈，陷入高度情感绑定的内耗中。

在这个过程中，我受限于自身的行动障碍始终没能主动与两位总监以及其他团队成员深入沟通、及时反思并发现问题，更没能及时干预不恰当的团队文化和氛围的形成。2019年运营总监离职。

科学保护总监管理的项目部门也开始出现危机。长期以来，滨海团队都延续着专业严谨的作风，但缺少"人"的视角。例如，在志愿者培养过程中，受固有的专业等级观念的影响，他们习惯通过打造专业保护形象来确立美境在志愿者组织和管理中的领导地位，并以此来提升志愿者的忠诚度。其间缺少与志愿者的平等对话、相互尊重的教学相长，不重视与志愿者们在保护理念、目标和合作机制上达成共识，更缺乏对志愿者成长的普遍规律的总结、分析和应用。由于缺乏对人性的足够认识和理解，以及对社会基本运行规律的分析和思考，他们在遇到复杂的社会问题时容易产生强烈的无力感，从而选择对立或回避。

社区团队在社区工作中也遇到了瓶颈。自然教育市场不景气，社区参与的积极性在逐渐下降；社区内部治理层出现了关系撕裂，直接影响到美境在社区动员的影响力和公信力；建立了几年的保护地，居然出现社区未能阻止神树被砍的事件等，整个部门无法拆解这些问题背后的原因和复杂关系，找不到突破瓶颈的有效方案，反而对社区保护地模式的可行性、具体负责社区工作的人员工作能力都产生了质疑，部门内部人员在日常沟通和管理上出现了不和谐的声音，在社区和滨海业务的资源分配上也出现倾斜，社区团队负责人离职，社区业务一落千丈。

面对这样的乱象，我仍是以避免因插手业务部门内部管理而激化矛盾为借口，没有主动出面沟通和干预。事实上，长期以来对人际关系的恐惧，以及害怕自己业务能力不足，无法应对来自技术总监的诘问和挑衅才是我又一次不作为的深层原因，但这些下意识的恐惧让当时的我甚至没有能力静下心来拆解造成这些乱象的因素，更不用说主动寻求解决问题的办法了。最终的后果是，科学保护总监也离职了，三足鼎立的架构彻底失败，我也从暂代秘书长不得已变成了真正的秘书长，不仅没有培养起年轻人，反而自己掉进了"坑"里。

就在我难以跨越自身的行动障碍，没有前行动力的时候，幸运地遇到了引发深刻改变的契机，我开始了对"推动人的改变"的思考。2018年7月，借劲草行动研究合作基金提供的机会，我到了河南周山村，看到和听到大爷大妈们十几年间发生的巨大变化，聆听着梁军老师分享"胸怀理想，立足草根，想大问题，做小事情……进一寸有一寸欢喜"，仿佛映照出了自己内心深处那只"笨鸟"，那只曾经在学生时代和早期职业生涯中不断激励自我无惧困难、挑战创新的"笨鸟"，脑海中长久以来的那个困惑，如何在生态保护这样一个前景暗淡又困难重重的行业，始终保持砥砺前行的坚定和热情？在那一刻有了肯定的答案。与此同时，在一次次跟随团队走访各个社区项目点的过程中，我和那些美境陪伴了几年的大哥大姐和孩子们熟悉了起来，并近距离观察到他们变得自信、热情且更充满希望，我从内心深处为这样鲜活的生命的变化而感动，也真正理解了推动变化的意义，进而升华到了萌生出是不是自己也有可能亲身参与推动的念头。这为后来"笨鸟"的再次起飞点燃了新的希望。

五　挑战中再次艰难"起飞"

在2020年的年会上，美境内部曾进行过一场关于未来战略方向的深度讨论。是跳出广西，联合公益伙伴搭建一个区域性的行动网络？还是继续扎根广西，推动本地人和本地社区的保护行动？前者是当时公益投资的热点，这种战略选择虽能产生一定的影响力，却无法直接应对一个个具体的在地威胁；后者耗时耗力，短期内没什么影响力，筹资也不容易，但长期来看对解决保护问题会更及时、更有效。鱼与熊掌不可兼得，面对这样的抉择，大多数人秉承着初心选择了后者。

随着战略方向讨论的尘埃落定，陆续有团队成员离开，我从幕后走到了台前，肩负起了带领团队持续探索在地保护问题解决路径的责任。我采用了扁平化的管理模式，不再设部门总监，改由秘书长直接管理和协调各业务部门，秘书处由社区项目团队、公民科学项目团队、对外关系和公共筹资的经理、传播官以及行政财务人员组成。在项目管理上，团队采取灵活的自由组合模式——所有人只要有能力就可以发起新项目，并允许在项目设计阶段根据需求自由邀约秘书处的任何成员加入。

新团队组建之初，面对重要管理人员因战略调整离职产生的困境，大家迫切地需要证明新团队的能力和选择的正确性，自然就产生了团结协作的动力，开始了一系列提升内部协作效率的操作。2021年初开始通过线下月会、项目战略讨论会、品牌升级讨论会等各种线上线下会议增加团队的内部沟通；三个团队（尤其是社区和公民科学项目团队之间）相互参与讨论彼此的项目战略、申请书与报告、活动方案设计，融合彼此的建议和意见，更在滨海业务中首次尝试将社区工作的理念和手法融入公民科学项目设计，等等，以增进相互的了解和默契。

经历了上一段磨合失败，我在这个时期也终于开始反省团队管理中出现的问题，努力摆正自己的位置，全面履行秘书长的职责。然而要成为一名令团队信服的、合格的负责人，此时的我仍面临不小的挑战。

第一，非保护专业科班出身，缺乏相关的专业知识和人脉积累。虽然有理事们在背后支持，但如果不能努力提高自身的业务水平，特别是筹资能力和规划能力，仍很难让团队信服。

第二，虽然有大型外资项目的管理经验，但过去十年我习惯了从财务管理角度去思考问题，对于项目管理，对外关系搭建和传播筹资都需要再适应。

第三，对人际关系的心魔还未消除。这也是三个挑战中我最难以克服和跨越的。

就在新团队磨合的过程中，新的问题出现了。

首先，三个团队在磨合的过程中呈现理念和做事方式上的巨大差异。社区和传播团队习惯基于平等、尊重、理解、包容的原则以参与式协作的方式推进团队达成共识，在共识的基础上开展各项工作；公民科学团队则延续着一贯的专业严谨作风，习惯于自上而下的信息传达和专业判断，缺乏对不同意见和建议的理解与包容，对所有的人和事都实行细节控制。这种理念、方式和节奏上的差异使得三个团队，尤其是公民科学团队跟其他两个团队在协作过程中频频发生摩擦。新出台的项目管理机制还由此进一步加剧了团队间的猜忌和不信任。

其次，2021年美境全年没能招到一个合适的项目人员，只能被迫连续聘用短期的研修生和兼职来解决人手问题。由于工作任务繁重，每个人都严重地超负荷运转，加之团队成员在日常的沟通中容易因不同意见的表达产生自我否定和怀疑，团队内部的负面情绪与日俱增。由于我过去习惯自己的情绪问题自己解决，而且认为这是职业素养之一，所以也缺乏缓解这些负面情绪的意识，这使得整个团队的气氛变得日益消沉。

当公民科学团队与其他团队在协作中出现矛盾，甚至出现了暴力沟通事件后，我决定不再以负面的态度去看待情绪，而是积极主动采取行动努力去化解团队内部的情绪。于是，我通过主动与当事人沟通、协助分析和找寻解决办法等方式，试图化解矛盾、缓和团队关系、增进理解，但当事人最终还是选择了离职。这段关系处理的失败让我陷入困惑，为什么明明已经尽可能地根据对方的诉求给予了那么多的支持和帮助，不但没帮到对方，还得不到基本的理解。经过与同事的共同梳理我才发现当时的处理走入了几个误区。

一方面，由于缺乏经验，我没有在新团队磨合初期，组织大家就已有的管理流程、日常的沟通方式和原则等进行讨论并达成共识。更没有在第一次出现内部暴力沟通倾向时强势制止，只是温和地调解，以至于失去解决问题的最佳时机，等想亡羊补牢时，为时已晚。

另一方面，尽管我反复沟通，但员工负面情绪和暴力输出的根本原因，不仅在于情绪管理能力不足，还在于项目管理能力的欠缺。项目缺乏成效又加剧了负面情绪，而我没能在第一时间发现问题并真正帮助解决，只单纯地回应当事人在沟通中提出的表面问题——工作量大、人手短缺，自然无法真正帮助当事人解决困惑，甚至提供的那些帮助很可能还加重了当事人的负担和焦虑。

这次起飞并没有带来成功，反而让我在面对员工情绪时又走向了另一个极端。

为了避免类似事件对团队协作氛围的影响，我开始尝试用温和的态度和委婉的沟通方式去安抚大家的情绪，甚至在发现员工有工作失误时，没有明确指正和批评，反而因为担心用词不当激起对方的负面情绪，而只是小心翼翼地暗示后果。但这种过度小心，非但没能提升团队的凝聚力，还让刚出校门、缺乏基本职场意识的年轻人对工作要求和标准产生了误解，又给团队管理带来了一轮新的问题，我只能在一次次的失败中继续探索。

2022年下半年公民科学团队重新组建。2023年底，不同团队之间、各个团队内部都没少再出现沟通和协作上的问题，只是经历了前几次危机后，我逐渐认清了自己在团队管理中的行动障碍——对人际关系的心魔、因业务能力不足而心虚、缺乏沟通经验和对他人情绪的觉知能力弱。虽然这些障碍无法马上清除，但我还是在尝试积极主动地面对关系，应对冲突的过程中也开始找到了"笨鸟先飞"那"进一寸有一寸欢喜"的获得感，包括与现有各团队负责人以及部分团队成员搭建和维护关系，对矛盾冲突进行集体反思和对话，以及反思之后讨论下一步的行动方向，等等，这些都在逐步丰富我的沟通经验、提升我的觉知能力。同时，在这样日渐改善的对话关系中，业务能力不足等弱点不但不再成为心虚的诱因，反而在相互映照中得到更多理解，并且这种努力得到了更多同事的支持，甚至也能激励到他们。这些点点滴滴的获得感又汇聚成了一股激励自己坚持前行的力量，推动自己不断去克服行动的障碍，更从容地面对随时可能出现的各种矛盾和冲突，我甚至有能力主动采取一些预防性的措施。

六 未来飞行的方向

通过一年多行研的学习，我一点点梳理自己的工作经验和业务逻辑，寻找自己作为一个一线保护组织负责人的来时路，努力辨识自己的行为逻辑和行动方法，以为自己找到未来的行动方向，从而让自己能够在当下的团队中找准责任和定位，积蓄前行的力量，也希望能为团队成员提供借鉴，帮助他们找到自己在团队发展中的定位。

虽然还没有十分的笃定，但以下是我对未来行动的思考。

从FFI中国到美境，内外部环境的变化、战略和业务模式的调整，每一次都会引发团队的变化，其中既有人员组成的变化，更有沟通协作模式的变化。而团队变化的恰当与否也会反过来影响机构的存续、战略的实施和使命的实现。作为一个公益组织的负责人，我有责任培养出一个有效率、有动能、有韧性、有认同感的团队，并始终站在团队前面，不断因地制宜地优化团队管理，增加团队韧性，推动集体行动去促成机构使命的达成。

团队管理没有定式。团队内的每一个成员都有各自的特长和短板，一成不变的最佳组合并不存在，需要我依据当下的情况、业务内容的变化以及带头人的特质等要素随时准备好灵活调整。符合当下需求的组合就是最佳组合。

随着团队知识结构的多样化，现有团队成员对于生态保护越来越缺乏统一的认知和理解，这在一定程度影响了大家的归属感和对机构使命的忠诚度。同时，美境要应对的保护问题是复杂的社会问题，每一次探索都需要突破和创新，也随时可能面临失败和挫折，现有团队成员无论从社会经验、专业能力、职业素养，还是自我认知等方面都需要不断提升才能更好地肩负起这份责任。因此，未来还需要从以下几个方面做出努力。

- 在人员招聘环节增加职业素养和情绪管理能力两项评估指标以及权重。

- 加强员工入职环节的培训，在第一时间明确工作的职责、要求和规范并据此对员工的表现做定期评估。
- 通过集体讨论就机构战略、目标、管理流程和规则制度等达成共识，并在此基础上逐渐培养起独立、善思、平等、互助、共创的团队文化，提升集体行动的意愿和能力。
- 通过提升团队业务能力，不断实现工作上的创新和突破，从而提升获得感和自我认同有助于情绪的正向引导。

环境在变、团队在变，只要本土的生态保护工作一直延续，美境的团队管理就必将是需要长期摸索的课题，我也必将本着"笨鸟"精神，抱着"进一寸有一寸欢喜"的心态，坚持与团队在对话中反思，通过反思深刻地剖析问题、总结经验，并以此为基础不断地校正前行的方向，克服行动障碍，实现共同成长。

守土寻根

——北京近邻团队使命聚焦历程中的行与知

张　杨[*]

一　前言

北京近邻，2007 年工商注册名为"北京市浸霖培力文化发展有限公司"；2010 年，改民非注册名为"北京市朝阳区近邻社会工作服务中心"；2014 年注册市级民非组织"北京市近邻社会工作发展中心"（简称北京近邻），群众亲切地称之为"近邻社"。从第一个外来工聚居社区开始，到第一个农转居社区、第一个城市社区，北京近邻这样一支由中华女子学院社会工作学院杨静老师带领学生们组建、坚守着自己做人做事态度的年轻队伍，将自己的双脚扎在社区的泥土中，用自己的方式推动人与社区的改变。

（一）问题的提出

2007 年北京近邻初创，至今已经 18 年，我也在这个机构工作了 17 年（中间离开过一年）。其间，机构经历了几次比较大的转折，工作场域、服务人群、社区工作切入点与内容手法也不断变化。团队经历了快速发展，也遭遇过阶段性困顿，工作人员进进出出，直到今天，十人的工作团队中，依然

---

[*] 张杨，香港理工大学应用社会学系社会工作硕士，服务于北京市近邻社会工作发展中心，历任机构副总干事、总干事。在社区社会工作、儿童工作、社会工作行动研究领域拥有二十年实务工作经验。

有五人已经工作了接近或超过十年，以老工作者为主的近邻家族，依然凝聚了一群拥有共同信念、共同价值坚守的伙伴。是什么力量将这样一群伙伴凝聚起来，依然坚守？这个问题似乎并不容易讲清。虽然我们在社区持久扎根实践，用心对待人，在社区真真切切看到人与社区的持续改变，但这样的改变背后的本质是什么，我们所推动的改变，究竟指向一种怎样的理想与愿景，似乎也不容易讲清。

对一个组织来说，究竟要解决哪一个社会问题，关注哪一个社会群体，在社区究竟要做什么，组织使命和目标是什么，这样的困惑和不断的思考探究可能在很多实践团队都存在，对于一代一代年轻的实践者来说，这是自身成长中必须面对的。

2010年，在注册民非组织的时候，我们写下了如下机构宗旨：建构本土特色的社会工作实践与理论，改善人的社会福祉，促进社会公正公平。

2014年，注册成立市级组织北京市近邻社会工作发展中心时，经过讨论，我们将组织的使命和目标修订为：探索本土社会工作实践模式，推动社会工作行动研究，总结梳理本土实践经验，培养好的实践者。

北京近邻的组织定位不是指向解决社会问题或服务某个群体，更多的是从行业和更广阔的实践领域出发，这样的组织使命，究竟如何实践？

2024年初，北京近邻团队启动了组织策略规划，在这个时刻我以这篇文章，尝试再次梳理北京近邻的组织使命从何而来，以及如何成为组织行动的持续动力。我们希望抛出这样一块石子，通过回顾近邻历史，进一步激起团队讨论思考的涟漪，让我们更加清楚脚下的路，笃定前行的方向。

（二）理解北京近邻的几个关键词

杨静老师作为北京近邻的发起人，其专业背景、实务经验及所担负的社会使命无疑是北京近邻发起成立的基础。回顾北京近邻的历史，几个关键词一直是组织发展的核心。

对"三农"的关切。北京近邻成立之初，几名主要创始人都对"农"满怀关切。如杨静老师在香港理工大学读社会工作硕士期间在云南平寨村实习，因此，萌生了想做农村发展工作的初心。同时，她作为德国米苏尔社会发展基金会的顾问，深入中西部农牧区工作，更加深了自身对"三农"的关切。

社区实践者的行动研究

我在小县城长大，由于某些情感和机缘，在大学课堂上被杨静老师讲述的农村工作所吸引，毕业后在老师的引领下在云南平寨工作了两年。

露露从青海农村走出来，后来到了农村成为一名驻村工作者，一驻就接近两年。还有两个社工，都是从农村走出来上大学后从事公益工作的杨静老师的学生。

每个伙伴的经历背后，都是更深层地对"农"的关切，此处不赘述。总之，对"农"的关切和情怀成为北京近邻工作的起点。

社会工作。北京近邻成立之时，正是中国社会工作教育蓬勃发展、社会工作重要政策陆续出台的时期。机构的发展与社会工作行业发展紧密联系在一起。从发起人来看，杨静老师是中华女子学院社会工作学院的老师、香港理工大学社会工作硕士（MSW）"黄埔一期"毕业生，这一批学子中每一位都是当下中国内地社会工作教育和实务领域响当当的人物，也是中国内地专业社会工作最早的推动者。我本科和硕士都学习社会工作专业，被社会工作的价值观和使命所吸引，很想做社工。当时社会工作教育已经蓬勃发展，但职业体系还不完善，专业社会工作的实践道路还不明确。杨静老师从20世纪90年代就开始参与中国早期NGO社会实践，加上在米苏尔基金会当顾问的经验，对当时正在学习的西方社会工作已经有自己的一些想法，认为发展领域、性别平等领域等，已经有丰富且有效的经验，那些没有接受社工专业训练，却从事着专业服务和发展工作的早期NGO从业者，贡献了大量的本土社会工作经验。因此，在杨静老师的概念中，这一批早期NGO从业者当然是社会工作者的一部分。[①] 这一点从近邻团队最初的人员构成足以证明，尤其是前十年，团队成员中不仅有几位是没有经过社会工作专业训练的打工者，有一段时间机构负责人就是由在南方劳工组织成长起来的打工者黄美华来担任的。

近邻将探索适合本土的社会工作专业路径当成使命，推动社会工作专业和中国本土的社会发展工作有机结合。但当时谁也没有去追究怎么结合，什么是本土，反正做就是了。

扎根社区。从最初关注城市外来工群体开始，无论基于专业的价值理

[①] 杨静编著《悄然而深刻的乡土变革——本土性农村社会工作探索》，社会科学文献出版社，2018年。

念，还是人的朴素情感，我们都觉得只有和关注的社群伙伴站在一起，生活在一起，才能理解他们，了解他们的需要；要获得信任，共同行动，就需要彼此建立紧密的关系，拥有深厚的情感联系。这个过程需要时间，需要在一起。我们关注的人群生活在社区，要实现真实的协同改变，建立深厚持久的关系是基础，而建立这样的关系基础，就得扎根于服务人群的身边，扎根于社区。

杨静老师基于她之前在农村发展领域的经验，给出北京近邻的实践定位。当我们希望通过实践去实现深刻改变时，个案服务太微观，影响有限，社会讨论又太过宏观，而社区实践刚刚好。

后面进入农转居社区，进入城市社区，人群变了，关注问题变了，但我们扎根社区的理念和实践始终没有变，近邻也在自己的工作中不断深入理解社区作为人生活、发展的生存空间，之于人的重要意义。

本土思考。近邻从"本土"起步，相对于西方专业社会工作，中国也有自己的解决问题的社会工作。无论是 20 世纪末 21 世纪初进入中国的国际公益组织的发展工作实践，还是传统的中国式的社会支持，或是 20 世纪 90 年代在性别领域、反贫困领域、环保领域的实践，这些在中国社会工作实践发展过程中应该如何被看待？这样的议题自然也被杨静老师带入北京近邻的组织使命与实践脉络当中。但"本土"是什么，则需要近邻通过实践予以回答。

带着这样的脉络、思路和关键词，北京近邻起身上路。

二　从北京近邻的发展脉络看使命的形成

北京近邻不是有了清楚的使命和目标才开始工作的，而是带着上述几个关键词开始探索。

（一）关爱"流动人口"的工作（2007~2017 年）

2007 年，杨静老师带着她对农村农民的关切，和她的学生刘静、雷琳琳、露露（张春玲，从一名打工妹成长起来的年轻工作者），在工商局注册了北京浸霖培力文化发展有限公司（当时没有机会进行民非注册）。那时团队的共识是，我们要做一个践行社会工作专业理念，服务于社会弱势群体的公益组织。服务围绕"农"的工作展开，在最初寻找农村试点无果后，便转向关注城市农民工群体，服务从一个流动人口状况调研项目开始。没多久，刘静离开。2007年7月，我结束在云南农村的工作回到北京，和露露一起正式启动第一个社区服务项目，杨静、张杨、露露，这是近邻最初的运营团队。从我们三个人的组合就能够窥见北京近邻丰富、多元、跨界的组织样貌。

选择社区化聚居的外来工人群，所指向的主题是"外来工城市融入"，因此当时近邻被认为是一个服务流动人口社群的机构。

关于"城市融入"，我们最初的想象是通过社区服务，调研外来工群体的生存状况，通过出版书籍和召开会议等方式为他们发声，推动流动人口友好政策的出台，将外来工群体在城市的生存纳入整个城市规划和发展进程。最初的一年，除了和高校组织一些宣传座谈，力所能及开展一些针对流动儿童和妇女的服务之外，并没能找到有效的政策影响渠道。于是，我们将关注点放在了外来工的"生活"上，他们来城市好像只是为了生计，即便家人都在北京，他们还是很难陪伴孩子，很少有时间与家人一起过休闲娱乐生活。

关注"他们的生活"这个行动目标本身就很宽泛，"生活"包含的意义太多了，要界定范围很困难。我们实际的工作是关注工友们的生活状态、彼此的关系、家庭关系和子女教育等具体问题，甚至包括本地人和外来人的互动。因为这一切都关系着工友们生活的安全感、幸福感。我们在流动人口居住社区——北京朝阳区崔各庄乡的善各庄村，开设打工子弟兴趣班、5·12灾区儿童北京夏令营、打工大院文化活动室、社区妇女戏剧小组、社区二手店等，对于我们来说融入不再是依靠政策所给予的确认，而是在"城市乡村"社区中活出人该有的生活状态。

2010年，北京推进城乡一体化建设，城乡接合部的很多流动人口居住区相继拆迁。尽管我们和陪伴的工友们相约一起搬迁，延续共同的事业，但各方面条件终不具备。此时的北京近邻面临两个重要问题，第一，不断"流动"变化的外来工社群，难以让我们稳定、持续地构建社区关系和进行社群连接；第二，伴随政策的快速变化，北京流动人口问题、基础社会治理模式、社会工作行业、专业社会组织等多方面处于变局，如何赶上这一波变化，不被以政府为主导的社会服务与基层社会治理体系甩出来，还能够争取到在基层持续工作的空间?

2010年,我们结束了外来工居住社区的工作,尝试转型服务职业社群,如在城市居住、服务外籍人员的家政工,建筑工人群体,对后者的服务一直持续到了2017年。

2010~2017年,我们进入当时服务的农转居社区周边一处大型建筑工地工人宿舍区开展工作,把图书室、活动室开在宿舍区,把本地有些优越感的拆迁户大爷大妈带到工地做志愿者,当时我们选择的切入点是工人文化生活,关注点是建筑工人的婚姻、家庭和性。这依然是一个关注"生活"的角度。之所以没有选择从权益保护角度切入,团队中有的人认为是没有人有能力和勇气去直面这个议题,其实真正的原因是杨静老师认为建筑工人尽管需要"维权",但权益只是生活的一部分,他们更需要"生活",这一点得到大部分团队成员的认同。2012年在一次由近邻主办的流动人口工作小型研讨会上,杨静老师就以流动人口"全人"关怀为题做了一个发言,表明为何我们从"关注生活"切入流动人口的服务。

随着政策变化,服务空间压缩,这部分服务工作终没有延续下来。

(二)机构转型——为进入农转居社区做准备(2009~2010年)

2010年前后,专业社会工作发展的外部环境发生了重要变化,随着社会工作职业资格认证等政策出台,社会工作似乎迎来了蓬勃发展的机会。在资源政策导向下,特别是2009~2010年,北京市启动政府购买社会工作服务,一批社工服务机构快速成立,一批老NGO也进入政府购买的社工服务领域,甚至完全转型为社工机构。

北京近邻先人一步,2010年上半年,在时任朝阳区农委副主任李华[①]的引荐下,我们注册了区级民非组织"北京市朝阳区近邻社会服务中心"。注册后,我们开始承接区、乡政府购买的农转居社区服务项目。

(三)关注"农转居"上楼的居民的"生活"意义(2010年至今)

2009年到来的社区拆迁工作,打乱了我们在外来工聚居社区长期扎根的

---

① 李华,目前已经退休。曾任朝阳区民政局副局长、朝阳区农委副主任、朝阳区崔各庄乡乡长和太阳宫乡党工委书记。

计划，社区组织基础和社区关系都散掉了，我们尝试和熟悉的工友拓展新社区的努力也失败了，机构面临工作方向的调整。

此时，李华主任给我们提出了一个方向——农转居社区工作。

李华主任在农委任职期间，到我们服务的善各庄调研，偶然听说了有一帮学社会工作的大学生在村里服务，在民政系统接受过社会工作培训且十分认同社会工作的他，很快接触了我们。之后十多年，他成为一路支持陪伴近邻的重要领导，近邻能够发展至今，离不开他的支持。当他知道近邻面临转向，就给我们提了一个想法，说你们为什么不和政府的社会建设工作紧密结合，依托政府政策、空间和资源推进工作，实现在社区为老百姓服务。你们关注了外来工在拆迁中的生存状况，却没有看到本地农民拆迁上楼后遇到的一系列问题，如农转居上楼之后农民的思想意识怎么上楼？由村委会转变而来的居委会如何工作？这些对于政府来说是一个值得探索的课题。

李华主任让我们进入农转居社区工作的建议，似乎能解决当时我们的两个困惑，一个是无法扎根于一个社区的困惑，另一个是如何打通我们的社区工作与政府社区公共服务之间联系的困惑。与此同时，我们也产生了新的困惑，一是回迁分了几套房、分了几百万元的"拆迁户"，是不是我们这帮社工应该服务的"弱势群体"？二是我们以往被认为是一个服务外来工群体的机构，这一转变，北京近邻又变成一个什么机构呢？是不是意味着我们的组织使命发生了变化，当时团队讨论得很激烈，有的同事提出自己就是对工人群体有感情，服务不了这些"富人"，选择离开。

当时，整个团队的主要工作人员是杨静老师的学生，我认为，能同意进入农转居社区工作，她们对专业的认同超越了对群体的认同。在进行了为期半年的农转居社区调研之后，我们重新理解了农转居社区本地拆迁农民的生存状态，他们不是简单意义上的"富人"，他们需要适应转居之后的生活，重塑生活意义，大家也很快建立了新的工作价值和意义体系。

从这个阶段开始，农转居社区工作就成为近邻团队最主要的服务内容，2010~2019年，大部分时间我们团队只在这一个社区工作。在李华乡长（后任崔各庄乡乡长）的支持下，近邻采用乡政府整体购买人员为主、市区乡级政府购买服务项目为辅的模式，既保证了近邻与政府稳定的合作关系，也保证了团队集中力量深耕于一个社区，持续开展服务，让社区动起来和活起来。与主要依靠市区政府购买的机构相比，近邻不必拼凑项目养团队，不必打一枪换一个地方，不必通过年年改变项目来应对项目审批中的创新要求和其他诸多不确定性。以乡政府购买为主的政购模式，让我们在农转居社区扎根下来，我们努力争取了一个接近十年扎根社区的工作平台。

农转居社区问题很复杂，包括适应性问题、社区关系重建问题、社区公共服务不足问题、居民对政府依赖性问题、居民之间利益抢夺问题等等。政府、社区、居民在其中的立场利益各有站位，对此，我们的工作模式可以大致概括为，依托一个相对独立的社区邻里中心，开展服务、教育、组织三位一体的综合社区服务介入。长期开展的社区介入包括主要开设面向老年群体的邻里学堂、面向儿童与家庭的社区儿童与家庭教育、各类社区居民组织的培育支持、组织社区农耕文化系列活动等，阶段性开展过面向社区残疾人、涉外家政工等人群的服务。同时也建立了一套协同乡政府相关科室、所在地社区开展社工能力建设、社区治理工作的基本机制。

2010~2014年，在我们工作的第一个转居社区——朝阳区孙河乡康营社区，我们主要围绕"社区关系重建"展开工作，当时的转居社区几乎没有文化活动。2014~2019年，我们转到朝阳区崔各庄乡京旺家园——迄今为止还在服务的社区，我们吸取之前在康营家园的服务经验，提出围绕"社区人心建设"开展工作，原因是我们看到此时的社区服务体系，包括居民自主文化活动等比较丰富，政府将原村居民相对集中回迁，让原有的社区关系在上楼之后依然发挥作用。但更完善的服务支持，并没有带来居民心态的平和。日子一天天过，但似乎又过得不畅快。而十年之后的今天，我们再往回看，这种说不清道不明的"人心建设"，确实实实在在改变了很多人，也让社区变得不一样了。

无论"关系重建"还是"人心建设"，都是慢工，都不能一下子体现社工的专业性。工作者有时不能一下说清楚在农转居社区究竟要解决什么问题。与之相应，也无法快速打动新任领导，无法说明我们的工作究竟和政府关注的热点和难点有何关联。

（四）社会工作培力小额基金工作（2010年迄今）

2010年，杨静老师在做了十年米苏尔社会发展基金会的顾问后，决定改换身份，成为米苏尔的合作伙伴。北京近邻申请了米苏尔的"社会工作行动研究——培力小额基金项目"，这个项目力求将社会工作的实践、教育、研究和政策倡导有机结合起来，具体目标如下：

①探索和发展中国本土的社会工作实践模式；

②促进中国本土社会工作教育和研究的发展，建构本土的社会工作理论；

③通过社会工作的实践和研究，为各级政府的政策制定提供依据，并促进其改变。

工作内容主要包括两块，一块是小额资助，支持一些小的社会服务、实务研究和经验梳理项目；一块是通过学习网络赋能业内的实务工作者。

这部分工作不是凭空而来，"本土"一直是杨静老师想紧紧抓住的。2008年，杨静老师不断积累本土发展领域的实践，同时看到西方专业社会工作在农村落地的困局，觉得应该整理本土的农村发展经验为农村社会工作教育提供案例参考。为此，杨静老师启动了一个为期两年、共计五次线下学习的本土农村发展工作经验研习和经验梳理网络，即"农村工作学习网络"（为了区别后来的青年人网络，将其称为"老网"），出版了《在地人形——本土农村社区组织工作探索》一书，呈现了几家本土农村社区组织发展的精彩案例。

这个方向的探索反映了杨静老师对老一辈公益人实践经验、对中国本土实务经验的关切，对近邻的实践体系产生了两个方面的影响：第一，近邻用行动研究及小额项目支持本土实践，梳理本土经验，培养本土实践者；第二，我们在社区扎根，搞真正"本土"的东西，从最初进入社区到现在，我们不断从本土公益前辈的实践中学习，从中国文化根脉的逻辑思考我们在社区的实践。

（五）遇见"夏派"行动研究（2005年）

另外一个关键事件，是北京近邻与台湾夏林清团队社会改变取向的行动研究的相遇。如何相遇，杨静老师①在其文章中多次提及，这里不再赘述。她在多年的教学和实践中，看到学无法致用，理论和实践"两张皮"，她敏锐地察觉到行动研究可以有效回应这些问题，且能真正关照到人，又能解开

---

① 《回观历史 辨识经验 寻找变的力量——一个社会工作者的行动研究》，载杨静等主编《行动研究与社会工作》，社会科学文献出版社，2013。

那些让行动停滞的复杂纠缠。同时，本土经验的整理，更需要方法论，当杨静老师看到行动研究在这几方面所产生的效用，就邀约夏老师参与了"老网"最后一期实践者生命故事的对话梳理，随后两年多的时间，夏老师带着台湾团队的几位工作者，协作开展"老网"之后的"农村青年实务工作者行动研究学习网"，一方面梳理经验并在过程中解决理论实践"两张皮"的问题，一方面用此方法培养具有反映能力的实践者。夏老师的学生王芳萍在中国人民大学读博期间，持续协助北京近邻开展内部组织建设和处理团队关系，一定程度上帮助北京近邻厘清了团队关系建设和组织管理中的一些基本原则和理念，让我这样后面进入组织管理岗位的人收获很大。

同时，2010年，夏老师的学生朱莹琪应北京近邻之邀来到大陆，最初两年作为北京近邻农转居项目的负责人（2014年左右还曾作为项目督导协同团队工作过一年），带领年轻团队成员进入社区，她的工作态度、细致度和严谨的工作作风，使得年轻的社区工作团队成员在意识和能力上有了很大提升。这样的工作方法也对近邻的工作风格影响很大。

今天，北京近邻依然在学习、使用和推动行动研究，以行动研究培养、陪伴实务工作者，但很多内容和当年有很大不同。杨静老师在十几年的学习中，融入了更多在大陆具体情况下和本土优秀传统文化中的理论和实践思考。在经历了这十多年的学习和实践之后，推动行动研究和培养好的实践者成为近邻工作的重要内容，也是很多公益机构认识、了解北京近邻的一个重要面向。

至此，北京近邻的基本实践脉络、相应的实践领域被勾勒出来——扎根基层，探索本土社会工作实践模式，梳理本土性实践知识，推动社会工作行动研究，培养好的实践者。工作板块也逐步形成了扎根社区的社区工作实践板块，以及面向行业的基于行动研究的推动实践板块和实践者培养板块。在杨静老师看来，这三个板块相辅相成。扎根社区，努力探索本土社区工作究竟如何做，培养实践者和做社区工作的核心方法是行动研究。

从上述的发展路径可以看出，北京近邻并非在成立之初就清晰自己的使命、愿景，而是在坚守自己的价值理念之下，不断实践，不断明确自己的方向，更新自己的使命与目标。

三 使命从何而来，如何由行而知？

北京近邻是如何确立"扎根社区，关注其中的人；立足本土，培养实践者"的组织实践方向，并逐步确立相应的组织使命愿景的？和任何组织一样，组织成立发展的脉络，与组织创始人密切相连。

杨静老师作为北京近邻的发起人，无疑是机构的灵魂。杨静老师既不在农村出生，也不在农村长大，对农村最初的美好记忆是她坐毛驴车去姥姥在农村的娘家，那种将她作为城里来的公主而优厚款待、亲戚们的好客朴实，给她留下了极其深刻的印象。在进入社会工作学习和实践的过程中，农村成为她最重要的阵地，积累了经验也集聚了情感。她所从教的中华女子学院，也是妇联干部的培训基地，因教学所需，她从20世纪80年代末就进入基层妇联实习、挂职乃至参与最早的妇女NGO社会服务，在她进入专业社会工作学习之前，在地妇联干部和实务工作者丰富的实践智慧和处理问题的艺术，早早地印刻在她的心里。

社会工作专业恢复后，杨静老师作为最早一批学习推动社会工作专业教育与实践的学者，早在20世纪90年代初就意识到社会工作教育者不应该只在课堂上讲授理论和方法，更需要进入社会现实空间，解决社会问题，检验专业理论，反过来以实践过程中的案例和反思，促进专业人才培养与实务工作场的紧密有效衔接。北京近邻，正是杨静老师探索教学、研究、实践一体的产物。北京近邻形成了一个更加便捷有效的社工教育与实践场域互动支持的空间，借助杨静老师教育者与实践团队带领者的双重身份，借助高校社工人才的培养机制，一批社工学生得以深入实践，很多人在这个过程中改变了人生轨迹。

无疑，杨静老师的专业思考和实践探索，深度影响和塑造了北京近邻在实践选择中的定位。我作为近邻的发起人之一和较早一批受过社会工作专业训练的工作者，是杨静老师受邀在首都经贸大学讲授社会工作专业课程时，将我带入这一行的。我同样不是农村人，但父母都来自农村，这使得我从小还有些农村生活经验，农村给我的记忆是美好的和有点理想主义的。

从2007年开始，我在近邻工作，但这并不是我很笃定的职业选择，和此前两次关键选择一样。2001年我因为分数不高被调到社工系，多数同学觉得这个专业没意思，我觉得挺好，能够帮助别人是有意义的，环境简单、温暖、友善，有机会践行社会正义，这和我的某种心性很契合。四年之后，我选择去云南农村，更是源于我对于遥远少数民族村寨纯真美好的想象，虽然对于自己要肩负怎样的责任考虑很少。

2007年回到北京，和杨静老师一起创办近邻至今，学以致用，做有意义的事，也可解决生计问题。至于究竟要关注哪一个社会问题、社会群体，当时好像根本没有太多考虑。2007~2009年，我在工作的外来工聚居社区的出租房住了两年，无论是居住环境还是实际处境，我与服务的工友是一样的。在社区里和孩子们一起玩闹上课，和大姐们排剧演出唱歌，也和邻居房东吵架。和我当初进入农村一样，不用多久就能觉察到，我的成长经历与这个群体交集有限，成长环境也与这里差异巨大，没能在两年时间真正融入这个社区，两年之后我就搬离了"城边村"。

我们创始团队的另外一位成员露露，是一个从青海来北京的打工妹。可能源自乡土，源自家庭的熏陶，我们都有着对人的朴素情感，对人和人之间应该拥有的亲近友善充满向往，进而拥有了对于社会公平正义的朴素理解，建立了对社会底层人群的情感。这样朴素的社会情感与社会工作专业结合，随即转化为对专业价值、专业实践的认同和践行，自身的价值和社会理想有机会通过专业实践实现，但这个理想实现并不一定依托于解决特定的社会问题。

我们更关注人的生命状态、生活的意义，也更关注人和人之间的关系。个人和社群在友善、协作和互助中拥有力量，进而解决问题。因此无论走到哪里，构建这样的关系，就成为最重要的问题，这与社会工作专业理念一致。

无论如何解决问题都要回到人本身，回到人和人的关系当中，回到有机会与人相遇、建立关系的社会空间中，"社区"是不是给我们提供了重要的实践机会呢？这就是北京近邻虽然还不知道要做什么，就一头扎入社区的缘由吧。

守土寻根，北京近邻在自己的实践行动中，守的是社区的一方土；寻根则是不断探寻人和人之间的关系连接、情感支持、归属认同的基础，从社区的历史记忆、人情关系、乡风礼俗，触摸更深处的根。

四 "行动探究过程中的组织使命"塑造了团队

回顾组织的整个实践历程，组织使命在一个探究过程中确立。在这个过程中，我们变换了服务人群，选择了不同的工作议题，在不同类型的社区间切换，但一些东西始终不变，我们关注人，关注人的生活状态、安全感、幸福感、意义感。我们认为人的状态必然与关系紧密相关。除了家庭，社区就是最重要的关系承载空间。正是基于这个理解，北京近邻将实践与改变的立足点放在社区，而这样的定位塑造影响了近邻团队。

相较于指向具体议题的组织，北京近邻没有那么清晰的组织辨识度。最初的北京近邻以一个草根 NGO 的面貌出现，在这个阶段，我们不是一个关注打工者权益的组织、不是一个关注女性外来工的组织、不是一个打工者文化组织，我们所提出的"关注社区化聚居的外来工城市融入"，已经初步呈现我们对于社区和社群的关切。

随后我们关注了建筑工婚姻、家庭和性的议题，进入农转居社区，依托政府购买服务开展工作，我们更多的是以一个社工机构的面貌呈现，社区服务、社区教育是我们主要的工作手法。

在筹资方面，基金会是以社会议题、社会弱势群体为关注点和资助导向的。北京近邻从社区空间的整体建构出发，与基金会的资助重点契合度不高。实际上在 2010 年以后，北京近邻的社区工作几乎完全依赖政府购买服务。2023 年以后，随着以"三亲教育"为主题的社区儿童教育工作展开，取得基金会的支持才回到了近邻社区工作的策略当中。

从团队工作伙伴的角度来说，组织使命和社区愿景是什么，确实不容易讲清楚。社区的真正改变动辄三五年时间，影响改变和成效的因素太多；是不是刚好具备了一些条件，社区就会逐渐好起来？有这些疑问的工作者，对行动产生怀疑，可能在不经意间背离了组织的使命。

一些伙伴是抱定自身的理想或者价值的。例如，2010 年我们转到农转居社区，有伙伴讲"我对打工群体是有情感的，我要和他们在一起"，他不选择服务"拆迁户"。在服务流动人口社区的几年，也有伙伴提出，那些文化活动、儿童家庭服务、基础组织工作太过"温吞"，缓慢而不见成效，实在是缺乏"斗争"的力道。当时，要很清晰地回应这样的问题，还是非常困难的。

在公益行业，也有同仁提出，很多项目缺乏问题导向，实际是不解决社会问题的。当时的这种批评多针对新的社会工作机构和政府购买服务，以及缺乏清晰使命的公益组织。

另一方面，社会工作领域出现了"专业不专业"的讨论，"做小组专业，做个案专业，做活动不专业吗；服务工作应用了哪些介入模式、方法体系"？近邻的工作并没有说做了多少个案，对十几支社区公益小组和社区自组织的培育，算不算做了小组工作？这些很难在行业中进行充分讨论和对话。

政府购买服务越来越成为基层社区服务与社区建设最重要的支持形式，基层政府对于化解社区矛盾、推进社会治理的需求凸显。对于近邻来说，要回答的不仅是社区建设的使命愿景是什么，还要回答它与当下的问题解决怎样发生联系。

这样的困惑伴随着北京近邻。但近邻终不是一家社会工作"服务"机构，近邻始终关注人，希望构建人与人之间的关系，关系连接之后，就会蕴含着解决问题，自助助人的资源、能力和内在动力。我们的工作是找寻和撬动这种力量，蕴藏于社区和社群之间的内在力量一旦被激发，就可能成为解决问题的基础。

在农转居社区工作的十多年，我们学会了一句话"情理、情理，情在先，理在后"。农转居社区的很多问题并不容易解决，各种利益矛盾错综复杂。而我们在社区所选择的策略是不批评说教，不介入矛盾。先做好服务，建好关系，理解居民。这里的一个"情"字，不仅是用真心做好工作，用真情服务居民，更是了解社情、民情，理解居民间的关系、社区文化。当居民开始接纳我们的时候，什么道理都好说，什么事情都好办。实际上，很多社区工作，并不是我们设计的，更多的是被居民激发出来的。

人性化地对待各种关系。我们在公益行业看到——倡导民主平等，在组织内却是"一言堂"；为劳动者争取权益，却无视员工权益……赋能这些概念似乎都是面对服务对象的，而使用这些概念的人是否自己真正践行着这些概念呢？我们从一开始，就打定主意首先在自己的团队践行。我们也曾在管理、效率之间反复斟酌，最终摸索出了基于"关系对待"的组织运行与团队建设模式。在实践中，我们的管理并不基于死的制度，也不只追求效率，而是透过伙伴间的对话，看清伙伴的要求，感受到伙伴的真诚。

我们较少谈权利，更不使用对抗的方式维护权利。并不是我们认为权利不重要，而是看到如果有机会团结更多人，用人与人的情感将人连接起来，能够获得更强大的力量。

虽然外部条件剧烈变化，但北京近邻所服务的社区、实践领域、合作伙伴、团队，都保持了稳定。我们在农转居社区工作了十五年，在目前的社区已经持续工作了十年。领导变动、工作主题变动、项目模式变动、场地空间变动、疫情等，都没能撼动我们在社区的基础，一批社区骨干始终和我们站在一起，推进社区新的工作；几个支持北京近邻的基金会、伙伴机构与北京近邻都延续了超过十年的合作关系，彼此信任。

机构目前有10名工作者，有4人在机构服务超过10年，另有3人服务超过5年，团队稳定性奇高。一批真正理解认同这种理念的工作者留了下来。

五 坚持的背后，本质究竟是什么？

北京近邻的组织使命、愿景，是团队在实践中的选择，这背后所反映的本质是什么？

一个团队描述自己的实践领域，首先是从人群（社群）和空间（地域）两个方面来切入。从人群（社群）来分，可能有老年、儿童、残障人士，从空间（地域）来分，可能有农村、学校、工厂、社区。

对人群和空间的圈定越明确，对社会问题的指向越具体，实践定位和方向就越聚焦，反之就会相对宽泛。北京近邻在组织使命确定的过程中，对人群没有限定，实际上放弃了特定的人群指向。在我们的服务体系中，社区各类人群都有涉及。在地域上，实际也经历了几个不同的社区类型，在城乡之间也没有做特别限定。

北京近邻没有在最初就明确组织使命，而是经历了长期的摸索。我们所理解的实现人的福祉，是一种对"人性化"的追寻。

何谓"人性化"？

保罗·弗莱雷在《被压迫者教育学》中说道，"人性化的问题是人类所面临的核心问题,只有人性化才是人类的志业"[①]。对于保罗来说,人性化对于人的生命,对于人类社会都是最重要的问题。我们的日常生活仍然需要人性化,但生活中的人性化体现在哪里,在我看来主要有以下几个方面。

首先,人性化体现在人的生命状态中。人应该拥有良善、厚德的品格,积极、乐观的心态,充实、有意义的生活。

其次,人性化体现在人与人的关系中。与人为善,与人为亲,父慈子孝、兄友弟恭,夫妻和睦,睦邻相亲,人人各安其分,行仁者爱人的本心。

再次,人性化体现在影响人的环境中。环境能够塑造人,在环境中孕育人健康成长幸福生活的力量和情感支持。

杨静老师曾经说,要推动一些悄然而深刻的变革,社区刚刚好。

确实刚刚好,我们每个人都生活在社区。社区作为我们日常生活的空间,为我们提供资源支持、情感支持、价值认同,影响规范着每个人的所思所行。社区与个体的双向互动,使得我们发起的社区行动,影响改变更多人成为可能。

在北京近邻的社区工作实践中,始终存在这样一条以人为核心的改变之道。从2010年开始,我们在农转居社区工作,我们在邻里学堂提出四个意识"规则意识、守礼意识、责任意识、公益意识",既是对于合格邻里学堂学员的要求,也是我们社区教育改变的目标和方向。随后的农耕文化系列活动,勤劳、节俭、互助、守天时(规矩)、敬自然的传统美德,得以被重新发掘;农耕文化给予老年群体记忆的温暖,给予年轻一辈寻根问祖的归属感;代与代之间通过具有历史感和生活化的议题重新建立了连接,强化了社区凝聚力和归属感。

疫情来袭,社区居民一片恐慌,我们陪伴成长起来的几个居民组织,最先行动起来。社区书法老师们发起"鸿雁传铭",以诗书画作品鼓舞激励大家;老年刺绣小组则针对老人在封闭期间生活困难,发起互助行动。这是一个收获的时刻,我们收获了居民行动的力量,收获了一个我们期待中的社区样貌,这是此前年复一年默默播种的结果。

2023年,疫情过去,整个社会工作发展的政策环境、实践环境都发生了极大的改变,各方面的挑战更大了。如何重新凝聚力量,发展新的社区工作

---

① 保罗·弗莱雷:《被压迫者教育学》,华东师范大学出版社,2020。

形式，需要有新的工作思路。在对外学习，对内和居民深入讨论的基础上，"三亲教育""社区绿生活"等新内容开始在社区尝试。在不断学习的过程中，我们也在思考，农耕文化可以凝聚人，教育人，唤起人的精神，说明文化中蕴含着力量。我们拥有五千年深厚的文化底蕴，我们文化的根在哪里，如果我们触碰到属于我们共同的文化之根，又能激起怎样的波澜，激发起怎样的社区力量。回归中华民族传统文化，找寻传统文化在当下的意义，也许会重新滋养我们的精神世界，带出新的社会样貌。

于是，文化从一条蕴含在我们实践过程中的浅浅线索，被浓墨重彩地书写到了新的团队使命与价值观中。

六 结语

2024年初，北京近邻第一次召开了正式的机构策略规划会议，重新讨论组织规划，重新表述组织愿景、使命和价值观。与此同时，我们第一次描述了愿景中的"人性化"的理想社区。

我们应该拥有这样的社区：

每个人都应该——有道德修养，有生活意义，有情感归属，有健康体魄；

人和人的关系都应该——敬人知礼，乐善助人，遵规守矩；

生活的社区都应该——邻里相熟相亲，人人参与共创，环境宜居永续。

孔子曰，"大道之行也，天下为公"，所谓大同社会的理想，未必遥不可及。心怀理想，耕耘当下，锲而不舍，行则将至，行久必至！

"以文化撬动社区力量"，新的使命愿景，守社区一方乡土，寻文化滋养之根，到今天已经有了一个逐渐清晰的轮廓。

牧区生计发展与生态保护的行动研究探索

——以新疆山水在江布塔斯村的实践为例

周 环[*]

一 行动缘起

(一) 牧区生计发展与生态保护的问题意识

新疆从 20 世纪 80 年代开始逐渐推行牧民定居政策,新疆维吾尔自治区党委在 1986 年召开了"要更好更快发展新疆各个牧区经济"的工作会议,会议上明确指出要尽快在各牧区推行牧民定居工程。但相关研究表明,牧民定居以后的生活成本、教育成本、购置生产生活用品成本比定居前明显提高[①]。牧民收入来源渠道较少,牧区经济结构单一,第二、三产业不发达,牧民家庭经营收入主要依靠传统牧业,牧业收入在牧民收入中始终居于主导地位[②]。牧民的生活支出增多,收入需求增大,他们选择的增收方式就是多放牧,而过度放牧会引起草场退化、土地沙化。从 1984 年开始,全国开始推广草场承包工作,游牧方式从过去的逐水草而居变成在固定的草场放牧,一片草场往往得不到足够的休憩,造成产量降低、草场退化。与此同时,由

---

[*] 周环,中南民族大学民族学硕士。2017 年毕业以后加入新疆山水环境保护与可持续发展中心,机构项目负责人。长期奔赴一线,专注牧区草场保护与可持续发展的实务工作。
[①] 董芳:《新疆牧民定居成本与定居稳定性分析——基于昌吉、塔城地区调研数据》,新疆农业大学,2015。
[②] 花蕊:《内蒙古牧民收入增长路径选择研究》,《北方经济》2016 年第 11 期,第 58~60 页。

社区实践者的行动研究

于市场经济的引入，牧民赖以生存的自然资源都被赋予了"商品"的概念，饲养牲畜过去是以满足生存为目的，现在是为了获取更多的利润[1]。以上原因都带来了生态环境问题，近年来，随着国家坚持山水林田湖草沙一体化保护和系统治理，国家林草系统开始整治草场退化，严格核定牧民上山的载畜量，按照草原证的载畜量控制上山的牲畜，牧区面临着严峻的生计发展与生态保护两难的问题。

在此背景下，新疆山水环境保护与可持续发展中心（以下简称新疆山水）作为一家新疆本土的环保公益组织，受邀进入两河源自然保护区的周边社区。2001年新疆维吾尔自治区人民政府成立两河源自然保护区，保护区横跨富蕴县和青河县，是森林生态系统和湿地生态系统的综合性自然保护区。两河源自然保护区地处阿尔泰山东南麓，阿尔泰山从大的生态区位来看属于欧亚大陆的萨彦岭阿尔泰山生态区，是世界自然基金会200个全球生物多样性热点区域之一，是我国规划的生物多样性保护和可持续管理的25个关键生态功能区之一，也是"国家生物多样性保护战略行动计划"中的35个主要保护区域之一。两河源自然保护区是额尔齐斯河和乌伦古河的发源地，也是泰加林生物地理群落向干旱区荒漠生物地理群落过渡的地带，生存着许多新疆或我国仅分布于此的珍稀物种。该区域的生态保护工作，对新疆生态文明建设和社会可持续发展都有重要的战略意义。

我所工作的新疆山水环境保护与可持续发展中心，是2015年2月由新疆维吾尔自治区民政厅批准成立的一家民办非企业[2]。机构创始人出身林草系统，曾在新疆维吾尔自治区林业厅[3]和新疆林业学校工作过，她的资源集中在林草系统，她的关注点在人与自然方面。综合考虑，新疆山水选择了环境保护领域，主要依托社区做环境保护工作，机构成立之初的愿景是"人人助力环境可持续发展"，"人人"指的是每一个普通的个人，每个人的力量

---

[1] 陈祥军：《消失的草原神圣性——透视草原生态的危机》，《文化纵横》2019年第2期，第130~137页。

[2] 民办非企业是指由企业事业单位、社会团体和其他社会力量以及公民个人利用非国有资产创办的，从事非营利性社会服务活动的社会组织，2016年5月26日民政部就《民办非企业单位登记管理暂行条例（修订草案征求意见稿）》公开征求意见，将"民办非企业单位"修改为"社会服务机构"，此后统一称为社会服务机构。

[3] 2018年11月政府机构改革重组，成立新疆维吾尔自治区林业和草原局。

也许很小，但星星之火可以燎原，汇聚每个人的力量也可以让青山常在，让绿水长流。

2014年我考上中南民族大学民族学硕士，通过我的导师陈祥军教授第一次接触到了牧区问题，2017年毕业以后我决定到新疆工作，走进牧区，从一个观察者转变成一个实践者，在实践中探寻牧区问题的解决之道。

（二）江布塔斯村的基本情况

江布塔斯村是两河源自然保护区的周边社区，是一个以哈萨克族为主体的传统牧业村，由江布塔斯和叶根2个片区构成，牧民从2010年开始定居，有273户983人。大多数牧民文化程度较低，除了放牧以外无其他专业技能。当地乡政府曾组织过老百姓免费学习开挖掘机、刺绣、烹饪、制作糕点等生存技能，希望他们可以转移就业，但当地除了农牧业以外并无其他支柱型产业。传统放牧、代牧、打工和草场生态补偿占牧民总收入的94.8%，农业、种植业、旅游服务业、社会捐赠等占总收入的5.2%，传统放牧依然是牧民的主要收入来源。牧民的夏牧场在两河源自然保护区里面，从1984年国家颁发草原证到现在，一块草地上放着爷孙三代人的牲畜，存在过度放牧的现象。从2018年起，青河县畜牧局严格按照核定载畜量控制上山的牲畜，尽管如此，牧民也想方设法让牛羊上山。牧民依靠每年10月卖牲畜获得的现金流，维持一年的生活。一方面牧民需要扩大生产以获得收益保障，另一方面两河源自然保护区管理局需要保护草场以维持生态平衡，牧民生产生活与生态保护之间存在矛盾，如何平衡生产与生态之间的关系成为一个问题。

我们选择的项目点江布塔斯村，是新疆阿尔泰山两河源自然保护区管理局（以下简称保护区管理局）的驻村点，在它的上级单位新疆阿尔泰山国有林管理局的引荐下，2016年我们进入该村，牧民的夏牧场就在保护区里面，恰好保护区管理局有减少放牧、保护草场的需求，同时驻村工作队有脱贫攻坚的强烈愿望，他们想在江布塔斯村开展替代生计，用其他生计收入代替原来游牧的收入，转移游牧生计方式，从而达到既不影响牧民生活质量，又保护草场的目的，引进新疆山水是想帮他们进一步落实这个想法。保护区管理局认为牧民过度放牧是因为缺少收入，通过多元化方式增加收入来源，解决了收入问题，牧民就可以减畜，进而保护草场防止退化。我们也觉得这个逻辑行得通，因而我们进入该村，寻找替代放牧的其他生计方式。

二 牧区生计发展与生态保护的行动过程

（一）黑肥皂替代生计的行动过程（2016～2020年）

机构进入村庄需要先做社区情况调查，2016年，我们向北京合一绿色公益基金会①申请了社区替代生计需求调研项目。同时期我们接触到台湾社区营造理念②，在挖掘替代生计的时候就尽量往"人文地产景"方向靠拢，先后梳理出七种替代生计需求，分别是生态旅游、哈萨克刺绣、妇女手作黑肥皂、生态牛羊肉、生态小麦、生态土豆、聘用生态护林员，除了聘用护林员是保护区管理局的事情，剩下六种替代生计都是新疆山水未来要在村里开展的工作。黑肥皂是哈萨克族的传统清洁用品，制作过程蕴含了万物有灵的萨满遗存。根据前期调查情况，我们与保护区管理局、驻村工作队、村两委一起分析，认为黑肥皂比其他替代生计更具备发展基础，所以黑肥皂就成了当时推动的主要替代生计产品，通过黑肥皂探索社区的出路。社区营造强调自下而上的工作手法，一定要挖掘社区具备不同能力的人，所以我们刚进入社区时很注重人的建设，我们从黑肥皂入手，让会做黑肥皂的妇女成立了一个小组。

2017年，我们沿着替代生计的思路，把黑肥皂往前推进了一大步。我们和新疆大学纺织与服装学院合作，学生以蒙泰依肖像为基础设计品牌logo和产品包装；蒙泰依被推选为黑肥皂小组组长；妇女们一起商量出小组公约和黑肥皂的产品标准，讨论出黑肥皂的定价依据；蒙泰依带着我们一起梳理出

---

① 北京合一绿色公益基金会是一家专注于环保公益行业赋能的基金会，机构使命是"通过赋予行动方法知识，使得人人可以参与到环境保护"，致力于为"想做环保不知道做什么，不知道怎么做好"提供答案。
② 社区营造，这一概念发源于20世纪60年代日本民间的社区改造运动，后经我国台湾流传至大陆。主要指为了提升社区生活品质与改善社区环境，人们自觉自愿、合作互动，共同参与到社区基础设施建设和社区文化价值塑造的实践中，目的在于推行基于地域性的自然与文化资源、历史文脉，以及具有独特个性的地方性社区规划与设计，重构具有可持续性的自然环境、文化传统与社会结构的"新社区"。20世纪90年代，日本千叶大学的宫崎清教授到中国台湾地区来指导乡村手工艺发展与旅游业振兴，将社区营造理论转译为"人文地产景"的社区营造实践表征，至此，"社区营造"理念以及"人文地产景"的实践方案影响了中国台湾地区的社会各界。

黑肥皂的制作流程。2018年底，黑肥皂替代生计获得"迈向生态文明，向环保先锋致敬"全国前20强的成绩。2019年，乡政府对黑肥皂的支持力度越来越大，主动帮忙对接三道海子景区的游客集散中心、"阿勒泰礼物"实体店，以及青河县电商平台。2020年黑肥皂获得国家知识产权局颁发的商标注册证，我们先后联系了20多个线上线下合作伙伴，搭建起了销售网络。我们利用国家的电商扶贫政策，把黑肥皂放在西安仓储中心，线上销售都从西安发货，大大减少了运输成本。

与此同时，一些意料之外的情况开始出现。黑肥皂小组成员由江布塔斯和叶根两个片区的妇女构成，我们召集小组商量过黑肥皂样式以后，叶根片区的哈美拉就用自制模具做出了100块黑肥皂，引起了我们的关注，但我们与哈美拉接触引起了蒙泰依的不满，她认为新疆山水把品牌名定为"蒙泰依们和她们的黑肥皂"，就意味着黑肥皂品牌是自己的，而新疆山水转头与哈美拉对接，是"你们把我撇开了"。她生气的后果是解散了小组。我们傻眼了，赶紧进行小组干预，这时候我们才发现，蒙泰依组织的小组成员几乎都是她的亲戚和邻居，而当地是一个熟人社会，哈萨克族的亲戚关系是强关系，不管我们讲多少道理，小组成员都站在蒙泰依一边。我们硬着头皮召集小组开会，先给蒙泰依和其他成员道歉，说明品牌名"蒙泰依们"是哈萨克妇女代表，"她们"是千千万万个哈萨克妇女，这样就避免把黑肥皂理解成私人品牌，最后大家同意使用"蒙泰依们和她们的黑肥皂"作为品牌名。

经过这件事情，我感受到了巨大的文化差异。在小组成员眼里，我们怎么成了收肥皂的？小组培训时强调过很多遍，我们是来做草场保护的，为什么说了和没说一样？我们与哈美拉见面，蒙泰依为什么会理解成新疆山水撇开了自己？黑肥皂品牌为什么成了蒙泰依的私人品牌？蒙泰依身为组长，为什么站在了小组的对立面？我不理解这些现象，不理解她们为什么这样想，但我感受到了认知差异带来的巨大壁垒，我很无奈。我尝试站在她的角度去理解，也许在蒙泰依眼里，江布塔斯村就是整个世界，她不知道"市场"到底是个什么地方，不知道市场里有谁在买黑肥皂，她只看见新疆山水买走了黑肥皂，她更没想过"千千万万个哈萨克妇女"，只知道在村里，黑肥皂被冠上了自己的名字。这些都是我的猜测，已经没办法再去验证了。

我们反思了在社区传递信息的方式，由于语言不通，通常是我们说汉语，当地翻译说哈萨克语。我们习惯了自己生活中的说话方式，说一件事情先讲背景，再讲我们要做什么、怎么做、做成什么样、需要大家做些什么，每次传递的信息量都很大，牧民反而抓不住重点，这种信息传递是单向度的，我们无法及时听到牧民的反馈，往往后续出了状况才发现问题。后来我们改变了传递信息的方式，尽量简洁、有效，只传递有用信息，减轻牧民的理解负担。

刚整合了小组，妇女们又因为是否改良的问题争执起来。不少消费者反馈黑肥皂的羊油味儿太重，内地人难以接受，哈美拉开始用植物油代替羊油，添加牛奶、爬山松、丁香、薄荷等当地材料减轻羊油味儿，她做了67次试验，找到一个她认为理想的配方，羊油味儿确实淡了不少。她同意把配方贡献出来，让大家来一起学习。蒙泰依则认为黑肥皂自古以来就有羊油味儿，不应该再向里面添加任何东西，添加其他东西就不是黑肥皂了。其他妇女纷纷站队，叶根的妇女认同哈美拉，江布塔斯的妇女认同蒙泰依，吵到最后这两个片区的妇女实在不愿意一起干，我们不得不把原小组拆分成两个小组，江布塔斯一个，叶根一个，各自选择组长，这场风波才算结束。

2021年发生了一件几乎让小组分崩离析的事情。有顾客反映买回去的黑肥皂放久了，表面起了一层白色物质，看起来像发霉。我们反馈给小组以后，大家都很着急，有人提议干脆趁此机会让小组中的妇女做一次质量检测，选出好的黑肥皂，再让做肥皂的人教大家技术，统一制作方法。说干就干，为了公平起见，小组成员骨干建议采用盲测的方式，让村里的党小组成员来当测试者，选出外观、使用感都不错的肥皂。结果现场刚选出几块黑肥皂，还没来得及公布结果，没有被评选上的妇女就炸了锅，在现场又吵又闹，最后大家一哄而散，从那以后黑肥皂小组四分五裂。我事后认为矛盾的本质是市场商品化优胜劣汰的逻辑和熟人社会不分你我的规则相互违背，但只要黑肥皂走商品化的发展道路，这个矛盾就不可避免且无法调和。站在社区的角度来看，熟人社会最重要的是你的言谈举止、为人处世获得社区认可，评选黑肥皂无异于告诉社区你的黑肥皂不如别人的好，这让没有被评选上的妇女非常没有面子，在社区抬不起头。从实践操作的角度来看，评选黑肥皂只在社区骨干层面达成共识，没有在黑肥皂小组层面达成共识，评选之前应该让小组成员同意这样操作，我们才能够进行测评。诸多考虑不周的原因使这次活动在小组内造成了难以挽回的后果。

黑肥皂项目从2017年做到2020年，一路走来有收获，但更多的是心累。我是民族学专业出身，带着"各美其美，美美与共"的价值观进入江布塔斯村，但学科训练时是不下场，仅作为旁观者去理解和解释她们的行为，而工作需要下场，去引导和改变她们的行为。截至2020年9月，黑肥皂小组成员直接收益共计31000多元，但带来的减畜成效并不明显，并没有做到真正的生计替代，解决生态问题，反而带来了小组内部的分化，引起更大的矛盾。我们没有遵循社区内部本来就有的运行逻辑做事，反而用产品化的商业逻辑管理小组，把社区搅动得四不像，我们费力不讨好，牧民还不理解。此田野非彼田野，美美与共，实在美不起来。

究其原因，我认为主要在两个方面，第一是黑肥皂的定位不准确，替代生计的逻辑是"草场破坏—替代生计—减畜—生态保护"，那么发展替代生计就成了解决问题的核心，生计产品一定要投放到市场才能解决收入问题。当时我心里把它定位成即将投放到市场的商品，文化故事作为附加，功能性价值放到第一位，所以才有那么多产品化的行动。但社区的生产力根本不可能做出工厂流水线式的商品，牧民也不可能变成工人，这个定位反而让黑肥皂失去了讲故事的优势。第二是我们在社区工作方法上有欠缺，当时团队中除了机构创始人，其他人都没有社区工作经验，这是我毕业后的第一份工作，团队普遍缺乏社会工作理念和社区工作方法，只凭借以往工作和做事的经验干活儿。我追求做事结果，忽视做事过程，并没有意识到达成共识这件事情的重要性，也没有意识到忽视过程会带来多严重的后果。

（二）生态旅游替代生计的行动过程（2019~2020年）

沿着替代生计的思路，单纯只通过制作黑肥皂的收入很难达到保护草场的目的。在黑肥皂生计替代方案进展不顺的同时，我们关注到，2019年青河县国投公司和查干郭勒乡政府已经开始对江布塔斯村发展旅游进行布局。2020年，三道海子被评为国家级4A景区，而江布塔斯村是进入三道海子的唯一入口，按照青河县政府的发展规划，江布塔斯村将被打造成旅游村。查干郭勒乡政府想让牧民发展旅游，带动经济的同时实现乡村振兴。我们也想尝试用生态旅游替代生计，把其他几个替代生计串联起来协同发展，如果有游客来村里，可以在当地吃住行和体验，可以买黑肥皂、刺绣当伴手礼，也可以把牛羊肉和面粉买回家。

2019年8月，江布塔斯村迎来了第一批市场对接的团体游客，是武汉来的户外亲子团，有五十来个人，我们为这个团安排了家庭博物馆、黑肥皂制作体验、刺绣小巴扎、儿童游戏互动等环节。通过这次接待，我们有好几点新的认识。第一，明确江布塔斯村的旅游目标人群应该是自然爱好者、文化爱好者或者特种旅游爱好者，而不是随便拍照打卡的大众；第二，这些人要给村庄做贡献，而不是单纯地享受；第三，生态旅游的关键是体验，要真正提升游客的体验感，活动设计要从游客的角度出发；第四，充分发挥当地儿童和大学生的优势，可以设计儿童参与的活动，让大学生当体验讲解员。

2020年5月，青河县遨游公司带着新疆旅游协会的考察团去阿勒泰考察线路，我们说服新疆旅游协会从三道海子下山经过江布塔斯村的时候停留两个小时，我们和社区骨干一起，把村里能够体验的活动全部搬到草坪上，让新疆旅游协会的人员尽情体验，力争他们以后能为村里带来客人。整场体验活动效果很好，遨游公司也非常满意。为了迎接可能到来的游客，我们一遍一遍培训家庭旅馆的接待礼仪，带着社区骨干一遍一遍整理菜单价格，通过接待散客提升牧民的接待能力。2021年7月，"探秘阿尔泰山古老村庄"获得福特汽车环保奖，村里体验活动上线到马蜂窝官方网站，也获得携程旅行App推广支持。2019~2020年，生态旅游带来的直接收益不到三万元，来的游客并不多，主要是合作伙伴带来的客人和行业内互访的同行。

在此过程中，生态旅游替代生计也遇到了一些问题，江布塔斯村地理位置太偏，从乌鲁木齐驱车要一天才能抵达，三道海子名气不如喀纳斯，景色不如可可托海，附近没有可以游玩的其他景点，又恰逢三年疫情，新疆旅游公司设计的路线不会到这个死角。客观来讲，当地接待能力确实有限，哈萨克族的住宿、饮食习惯和汉族人完全不同，游客不习惯睡牧民的大通铺，不习惯蹲院子里的旱厕，也不习惯洗漱没有足够的热水，哈萨克族的传统美食吃一两顿还可以，连续吃几天，谁都受不了。牧民确实在用心接待游客，让客人上座、给客人倒茶煮肉，但牧民有一套自己的生活习惯，尽管他们很努力地学习接待，但毕竟没有接触过服务行业，很多细节都存在问题，调整起来十分费劲。新疆山水不是旅游公司，我们也没有更多余力做市场推广。

无论是黑肥皂还是生态旅游，解决思路都是"草场破坏—替代生计—减畜—生态保护"，替代生计是解决问题的关键，但要真正做到替代放牧，就必须投入市场获得收益，那么按照市场逻辑，就一定要做商品化这件事情，商品化是有标准的，要给商品取名、统一制作流程、确定成本、定价、品控、物流、售后。我们意识到替代生计的做事逻辑有点水土不服,不仅没有解决问题,反而带来了新的问题。每个替代生计都涉及小组培育、可持续制度管理、市场销售等板块,而市场营销是很专业的工作,机构目前的人员配置,没有一个人有市场营销的背景,那就必须有所改变。

其实除了替代生计,同时期我们一直都在做社区生态保育的意识提升宣传工作,让牧民关注到草场退化的问题,理解做替代生计的目的不是挣钱,而是保护草场。我们利用升国旗[①]、学汉语[②]、小组培训等一切聚集的机会,给大家宣传两河源自然保护区的生物多样性,让其意识到生态保护的紧迫性,分享其他自然保护区的替代生计案例,还带着牧民去三江源参访学习。牧民认可保护草场的意义,认为保护草场有利于子孙后代的可持续发展,小组成员都签署了减畜承诺书,但减畜的监督机制却一直没有建立起来。母畜下崽,牲畜数量随时都在变化,应该按什么时间计算呢?减多少只羊单位[③]才叫减畜?标准要怎么核定?谁来监管大家?是两河源自然保护区管理局?还是村民自己?不减畜有惩罚吗?监督管理机制到底应该怎样设置?这些问题没有解决,很难证明替代生计的生态保护成效。

2019年底,两河源自然保护区管理局撤离,由阿尔泰山国有林管理局青河分局接替,2020年4月,青河分局也撤走了,新的工作队员来自五个不同的单位,都是林业系统以外的单位,我们在村里最强有力的支持者离开了。2018年我们把村里青年骨干组织起来成立社区共管委员会,管理所有的替代生计小组,但逐渐地,有人奔着以挣钱为目标做事情,没有收入就罢工。2020年3月,社区共管委员会改选,一位骨干想开蛋糕店退出,两位骨干提出需要新疆山水给予工作补贴,还有一位骨干说不要补贴也可以,我们考虑到骨干工作产生的交通成本、话费成本,于是让他们按照每小时20元的标准,每个月按工作时长计费。替代生计这条实践之路遇到的问题,必须依靠社区外强大的市场力量和社区内有效的减畜机制才能解决,两者都是新疆山水力所不能及的,我们需要寻求其他的解决之道。

---

① 每周一早上江布塔斯村都要举行升国旗仪式,村民都要来参加。
② 学汉语是新疆维吾尔自治区人民政府为了提升少数民族的汉语水平,免费给基层老百姓安排的语言培训课程,老百姓每周在固定的时间聚集到村委会上远程课。
③ 草原管理部门按照羊单位来核定上山的牲畜数量,1头牛等于5个羊单位,1匹马等于6个羊单位,1峰骆驼等于7个羊单位。

从 2019 年到 2020 年上半年都举步维艰，我要推进项目，又要遵循牧民的主观意愿，我在村里随时都能感受到按下葫芦浮起瓢的无奈。我的行动过程夹杂着不同民族的文化差异、乡村社会的差序格局和牧民对收入不切实际的期待，实在是难以进行下去。长期得不到正向反馈，我一度想过放弃，但放弃就意味着逃避，逃避可耻，我想再坚持看看。

（三）生态远征的行动过程（2020~2021 年）

2020 年，我们参加了成都蜀光社区发展能力建设中心的"未来+乡"社会组织能力建设培训，培训内容是社区发展工作理念和社会组织作为协作者的专业方法，这让我对工作性质的理解发生了很大改变。首先，我们是谁？我们进入村庄的角色定位是什么？我们应该是协作者，协作者就是用尽一切方法促进社区牧民自己理解、思考问题，最终想出一个大家都认可的解决办法，而这个办法必须是牧民自己想出来的。其次，要跳脱项目制的桎梏做事情。项目有时间、成效、指标等方面的管理，这种管理主要是为了让资方理解为何要资助该项目，保证资金使用有效，但项目制也会限制社会工作者进行自由探索，尤其是社区发展需要一定的灵活度。我们是在探索适合社区发展的路径，不是在做项目，社区情况随时都在变化，很难保证三年前申请的项目，三年后依然还是这个发展路径。我从蜀光了解到，申请项目之前就要做社区调研，有了项目内容以后再去匹配相应的资方，并且写产出和活动的时候，尽量不要写得过于具体，这样才能给一线人员做事的空间。产出和活动过于具体，容易掉入为了活动而活动的困境，也容易为了完成指标而不顾实际。一线工作人员的行动应该是见机行事、灵活多变的。后来在申请新项目时，我们尽量只写有预见性的产出和指标，活动描述只写大框架，把握住大方向即可，执行落地的时候，我们可以根据社区实际情况灵活设计活动的形式和内容。加上我们对江布塔斯村的了解越来越多，知道机构要做哪些事情，设计项目的时候方向不会有大的偏差。团队内部一致认为，不应该为了完成项目做活动，社区行动如果产生了坏的后果，宁愿不行动也不要应付。

2020 年，机构入选"恒星伙伴计划"。2021 年 7 月，恒星导师到新疆帮我们梳理工作思路，团队此时也停下来一遍一遍梳理机构愿景和业务之间的逻辑关系，思考未来的方向。康耘老师向我们提了一个很有启发性的问题："社区自己的传统，自己先要继承，自己不继承，怎么让外地来的朋友们认可呢？"黑肥皂对外销售的前提应该是牧民自己在使用。2021年，经恒星导师邀请，我们有幸去周山村参访，周山村给了我们很多启发，对我最大的启发是以社区为主体应该体现在方方面面，解决的问题真的是社区居民的痛点，用当地人易于接受的方法进行意识提升，在当地人的认知基础上一步一步推动问题解决。

我们回来以后反复复盘，决定跳出替代生计的逻辑框架，让社区成为行动主体，我们决定把项目移交给当地。鉴于之前社区共管委员会没有经费就停摆的现状，以及依靠社区共管委员会也无法管理好小组的事实，我们认为台湾社区营造那种自下而上的组织方式并不适合新疆。新疆基层是网格化管理，必须依赖自上而下的力量才可以撬动整个社区。我们和乡政府、村委会、驻村工作队一起召开了正式的项目交接会，时任乡党委书记王书记在会议上明确表态，"以前是在两河源的引荐下，新疆山水带着大家开发黑肥皂，以后要靠大家自己，村委会和驻村工作队要承担更多"，同时也指定吐兰副乡长作为乡级的对接人。有了乡政府的表态，我们再做村委会的工作就顺理成章。现在的组织架构是乡政府主导、村委会管理，村委会比我们更熟悉牧民，更懂得该如何做事，况且村委会有固定工资，他们不会产生人员费用问题。新疆山水的角色定位变了，我们与社区的关系也变了，我们的工作重点转移到提升村委会的能力上。社区共管委员会成员则成了一个相对松散的组织，大家有时间就参与活动，没有时间就去忙自己的事情。

2020年，我们认识了丁谷，他是青年远征项目[①]的发起人，目标群体是大学生。大学生志愿者不同于普通游客，他们有参与社会实践的需求，可以为村庄带来服务，我们想试试村庄和大学生在一起会碰撞出什么火花，于是我们两家在2021年暑假共同发起了生态远征项目，招募内地大学生志愿者到牧区，给牧区儿童开展一次生态文化夏令营。在这次活动中，内地大学生与当地儿童互为主体，内地大学生来村里体验不同于自己生活的异文化，跳出舒适区，学会在语言不通和文化差异很大的牧区锻炼自我；当地儿童在大学生的带领下举办夏令营，丰富假期生活，夏令营的活动素材就是当地的生

---

① 青年远征项目就是组织一批内地大学生到偏远地区挑战15天极限生存，项目设置一些障碍环节，例如给每位大学生很少的钱让其想办法在城市生活1天、做城市探索、乡村徒步、露营做饭，目的是让大学生跳出舒适区，到一个陌生环境满足猎奇心理和自我锻炼。

态文化。共有二十几名大学生志愿者在江布塔斯村待了十五天，大学生按照"黑肥皂""刺绣""家庭博物馆""熊之舞"四个主题分成四个小组，每组大学生为孩子设计体验活动，并最终在生态文化展上以不同的舞台形式呈现出来。这次活动在村里的影响很大，随后几年里，儿童夏令营成了每年夏天必做的活动。在生态远征项目开展之前，我们都围绕着替代生计找解决办法，这也导致我们把眼光局限在成人身上，毕竟只有成人才与替代生计、减畜直接相关，反而忽视了社区的儿童群体。

通过生态远征项目，我们有很多意外收获。第一个收获是，我们发现孩子是撬动社区的抓手，学校是汉语教学，大学生可以和孩子们直接交流，这就解决了语言障碍问题。家长都关心孩子成长，我们就在活动环节设计孩子与家长互动，家长会因为关心孩子而关注社区的生态文化，家长参与活动的初心就不再是为了挣钱。第二个收获是，我们发现老人是生态文化宝库，他们从游牧到定居，至今有很多老人怀念游牧时代，他们有丰富的游牧知识，也看到了牧民定居以后存在的问题，他们是有文化危机感的一代人，愿意让孩子传承传统文化。老人有时间也有意愿贡献自己的传统智慧，他们在哈萨克族中还享有很高的威望。第三个收获是，生态文化可以激发社区的内生动力，文化确实是族群之根，当我们不再以挣钱为目的开发生计产品，而是把生态文化作为儿童浸润和体验的内容时，孩子们会发现自己生活的方方面面都有文化的影子。我们由此得知，传承生态文化应该是当地人的事情，我们的服务对象应该是当地牧民，而不是外地游客。让当地社区在现代化的背景下，选择一种根植于自我传统之上的现代生活，过一种经传统文化调适过的现代生活，是我们应该努力的方向。

2022年初，在恒星导师中华女子学院杨静、万科公益基金会刘源、项目组李大君、质兰基金会张颖溢等老师的指导下，机构引入了生态社会工作的理念和方法，把愿景修改为"重拾在地传统智慧，看到生态文化价值，再建人地和谐关系"，我们在探索牧区生产生活与生态平衡的问题上，最终把着力点放在生态文化上面，既然我们想重塑人与自然的和谐关系，就应该从传统中去寻找相关的文化因子，传统文化是一个民族的立身之本、灵魂之根，我们要做的事情是重新唤起社区对生态文化的集体记忆，挖掘并传承下去。这时候我们做事的逻辑是"草场破坏—挖掘生态文化—传承生态文化—生态保护"，明白了不做什么，我们更清楚要做什么。

民族学学科的核心概念之一就是文化,我做了几年的实践工作,颇有一种又回到原点的感觉。坚持突破瓶颈期,熬过黎明前的黑暗,原来柳暗花明又一村,豁然开朗!

(四)生态文化的行动过程(2022~2024年)

2019年11月,我和机构创始人一起去武汉参加全国自然教育论坛,顺道拜访了我的导师陈祥军教授,他听完我们的工作介绍后,感叹说:"你们做的就是生态文化的事呀!"陈老师指出了我们所做事情背后的文化本质。在本文中,生态文化是指哈萨克族在过去的游牧传统中形成的一套人与自然和谐共生的生态观念,包括生态谚语、行为习惯、生产方式、饮食习俗、乡规民约、传说故事、生态禁忌等。在历史的长河里,牧民依赖自然资源形成了游牧的生产生活方式,生态环境可持续是牧民生存下去的必要条件,而生态文化的功能是让游牧社会经济和自然资源达到双重平衡。因此,牧民习得生态文化的惯习,在行为方式和价值观念上认同自然资源"适度利用,永续发展",人与自然和谐共生。用生态文化撬动江布塔斯村,就是让生态文化作为牧民的日常生活,让生态文化作为牧民的生计资本,让生态文化作为牧民的生态工具,达到生活、生计、生态之间的平衡。

2022年,在新疆大学林芳菲老师、程海源老师的帮助下,我们与新疆大学政治与公共管理学院共同开展"团结经济:可持续生计发展项目",团结经济的概念与游牧民族"互帮互助""合作发展"的观念很契合,我们希望借此项目推动以生态文化为核心的牧区发展。不同于替代生计的做法,我们把原来做商品的精力全部放到社区内部,把活动过程当成我们的抓手,重点在激发社区的内生动力,让牧民自己动起来,形成社区合力。

我们把所有替代生计小组合并成一个小组,叫环保合作发展小组,重点宣传"我们要团结互助、合作发展,把村里的生态文化传承下去",替代生计也改称可持续生计。2022年,我们依然用生态旅游把其他可持续生计串联起来,但重点不在接待游客,而在于社区内如何把可持续生计转变为可持续生活方式。2019年做生态旅游时,我们无形中把游客放到了中心位置,培训牧民是为了更好地接待游客。2022年再做生态旅游,我们把牧民定位成社区主体,游客是客体,牧民主动传承生态文化,游客是被牧民的传承行动吸引而来。村里的服务接待水平和基础设施都不再是问题,因为接待游客不是目的，传承生态文化才是，有游客的时候牧民就接待客人，没有游客的时候牧民就过自己的日子。这是用生态文化回应牧民的生计问题。

2023年，小组成员主动提出"我喜欢跳熊之舞，有人的地方我都可以去跳，你们能不能给我发个认证牌子，我有身份给其他人宣传"。我们马上组织小组成员商量牌子名称，经过讨论和投票，"传统文化传承人"这个称呼高票胜出，理由是"我们做的事情就是传承传统文化"，大家想用这个名词代表自己正在做的事情。大家对传承传统文化非常自豪，还建议做成刺绣胸牌别在胸口，做成木牌挂在门口，让别人都看见。大家已经逐渐内生出自主性，不以挣钱为目标，不是"配合"新疆山水的工作，而是自己要传承文化。

2022年11月江布塔斯村遭遇了暴雪天气，牧民过冬很困难，小组内有牧民提议，把社区发展基金①捐出来，让困难家庭平安过冬，这说明小组关注公共事务的意识在增强。与此同时，万科公益基金会的刘源老师提出在熟人圈小范围进行爱心捐款的建议，并动员自己的亲朋好友参加，帮我们设计捐款方案，在她的启发指点下，我们开始跟进暴雪应急响应爱心捐款，最终捐了30409元给村里。我们要求村委会商量一个可行方案，保证这笔钱花在真正需要的人身上。经过几次轮流会议，村委会决定给41户困难家庭买饲料，每户家庭发一吨价值600元的青储玉米，剩下的钱捐给两户大病家庭。这件事情对村里的影响很大，小组成员看到了自己做的事情带来的连带效应，其他牧民认可小组存在的价值，村委会也因为对这笔钱管理到位得到全乡表扬，村委会因此对我们的管理方式十分认同，积极性比以前更高，参与管理的主动性更强。

借着暴雪的契机，2023年初我们在村里开展应对气候变化的乡土知识调查，把挖掘过程做成强化意义的过程，再建游牧集体记忆，让牧民看见乡土知识的生态价值。通过走访妇女、儿童、老人、护林员，我们发现江布塔斯村就像一个应对自然灾害的活态博物馆，收集到了牛羊粪、菜窖、软化皮草技术、药用植物、羊肚装酥油等乡土知识……同时，我们把乡土知识整理成

---

① 可持续生计收入的10%要返还到社区发展基金，社区发展基金归环保合作发展小组所有，由村委会代管，使用社区发展基金要一事一议，小组超过50%的人同意才能使用，社区发展基金是可持续生计反哺社区的工具。

语言简洁的小妙招，通过环保小组微信群、升国旗、学汉语等渠道进行社区宣传。我们还从开源节流的角度，推动牧民秉承绿色可持续的低碳生活方式，合理利用乡土知识节约生活成本。这是用生态文化回应牧民生活问题。

到目前为止，我们依然还在路上，找到生态文化这个着力点，让生态文化成为平衡牧区生计、生活、生态的支点，我们已经在生计和生活方面做了些许工作，未来还会利用乡土知识回应更多生态方面的问题。从替代生计转变到生态文化，对于新疆山水而言，更是反思主流发展观、反思市场经济、认识在地文化的过程。文化是一个族群的立足之本、生存之根，唯有遵循当地本土文化的发展逻辑才是可持续发展，可持续发展一定是社会经济和自然资源双重平衡的结果。

我的初心是探寻牧区生计发展与生态保护的解决之道，原来答案就藏在本土文化里，一路走来我不断调适自己、理解他者，将知识转化成实践成果，在实践中印证知识，努力做到知行合一。这几年的工作积累，拓宽了我的视野，让我从一个初出茅庐的小姑娘成长为凡事都有 B 计划的职业女性，感谢这筚路蓝缕，磨砺出我的锋芒。

三 用本土文化撬动社区

放眼全国，其实还有很多机构利用本土文化撬动社区。中国农业大学的孙庆忠教授认为中国乡土文化的状态是"形散而神聚"，虽然乡土文化的外在呈现可能和原来不一样，但其精神内核依然残存在乡村，维系着基层社会的道德秩序和组织功能，而集体记忆是人们精神力量的来源，是乡村再生产的内生动力。他带着学生在陕西佳县泥河沟村实践，为村庄做口述史，写文化志，做影像集，整个过程表面上是挖掘村庄素材，唤起讲述者对生活往事的记忆，但实质是让村民重新发现自己，重新发现村庄，重新认识自身价值，进而用文化的力量激发村民建设家乡的热情。

河南省周山村的梁军老师特别擅长做社区教育，我印象很深的是她用民众戏剧给村民做性别意识教育，把性别平等的观念融入快板、顺口溜、戏剧，她说："农民的活动都很分散，把他们集中起来开会或培训极为困难，而'唱大戏'则深受农民的喜爱和欢迎。因为演出剧目大多反映农村实际生活，用的是方言俚语，乡土气息浓郁，有很强的感染力，观众易于接受；

'广场式'的演出方式也很符合农民的生活习惯。"我认为这也是利用河南当地的戏剧、方言、生活习惯在推动社区发展,内核就是文化驱动,非常可贵的是戏剧中的很多台词来源于村民的日常生活,是村民真实的情感表达,曾经村里最大的"反派"周西川经过社区教育和参与活动,现在已经成为得力的社区骨干。

玛薇社工发展中心驻扎在四川大凉山,机构创始人侯远高老师带着一种文化自觉在推动社区发展,玛薇社工发展中心从本土文化的优势视角出发,尊重社区的主体性,保护当地的文化多样性,尊重地方性知识和价值观,做妇女帮扶、儿童救助和文化传承方面的工作。云南丽江吾木村是一个以纳西族为主体的村落,纳西族信仰东巴教,东巴教在纳西族的日常生活、文化精神和生活习俗方面都有重要影响,纳西族人认为只要东巴在,精神就在,根就在。玉龙县耕心社会工作服务中心以吾木村为整体,用文化作为内驱力,发动村庄骨干参与照顾老人、儿童,助力社区治理与发展,本土文化在吾木村更多体现为老百姓的可持续生活方式。

新疆山水是一家外来机构,所有全职员工都不会说哈萨克语,我们离牧区的日常生活很远,所以我们想在牧区做事就一定要紧紧抓住当地的根,文化就是根,我们只有抓住文化才有可能撬动社区。这并不意味着要把新疆山水的员工都变成当地人,而是合理运用当地的文化元素,用社会工作的专业方法激发牧民的内生动力,让牧民找到真正愿意做的事情,把改变落实到个人。外来机构进入异文化社区,当地文化是打开社区的一把钥匙。生计发展和生态保护之间有张力,原因是牧民要生存,生存的本质就是让子孙后代繁衍生息,生计发展和生态保护的矛盾只是表象,背后的深层意识是族群可以世代延绵,文化可以繁荣昌盛。

以我观物,物皆着我之色彩。外来机构进入社区的时候,是带着外部视角在看社区,要切忌先入为主的判断,尝试走进社区内部视角的世界,用本土文化打开社区。牧民懂得生计发展和生态保护如何和谐地相互依存,这些智慧密码都藏在他们的文化里。引用孙庆忠教授的观点,用本土文化唤醒集体记忆的过程就是"招魂",只有把乡村的魂招回来,乡村才有生命力,人们才有归属感。

传承生态文化对江布塔斯村而言就是留住根与魂,如果传承生态文化有一个乌托邦,我理想中的图景是社区中的老百姓依然遵循人与自然和谐共生的生态观生活，牧民敬畏大自然、遵循生态禁忌，原始信仰继续发挥威慑力，牧民之间互帮互助、邻里关系和谐友爱，村里的人老有所依、病有所治、学有所教，牧民在物质相对富足的前提下做到自然资源可持续、人口可持续、生计可持续和文化可持续。美美与共，天下大同，牧区又美了起来！

参考文献

艾克拜尔·依米提、尤庆敏、吕海英、马雪、张俊：《阿尔泰山两河源自然保护区鼓藻类植物新疆新记录》，《西北植物学报》2016年第8期。

陈艳锋、尹林克、曹秋梅、王琴：《新疆阿勒泰两河源自然保护区植被信息提取与分析》，《干旱区地理》2016年第4期。

崔培毅、杨艺渊：《做好一个项目造福一方人民——UNDP-GEF中国湿地保护体系新疆"加强阿尔泰山两河源流域景观保护区有效管理"项目成果显著》，《新疆林业》2018年第4期。

陈祥军：《消失的草原神圣性——透视草原生态的危机》，《文化纵横》2019年第2期。

刘祖云、王太文：《"社区营造"：理论渊源及其理论转译》，《理论探讨》2023年第5期。

欧阳秀珍：《民众戏剧——民众的自我教育》，河南人民出版社，2019。

孙庆忠：《并轨：扎根乡村的田野工作与促进变革的行动研究》，《民俗研究》2021年第6期。

探寻启动社区的力量

——北京近邻农转居社区工作十年探索

魏傲麟[*] 张 杨

  社区工作的切入口可以有很多，比如针对儿童、老人、妇女、残疾人的服务；针对矛盾调处、垃圾分类议题的工作；构建社区治理体系、培育社区组织。如何让社区本身动起来，如何形成社区可持续发展模式？最核心的问题是如何激发社区的内生力量。

  激发社区内生动力既是手段，也是目的。然而真正做起来，并不简单，实践者投身于社区工作，都希望寻找一把激发社区动力的钥匙，配制一副提升社区活力的灵丹妙药。

  2014年3月，北京近邻已经在外来工聚居社区和建筑工宿舍区工作了七年，在北京朝阳区孙河乡农转居社区——康营家园也有了四年的社区工作经验（2010~2014年）。怀抱持续深耕改变一个社区、撬动社区内生动力的理想[①]，我们进入北京市朝阳区崔各庄乡京旺家园社区，一扎就是十年。十年间我们尝试探索一条社区服务、社区教育、组织培育三位一体，以社区教育为核心，以文化撬动社区内在力量的实践道路。十年之路，无论是经验，还是教训，都值得细细回看，不敢言能够给同行伙伴贡献多少重要的经验，至少能够帮助我们自己更清醒、更自信地前进。

---

[*] 魏傲麟，北京市近邻社会工作发展中心理事长、副主任、党支部书记。2011年进入社会工作行业，先后在多家社会组织服务，从事北京农转居社区一线工作十余年。

[①] 参看张杨《守土寻根——北京近邻团队使命聚焦过程中的行与知》。

一 农转居社区的问题分析和介入策略

（一）社区的真问题在哪里？

北京市朝阳区崔各庄乡京旺家园社区，地处东北五环外侧，是由朝阳区崔各庄乡9个村25000余人组成的大规模回迁集中安置区。最早一批居民于2011年入住，至今仍有村民陆续回迁。京旺家园社区现有五个居委会，区域规模大，人口多，服务管理是一个系统工程。

2014年，时任崔各庄乡乡长的李华，作为熟悉北京近邻工作、非常认同社会工作理念和方法的领导，将北京近邻引入京旺家园社区，期望在街乡层面，协助乡社区办和各个居委会开展社区工作，培养志愿者，将专业社会工作嵌入基层社会服务与社区治理体系。乡政府给予了大力支持，在回迁楼房的底商铺面中拿出一栋两层的底商，近1400平方米，挂牌"邻里中心"，由北京近邻负责运营，这成为北京近邻扎根开展社区工作的场域。

李华乡长引入北京近邻，有着他对于社区工作助力基层社会治理的期许与思考。农转居回迁社区在政府的基层社会治理中，具有一定的特殊性。政策实施过程中引发的矛盾，急速变化过程中产生的问题绝大多数需要政府兜底解决。怎么理解农转居社区的问题？基层政府、社区居委会、居民各方的需求与关注点究竟是什么？作为社会组织在其中能够发挥什么作用，工作的重心又应该放在哪里？

2010~2014年，北京近邻在临近的孙河乡一个农转居社区工作了四年，积累了一些对农转居社区的理解和工作经验，但进入京旺家园正式工作前，依然开展了为期半年的入户调研，这是一个专业社会组织必须做的功课，它能帮助我们更精准地把握社区的状况与需求。同时，作为一直以行动研究为工作方法的机构，我们对农转居社区的理解是逐步深入的，是在边服务、边调查、边推动改变的过程中进行的。

对基层政府而言，在回迁社区最难处理的是拆迁过程中由土地引发的矛盾。京旺家园整体拆迁时已处于政策相对成熟的阶段，社区十几年来没有出现大的与拆迁相关的矛盾，整体稳定。大的矛盾冲突没有出现，但社区治理问题层出不穷，楼道堆物、侵占绿地（开垦种菜）、邻里纠纷，柴米油盐酱醋茶似乎都有这样那样的问题，无怪乎有基层干部感慨，转居社区乱，转居社区的工作难做。对于这些问题，当时的基层工作者也有一句话，"身体上楼，思想没有上楼"，意指转居上楼的农民素质差，不适应上楼之后城市化社区的要求。因此，"农民市民化"就成为解决问题的策略。2010年前后，政府连续数年推动相关项目，基层社区和专业社会组织都投入"市民化"教育工作中，其中有服务、教育工作，更多的是开展各类社区活动。但农民到底怎样才能转化为市民？转化为市民后，上述问题是否能一一化解？在我们看来，"农民市民化"无论在逻辑上，还是在预期目标上都存在难以自洽之处，没有精准抓住转居社区真正的痛点与挑战。

基于我们的社区调研以及与居民的互动讨论，我们看到社区里出现的问题主要包括以下几个方面。

一个是有钱后的心态变化。整个社区是在2009年北京市城乡一体化政策颁布之后拆迁的，政府补偿力度大，每家都有房和补偿款，衣食无忧，生活条件得到了很大改善。问题出现在钱多了引发的心态变化——乱花钱、乱投资、乱买保健品、子女坐吃山空等，特别是拆迁补偿、房产引发的各种家庭内部矛盾在社区里频频出现。

另一个是上楼后的适应问题。在调研中，有老人提到"不愿意住在小盒子一样的楼房，连个新床都不愿意买，觉得这儿不是家"；有老人觉得上楼后再去别人家串门聊天不方便，生活变得无聊。社区里楼上楼下因为生活习惯不一样各种矛盾频出。甚至居民们聊天儿时还说到，刚刚拆迁的几年内，社区高龄老人离世走得较此前更多了。虽然并没有数据佐证，但这些抱怨普遍反映了居民们对于上楼之后的生活不适应。另外，在调研中，我们也看到居民的适应是存在个体差异的，适应也需要一个过程。经过一段时间社区生活后，居民们也反映了上楼生活带来的积极一面，比如家里干净了，冬天暖和多了，也没那么多的家务了。对于年轻人来说，上楼更是他们所期盼的，并不存在太多需要不断适应的挑战。

居民对社区公共服务有着强烈的需求。有钱有闲的社区居民，特别是中老年人群，普遍希望能有更多的娱乐生活，唱唱跳跳、写写画画，期待小区里有更多的空间和资源支持居民的活动。2010~2019年的近十年时光里，北京近邻在农转居社区持续开办亲子共学班，为2~3岁的幼儿及其家长提供集体育儿、互动共学的服务，累计服务超过1000个家庭。由于每一期的共学班名额有限，每到报名时，我们总有"如临大敌"的感觉，早年间，出现了凌晨一两点就堵门排队的情况，报不上名的家长甚至上门吵架，要拆中心的牌子。我们将邻里中心的空间规划为老人、残疾人、儿童等不同群体使用的功能性服务空间，与社区文娱性队伍的活动空间有所区分，但众多的社区文体队认为场地应该向他们开放，从最初的拒绝，到有限开放，到协调共管使用，经历了长期的讨论、争议和协商。这些都是居民们真实的需求，但如果尽一切力量满足大家各类需求，会引起不少"后患"。首先，居民的需求始终存在，简单回应满足各种需求，不现实，也不合理，很容易走向资源枯竭，或者被少部分人占据资源；其次，公共资源是有限的，如果分配中存在不公平，反而恶化了社区关系；再次，满足需求的服务行动越多，享受服务的居民越容易产生等、靠、要的想法，这是人性，也是我们工作中必须要破的局。

随着我们和居民的关系逐渐密切，我们越来越多地了解了他们生活中的方方面面。

通过与居民的深度接触，我们认为转居后的居民缺少深层的生活意义感。刚进入社区的几年，我们观察到，遛弯是居民生活中的重要内容，不仅锻炼身体，也是同村人的一种社交活动；居民们为了身体好，参与各种保健课程，购买保健品，社区内有很多保健品公司；很多人买理财产品，总相信自己不会被骗；四处旅游，市内游、国内游、国外游……早年杨静老师访问过一位社区居民，他说拆迁之前，虽然早就不靠土地为生了，但一定会在自己家的院子种上点蔬菜，养上几只鸡鸭，看着自己亲手种出绿油油的蔬菜，喂的鸡鸭活蹦乱跳，随手捡几个一家人够吃的鸡蛋，心里别提有多舒坦！这恐怕是只有农民，只有从土地里走出来的人，才能真正理解的情感。我们想到，前几年社区周围荒地的边边角角都被开垦了，小区的花坛被偷种了几畦菜，有居民甚至跑到几公里外的河滩开辟菜园。如此这些，有的是为了吃上几口新鲜健康的菜，有的纯粹把它当成一种乐趣。看着土地里的庄稼生长，是生活的意义，也是骨子里的记忆。但是这样的意义，这样的记忆，没有了，看上去似乎不是什么痛苦，但生活的意义和过去的记忆都失去了一些，而这些都是人们心中最深的情感！

还有一个让我们感触很深的是有些居民理所当然地索取。在服务过程中，一开始，我们比较谨慎地安排和居民相关的一切。一方面，这是北京近邻一贯秉持的工作态度，另一方面谨慎行事，也避免触发居民的不良情绪。因为和居民没那么熟悉，很多居民对我们很不客气，觉得享受服务理所当然。有居民曾当面表示"乡政府花钱请你们来，不就是给我们服务的吗"？

居民的这种态度，不只是对我们，对社区居委会也是如此，生活中的大事小事，稍有不满，就可能吵到居委会，一句话"你得给我解决"。我们逐步意识到，这与居民拆迁后的心态有关。对于居民来说，"不是我想拆，是你们（政府）让我拆迁，虽然给了几百万元，还是觉得亏，政府卖地可能挣得更多，我上楼后除了房子啥也没有了，遇到问题当然就找政府"。这里面夹杂了无处宣泄的复杂情绪。

面对这种情绪和要求，基层政府和社区居委会，采用了持续投入资源，满足居民不断增长的需求的策略。这样的策略实际上有利有弊。最直接的弊端是给的越多，要的就会越多。这在一些社区文体队中表现得尤为明显，资源稍有不够就开始争夺——向政府、社区争，和其他队伍争，导致队伍之间、居民之间的关系愈来愈紧张，社区的整体氛围也会被影响。当这种心态在社区蔓延，我们所期待的公益、互助、和谐、团结、自服务、自管理等都无从谈起了。

逝去的乡土记忆、生活意义感，与今天的社区利益争夺，看似是两件事情，但细细琢磨，这其中又紧紧联系着。随着生活方式的改变，人与人的情感越来越淡化的时候，社区的这种种变化也成了必然。

如何有效疏导这种利益之争，进而重构重情重义、和睦相处的邻里关系呢？问题存在于人的心里，心里的东西不转动，其他的可能都难变。

（二）针对农转居社区的工作理念和思路

针对上述的社区状况，作为一家社会组织该怎么做？我们的期待是什么？

社会工作专业对人的生命状态与需求有一种理解：人有三种生命状态，分别是生存、生活和生命。生存，指人的衣食住行；生活，指人对精神生活的追求和满足，如棋琴书画乐、健康交往、旅游等；生命则是一种在奉献中实现价值和意义的状态，如邻里互助、关爱。社区自组织可以进行社区议事和解决社区问题等。

对京旺家园的居民来说，生存不是问题，生活丰富多彩。所以我们将工作放在如何能够激发生命的意义上,即社区居民能够自动参与、改变社区、建设社区,而不只是享受政府与专业组织提供的服务。

要调动每个人内在的"善心""公心",寻找生命的"意义所在",所做的就是进行"人心建设"①。人心变了,人就变了,进而引发社区的改变,这是我们开展社区工作的真正落脚点。那么人心如何建设,人向哪里改变?社区向哪里改变?

对这些问题的回答,同样经过了社区工作的长久摸索。"人心建设"是希望社区的人心能够聚起来。居民之间的关系建起来,居民之间的情感浓起来,居民能够对于社区建立新的认同感与归属感。人心动起来,是希望居民能够拥有责任心、公益心和行动力。

我们开始以社区教育为主要工作策略,以"邻里学堂"为平台,形成"社区服务、社区教育、组织培育"三位一体的社区工作体系。

邻里学堂是一个物理空间,利用政府提供的底商"邻里中心"这个空间,以"学堂"之名(有人称之为社区大学,之前在康营家园,我们称之为"社区学苑")组织居民学习。确切地说,通过邻里学堂招募有各种兴趣爱好的社区居民,既是服务于居民,也是实施各种教育,产生居民组织的重要方式。

社区服务是基础,通过服务聚集人气,建立关系,撑开与社区居民充分互动的空间。我们在邻里学堂开设了十多门丰富多样的兴趣课程,调动了一批中老年人持续参与,并从兴趣班发展出社区公益服务小组;邻里学堂开设的亲子共学班、儿童周末成长营、夏令营等,吸引了一大批儿童与家长参与,妈妈老师不仅成为带领亲子班的老师,更成为社区的骨干力量,进而为社区自组织建立奠定了基础。

社区教育是核心,我们所做的就是人、家庭、社区改变和"人心建设"。社会工作的理论和实践证实,人的意识提升、主体性、自觉行动才是社区发

---

① 北京近邻从一开始,就不是抱着书本上的社会工作知识开展社区工作,创办人杨静老师从20世纪90年代开始参与的农村发展工作、性别与发展工作实践中总结出,"人心建设"是一个社区可持续发展和内生动力产生的核心。尤其是看到梁军老师持续耕耘的周山,更是将"人心建设"作为启动社区内生动力的根本,受他们的启发,在北京近邻的实践过程中,也期望进行"人心建设"。而建设什么样的人心、怎么建设,并没有清晰的路径,是在实践中摸索前行的。

展的根本。

我们奉行的社区教育理念,一是注重居民的意识提升,不只是告诉人们该做什么,也说明为什么要这么做。二是注重教育即"对话",群众不是落后、保守、等待帮助的客体,不能把外来者的信念"强加"或"植入"服务对象的心中。在教育的过程中,我们和社区居民是平等的,教育对方也接受对方的教育。三是注重通过教育推动改变,包括人的改变和社区的改变。如我们绝不只是单纯地完成活动、项目任务,而是利用邻里学堂,抓住各种与居民在一起的机会,有意识地进行社区教育,促进居民成长。每次活动设计都有居民参与,每次活动结束都和居民一起分享总结评估,每次活动都要讲活动的意义和价值,在潜移默化中,逐渐改变居民的意识和行动。如邻里学堂,我们找到的每位任课老师,都是德高望重的人,不只是教授书法、绘画、京剧等,更是通过上课传授做人的道理,一名合格的学员应该拥有"规则意识、守礼意识、责任意识、公益意识",并在每一个活动中设计细节,和居民讨论如何正确行动,如协助居民逐步改变"想来就来不想来就不来""迟到早退"的散漫习惯和意识,形成相互尊重的氛围。看似小小的举动,却迈出了彼此关系转变的一大步,居民思想中"你们应该服务"的观念转变为"感谢付出"。

最后是组织培育。教育最终都希望能够落实在行动上,而真正有力量的社区行动,不可能只依靠居民个人,需要居民自组织能够持久有效地在社区中行动,这是社区真正行动起来的基础。我们首先推动邻里学堂的各兴趣班变成公益小组,开展公益活动,调动居民体验公益、参与公益,形成做公益的氛围;然后从各公益小组中培养社区骨干,进而培育社区公益组织。最终,社区中形成了十几个公益组织。

(三)"人心建设",以心换心

十年间,我们在转居社区的工作中,始终贯穿"服务、教育、组织",环环相扣指向社区互助公益行动的实践逻辑,指向教育和人的改变,也让北京近邻在社区居民中有了清晰的样貌,更多的居民开始理解我们的工作,认同我们的理念和方向。

当然,人心的改变,不可能仅仅在事的层面思量,往往需要以心换心。

以用心、认真做事的态度打动居民。在邻里学堂组织的最初阶段,居民们没有请假、按时参与活动的习惯，想来就来，不想来就不来，反正是政府免费提供的服务。可是我们的工作者每次不厌其烦地逐一打电话询问确认，这种认真的态度最终让居民不好意思再随意对待，随后电话请假、事先打招呼等，就成为居民对待课程的态度。对人对事"用心"的态度可以影响人和改变人。

用心赢得居民尊重。老北京人很讲究礼数、规矩、人情、面子，你懂不懂这些，认不认这些，关系着社区居民怎么看你，能不能接纳你。在这方面，我们的每一位工作者做了很多努力，如学会说"您"，居民来办公室，人家都要起身迎接，路上遇到都要笑脸相迎，在长辈面前的一举一动，甚至餐桌上一把茶壶究竟怎么摆放，都是我们学习的行为礼节。在这样的细节中，居民感受到了我们的真诚、谦虚。久而久之，居民更加接纳我们这样一批年轻人，老人们开始把我们看成自己的孩子，也自然更加接受并愿意参与我们所推动的事情，认同我们的理念。

情在先，理在后，先做人，后做事，这些理念帮助我们密切了与社区的关系，也成为我们能够真正推动人的改变、社区改变的坚实基础。

我们用心做事的专业精神也让群众信服。"近邻做事就是专业"，这是很多居民，尤其是经常与我们一起工作的骨干居民对近邻的评价，在他们眼中，我们的活动贴近居民的需求，他们和我们在一起很舒心和开心，我们对待一些相处困难的居民有理有节、不卑不亢，我们能有效动员社区的居民。

（四）社区活起来，但并没有动起来

2016年，在进入京旺家园社区的第三个年头，我们已经以邻里学堂、儿童之家为核心，培育带动十多个社区公益组织，一批社区志愿者，居民骨干开展各类公益互助行动。

虽然工作趋向稳定，但相应的问题也出现了。随着工作内容逐步固定，参与的居民群体也逐步固定，我们难以更大范围地拓展影响；虽然有一批社区骨干积极投身我们开展的社区公益行动，但绝大部分参与者依然以享受服务为目的；参与的社区居民虽然认同我们的理念，认同公益，愿意参与，但如果问及我们还可以怎样去做，他们会说"主意还要你们出，我们干就是了"，这说明居民依旧是公益行动参与的客体，社区并未长出内在动力，产生行动能力。政府作为服务购买方，也感觉这些工作没有什么"力度"，出

现"钱是否花值了"的疑问。甚至社区居委会也认为将政府购买近邻服务的钱给他们，他们也能做近邻做的事情，"不就是请人让居民来上课吗""不就是请个人带着孩子和家长们来玩玩吗"。他们当时还看不到近邻在服务过程中赋予的"教育""培育力量""人心建设"的专业性。

对近邻来说，如何激发社区的内生动能，我们还没有找到方法。面对社区居民，我们期待居民能担负起社区建设的责任。但他们认为有事情找社区去解决，"作为公民担负起责任"的说法无法进入他们的内心。我们也清楚，若没有内生动力，项目带来的热闹是一时的，若我们离开，社区恢复平静，留给社区的不知道是祸还是福。北京近邻持续扎根社区就是希望打破这样的局面。

但目前，我们只是和社区居民"心连心"了，真正能够撬动社区的力量在哪里呢？

二 凝聚人心的核心动力——农耕文化

以"农耕文化"启动社区内生力量，这并非我们的突发奇想。2014年，我们刚刚进入社区调研的时候，就见到了几位自发收集乡村老物件、保留村庄历史的居民。杨静老师凭借之前农村发展工作的经验，认识到这些老物件在一个农转居社区很有价值，在邻里中心专门腾出一个房间，陈列居民收集的老物件，当时仅仅认为这些东西值得展示，作为农耕文化让后人认识和记住，对年轻人有教育意义，我们还没有意识到这些文化资源对于开拓社区工作的思路有什么作用。

2016年4月，杨静老师提出从农耕文化切入工作的设想，和居民骨干古庆辅老师（以下简称古叔）进行沟通。古叔是邻里学堂书法班的学员，是一位退休干部，热爱乡土文化，撰写了《北皋村志》[①]，这也是最初找他的原因。古叔欣然同意，但从哪里开始呢？

杨静老师曾经用口述史的方法在一个村庄做过社区动员的工作，因此建议用整理农耕文化口述史的方式开始。就这样由古叔牵头，我们找到几位热

[①] 北皋是北京市朝阳区崔各庄的一个村，古叔出生和成长于此，热爱乡土，也期待历史被后人记住，因此退休后奔波采访、阅读大量文献，撰写了这本书。

爱农耕文化的社区居民（相互比较陌生），组建了农耕文化座谈小组，这是第一个"农耕"小团队，分"农""转""居"三个历史阶段，以讲述每个阶段的婚丧嫁娶、农耕生活为具体议题，开始回忆记录农耕文化历史。这些老人们讲到20世纪五六十年代的孩提时光、青年时期的集体劳作、改革开放的村办工厂，讲到农耕工具的变化、什么时候用了农药、什么时候婚宴酒席发生改变……他们津津乐道，脸上泛光，眼里有泪，早早来，迟迟不愿走。隋叔（后面会介绍）回家后兴奋到心脏难受，阿姨给我们打电话说不要让隋叔激动，但隋叔不管不顾……我们被老人家的热情鼓舞，这和之前居民的状态不同，老人们的主动性和积极性空前高涨，乐此不疲。经过大半年的时间，我们不仅记录积累了丰富的农转居中各种生活、生产细节资料，更是感受到农耕生活对这些曾经的农人的意义和价值。讲述和倾听，成为温暖彼此的一种力量，拉近了距离，建立了情感。这一组人后来成为在社区发挥重要作用的核心骨干力量。

口述史要拿来做什么用？有多少人会看呢？能不能用更加直观生动的形式，将"农耕文化"呈现在社区居民面前？杨静老师提议，能不能创作壁画？大家很认同，但是，要创作壁画并不简单，大家心里没底，觉得水平不够，缺少人物绘画的功底。邀请专业画家，人家给我们报的公益价格，每幅画都要上万块。最终，我们决定自己来画。古叔本身就是书画班的学员，有比较深厚的绘画基础，他又邀请了几位书画班的学员作为基本成员，我们找到社区中美院毕业的居民王世坤老师带领大家学习人物绘画，加上口述座谈小组的隋叔、田阿姨等几位农耕好手（把关农耕真实场景和人物形象），组建了社区农耕壁画创作组。他们一边学习人物画，一边创作农耕壁画样稿，不计时间成本勤奋苦练，对壁画创作高度认同。壁画创作的准备工作进行了一年。

2017年秋，乡政府大力支持，给了社区近100米长的墙面。农耕绘画创作小组进行了第一次壁画创作，第一期7幅画，呈现了农耕生活的典型场景，在社区引起了轰动，乡政府也点赞支持。2018年，农耕壁画进行了第二期创作和绘制，呈现了9幅，再次引发居民们的热议和驻足观看，这成为社区居民遛弯的一个必经地。老人拉着孩子的手，讲述着这些画中的故事，壁画组的工作也得到了居民们的认同和赞许。社区出现了一种涌动的力量，壁画让居民津津乐道，有了人与人连接的话题。

壁画组逐渐发展为一个社区自组织，他们自我发动、自我管理、自我服务，进行了一系列与农耕文化相关的创作。如依据口述史记录的文字资料，创作组绘制了《乡音农画·二十四节气》，生动地反映了崔各庄地区的二十四节气和居民的生产生活。绘画组的唐月光、易玲好居民根据北京本地儿歌创作了儿童绘本《小老鼠》《拉大锯》等，供邻里学堂的亲子共学班使用。

2018年10月，借着农耕绘画的热度，我们牵头（2019年，第二届农耕文化节由居民组织）举办了第一届"农耕文化节"，以农耕壁画创作组为核心，动员邻里学堂、亲子共学班、各个社区组织共同参与，以农耕文化为主题各自呈现不同的节目。有磨豆浆等场景的现场实操，有小车会的演出，还有各种文艺团体登台表演，当时参加的人大约有500人，参与的居民带着开心的笑容，他们说很久没有这样热闹的场面了，应该多举办这样有意义的活动。

文化节契合了当时国家设立的农民丰收节，也符合崔各庄乡政府"文化兴乡"的战略，得到了时任乡长齐宝良的赞同，他表示会大力支持农耕文化工作。

很多居民向我们反映这个活动"好"，说壁画展示的都是他们典型的生活场景，带出了大家的乡土情感；让孩子们有机会知道祖辈们的生活是怎样的；那时候的人多好啊，有什么事大家都互相帮忙……这些说法中有大家的情感，有家庭教育的需求，有对邻里亲密关系的渴望……最重要的是我们知道这个工作做到居民心里了。

农耕文化活动，不仅动员了社区各个组织、团体的志愿服务力量，而且吸引了大量居民前来参加，在社区产生了极大的影响力。乡政府看到引入社会组织近邻的影响力，社区居委会开始认可北京近邻工作的专业性，认识到几年来邻里学堂的学习、亲子班等，确实促进了居民思想意识的转变；居民体会到近邻对他们农耕生活及生命情感的尊重，也让一大群想做善事好事的人找到了位置！

在这之后，我们乘胜追击，提出更上一层楼的工作思路，即用农耕文化发动一些组织，结果社区自组织雨后春笋般地发展起来，且自主开展各种与农耕文化相关的工作。农耕座谈小组和绘画创作组一起，不断创造出新的呈现农耕文化的方式，共同编制了多本反映崔各庄地区特色的乡土读物，如《崔各庄的老物件》。绘画创作组还与亲子共学班联动，创作了有北京地方特色的老儿歌绘本，供亲子共学班的志愿者老师们使用；社区文化人物于如涛老师将自己收集多年的农耕老物件进行整理布置，开设了老物件展厅、本地革命历史展厅和家庭生活展厅；舌尖上的崔各庄小组，寻味崔各庄，以崔各庄的传统饮食为出发点，复原艰苦生活时期的老味道，挖掘家庭生活的情感故事，让一道菜成为家庭的情感表达，从一个窝头里品出酸甜苦辣，并编成崔各庄地区的《乡间野菜》一书；沙盘制作组，在隋叔和古叔两位骨干的带领下，制作了反映七八十年代善各庄、北皋村样貌的沙盘，居民领着孩子来到沙盘前，告诉孩子自己家住在哪里，邻居是谁，孩子们在哪里玩，至今善各庄的沙盘还保留在善各庄村，供夏令营的孩子们参观学习。

2019年，崔各庄开办了第二届农耕文化节，这次以绘画组为核心，这不仅是农耕文化工作内容的呈现，更是群众组织动员的呈现。居民们自主设计，邻里学堂的学员们、亲子班的家长们、各个社区组织，都成为农耕文化节的志愿者和组织者。邻里学堂合唱班的学员成为志愿者为文化节服务。"家风家教论坛"由几位德高望重的居民讲述孝顺老人、家庭和睦的故事。亲子共学班的家长们听到这些故事时说，感受到了社区文化的力量，学习了家庭生活的智慧，原来榜样就在身边。

为什么农耕文化成为真正撬动社区的力量？我们开始向一些研究"三农"问题的专家请教，看他们的书，寻找答案[①]。

> 当我们用现代化的发展理论来看中国五千年的农耕文明，认为农耕文明代表的是落后的生产方式、生活观念，中国要快速实现现代化，必须走城市化之路。这样太西方的发展观念忽略了中国五千年的历史以及这个历史创造的中华文明。面对强势的"现代"，农民不再珍惜祖辈传下来的文化，失去了往日的自信和自尊，亦步亦趋地跟在城镇化列车后面踉跄前行。现实的乡村，即便转居上楼的农人，无法安顿他们的灵魂，进而也无法安放有着五千年农耕文明传统的民族魂。这就是我们今天面临的乡村文化困境。

> 中国的乡村文化创造并保存了世界上最有价值的农耕技术、农业遗产，还形成了一整套价值、情感、知识和趣味文化系统，在从事农业生

---

① 孙庆忠主编《妙峰山：民间文化的记忆与传承》，知识产权出版社，2011。张孝德主编《乡村振兴十人谈：乡村振兴战略深度解读》，江西教育出版社，2016。

产的过程中总结出"天人合一"的哲学思想、"道法自然"的生活方式，以及对生命本体的参悟智慧。村落是农耕文明的载体，是滋养中华文化的土壤。这里传续着千年积淀的礼俗，也渗透着礼乐文化的基因，这也是中华民族被称为礼仪之邦的原因所在。

  过去的记忆是当下人们生活的意义来源。过去的生活存在于人们的心中，人们会带着这些往事活下去并从中获得生活的意义。每个国家、每个民族、每个群体，都可视为记忆性的载体，都拥有各自共同的历史文化传统，都不会忘记那些体现其集体价值观的往事。因此，集体记忆是保存社会文化的载体，也是连接个人与社会的纽带。

  习近平总书记指出，中华优秀传统文化是中华民族的"根"和"魂"，是中华民族的文化基因和精神家园，是中华民族生生不息、发展壮大的丰厚滋养，是中国特色社会主义植根的文化沃土，是实现中华民族伟大复兴中国梦的重要精神支撑，是中华民族在世界文化激荡中站稳脚跟、坚定文化自信的坚实根基和突出优势。

  如果在这个时代，滋养我们心灵、心性的文化消失殆尽，我们就没有资格说我们是一个有深度思考的社会。因为一个有深度的社会，必须拥有自己的社会记忆，后代能够在我们自己的文化传承里有尊严地生存。

  上述的理论指引，让我们明白了集体记忆对于居民来说到底意味着什么？因为这份特殊的记忆，才让居民保留了自己的文化传统，让生活的价值观念得以传承，这是维系共同情感和凝聚力的一个重要前提。

  农转居社区的社区工作，不是彻底否定他们曾经的农人身份，抹去曾经的农耕文化痕迹，也不是简单地保留农具和做个展览，而是复兴农耕文化的核心精神，发现、维系和恢复原有的勤俭持家、生态环保的生活方式，人与人亲如家人的情感方式，以及农耕文化带来的邻里互助、天人合一的世界观。农耕文化激发了居民的自尊自信，人心不再冷漠，适应现代社会、具有内生动力的社区文化出现了。

  专家们对农耕文化的解读，给了我们答案，也给了我们以农耕文化撬动社区发展的信心和力量。农转居社区和其他商品房小区及老旧小区不一样，有深厚的农耕文化的传统和记忆，对孩子们来说，三亲教育，我们身边的亲人就是我们最好的老师；对老人们来说，农耕文化就是他们的生命力和活力；对中青年人来说，这是他们的历史和根；对整个社区来说，这是凝聚人心的魂和力量。

我们也明白了社区居民为何珍惜农耕生活老物件。因为这些老物件，不仅承载着农耕文化的历史，也记录着祖辈的辛劳，凝聚着世代农人的精神和记忆。如果丢弃，不仅丢掉了对农耕文化的记忆，也丢失了浓浓的亲情、乡情和共同的记忆。共同记忆消失了，农转居的社区的"魂"就散了。

农耕壁画、农耕二十四节气教材、农耕时期的儿歌等，无不彰显着人们意欲跨越时空与过去进行对话的努力。

究其根本，这就是怀旧，这种怀旧不是要在现实层面上返回过去，也不是在精神世界里完全依赖或寄望于传统的安抚，而是通过记忆使过去与现实碰撞，从而在一个个被记忆和现实双重塑造的碎片中找到自身存在的意义。

人们在画前来寻找什么？为什么对这里有如此深厚的感情？因为每幅画中都有几代人共同的记忆，人们在这里找回了共同的记忆，共同记忆又把每个人的生命联系在一起。

从这个意义上说，重现农耕文化，修复了人心，修复了人的情感，修复了社区关系，使京旺家园社区成为一个有感情、有温度的社区！

三　足迹深深，社区十年，见人见心

十年扎根社区，我们品尝到收获的喜悦，在逆境中依然向前！

（一）一群亲人般的社区群众

隋叔。我们在社区的灵魂骨干，2023年初去世！他的全名叫隋春林，是善各庄村的老书记，拥有一手好木工手艺，是种田能手。2016年经社区骨干周丽珍阿姨引荐参与农耕座谈小组，随后作为种田能手参与壁画创作，一直参与公益工作。2019年夏天，隋叔带领村里的老伙伴们，画图、设计制作善各庄村沙盘，经历了多次波折最终完工，展现了这位老书记的组织智慧。他朝九晚五，活胶泥、做模型，"像上班一样"干了三个月，投入了极大的心血和热情。隋叔说让"每一个村民都能在这里找到自己的老家"，沙盘上寄托了他很多的情感。在各种日常事务上，他更多地为北京近邻考虑，指导近邻的工作者们如何为人处世，如何处理各种复杂的居民关系，对我们如同他的孩子。他言行一致、以身作则，成为居民的榜样。对杨静老师这个大教授躬身在社区做群众工作，他很是赞赏，并建立了深厚的友谊！2019年，面对北京近邻在社区去留的局面，隋叔专门到办公室见杨静老师，并表达了只要近邻召唤，就跟我们干到底的心情，感动得杨静老师当场落泪，也给了杨静老师无论多难也要为了这些群众继续找条件扎根社区的信心。他的不幸离世，让我们觉得失去一个至亲。

古叔。古叔是用农耕文化撬动社区的核心人物。他是铁道兵、工程师，他热爱家乡的文化并努力保护它。他还是邻里学堂最早的学员，农耕文化的发起人和实践者，没有他，也没有文化撬动社区的事情。农耕文化的各个小组，几乎都能看到他的身影。从座谈小组开始，古叔起到了凝聚和推进的作用，安排话题、邀请居民、组织会谈、创作壁画、执笔撰写乡土读物，都离不开古叔这个核心人物。作为一直与我们一起工作的骨干，古叔能很快地理解我们在社区干什么，想干什么，并且能够和他自己的设想做好结合，就像近邻一个编外的不拿分毫补贴的工作者。他是当代乡贤的样子，热爱自己的家乡，无私奉献，有了他这样的人，乡土文化不会断掉根脉。

老范家三兄弟。老大范国玉叔叔曾是某知名企业的董事长，退休后回到京旺家园。从书法班到书画协会，从环保志愿者到和谐文明宣传队，十年来，范叔一直在近邻的身边，一直参与着社区的公益事务，一直鼓励着近邻的工作者。他说："感恩父老乡亲对我家庭的照顾，退休后我要回报大家"。范叔的二弟范国永是一位摄影师，每当我们有需要，他都义务付出，有时候拍摄要持续一整天，他也没有怨言。范叔的三弟范国春，更是获得了很多社区居民的称赞，他每月到养老院义务理发、每周在社区义务理发，参加舌尖上的崔各庄，展示自己的手艺，在书法班和教学小组一起担任授课老师，在因病去世的前一个多月，还在社区的公益活动上义务理发几个小时。范家三兄弟孝顺父母，兄弟和睦，家庭和谐，在社区有很高的威望，是居民们的榜样！

田阿姨。田淑琴阿姨是妇女队长，是铁姑娘队的成员，是一位老党员，不管近邻干什么工作，田阿姨都支持。农耕座谈记录、农耕文化节、农耕进校园、和谐文明宣传队，都有她的身影，田阿姨说，只要你们愿意带着我们这些老人，我就跟着你们干。

易阿姨。易阿姨年轻时从四川嫁到北京，带着川妹子的坚韧在北京打拼。退休后，画画成了她的最爱。易阿姨是邻里学堂最积极的学员之一，在公益集市上画画，送给老人，参加邻里学堂的集体劳动，给其他学员服务。参加了农耕绘画创作后，她更是废寝忘食地不停钻研，一幅画稿能画十几张。画艺提高后，易阿姨一直想着在社区里做些什么，只要有公益性的活动她就一定参加，现在还成了社区国画班聘请的公益讲师，是社区绘画的主力。

这样的人有很多很多，无法一一呈现！他们是我们持续耕耘、不离不弃的理由，是我们一起实现理想的伙伴！

社区整体的变化是什么样的？

第一，社区居民自发地采取行动开展工作，形成互相配合支持的群众互动。尤其是第一次农耕文化节以后，居民受到鼓舞，积极地参加农耕文化的各项工作。居民在其中自己找位置，想方法，打配合。小车会的负责人周丽珍提出，民俗活动小车会是不是可以加入农耕文化的元素，因此有了农耕小车会的表演。老物件收藏者于如涛利用自己的农耕老物件布置了多个展览厅。亲子共学班的志愿者们带着孩子去参观老物件、做传统游戏，读绘画创作团队绘制的老儿歌绘本……我们看到社区居民行动起来，有的组织大的活动，有的就做一个农耕文化的宣传员……在这些居民自发做事、互相支持的过程中，村与村的界限打破了，人与人的情感拉近了。

第二，居民建立了社区归属感。社区的文化自信建立起来了，消除了"农民""市民化"的矛盾。农耕文化的工作受到大家的欢迎，我们说"做到居民心里去了"，其原因还是居民对自己身份的疑惑得到了解答。做了一辈子农民，直接就要被"市民化"，年青一代的消费观、价值观冲击着他们，一个"落后"的标签紧紧贴在身上。农耕文化节搞活动、画壁画、出书，其背后都带着对农村的情感和肯定，农耕文化的内涵在社区依然发挥着重要的作用，自己的历史被尊重，也就解决了"我是谁"的身份矛盾。

第三，从农耕文化的回忆拓展到现在社区的治理。农耕文化的前期工作主要是挖掘和重现。人们被调动起来，有了社区归属感之后，把社区当"家"了，自然要建设自己的社区。居民们参与各种志愿服务活动，倡导社区文明新风尚，对农耕文化的热情延伸到了社区建设。疫情前成立的社区和谐文明宣传队就是农耕文化的志愿者班底，几年来他们通过视频号发布作品宣传社区孝亲敬老、邻里和谐的好人好事，受到居民的广泛关注，他们用现代的方式传承着农耕文化。

(二) 社区工作在困难中继续推进

疫情三年，线下活动停止，政府和社区的工作重心转向抗疫，居民们也心态不稳，无心投入。政府对近邻的场地支持断了，居民们没有线下参与渠道。其间，很多社会组织失去了在社区工作的空间，甚至出现了生存危机。但是，疫情又是需要社会工作者的时刻。我们依托坚实的群众基础，艰难启动了线上的各种活动，缓解焦虑和不安，让居民还能感受到彼此的温暖和支持！互助自助，抗击疫情。我们继续开设线上亲子班，指导家长带着孩子们活动学习，缓解孩子和家长封闭在家的焦虑；书法绘画组带动老人群体积极互动，相互鼓励走出恐慌；"舌尖上的崔各庄"，展示各种健康美食，大家通过菜品颜色来评优，为枯燥的一日三餐带来了一些乐趣。各个居民小组则积极行动起来，贡献各种资源，互助解决封控中的生活困难。几年累积的社区组织工作基础，在这个危难时刻，成为战胜困难的力量！社区拥有了充分的适应性与韧性。

(三) 找到了"本土"社区工作的理论和实践支撑

自2014年进入京旺家园至今十年时间，近邻工作团队也经历了过山车般的历险，有时为工作取得的成果欣喜满足，有时又为工作的难以开展一筹莫展……在这个过程中，一批又一批工作者付出了自己的汗水与热情，或带着收获离开，或带着期盼进来。我们为何这样坚守，因为近邻一直要探索的本土社会工作（社区工作）理论和实践的目标没有实现。

近邻在京旺的十年，或者加上之前在康营家园的四年，十四年的农转居社区实践，从"服务凝聚人、教育培育人、组织带动社区"的循环过程中，从兴趣小组、公益小组到社区自组织的发展路径，我们清晰地走出了一条如何培育人、发动人进而让社区动起来活起来的社区工作之路。农耕文化撬动了社区，清晰呈现了文化凝聚人心、启动人心的力量！

近邻在夹缝中艰难地求生。没有项目支持，工作人员毫无怨言，坚守防疫一线，努力寻找空间和社区合作。正是靠着深厚的群众基础与社区优秀的传统文化接壤，近邻得到了居委会的认同。2023年，近邻绝处逢生，开辟了一个新的路径，包括学习中央党校张孝德教授等历经十年实验的"三亲教育"，让儿童青少年教育回归亲情感恩教育、亲乡土和亲自然教育，弥补当下儿童青少年家长教育中的缺失；接续老祖宗留给后人的健康生活，启动"绿生活"；社区居民开始"学经典"中的优秀传统文化，并自觉依照经典修身齐家……这些不仅让近邻一直要寻找的本土社区工作方法找到了理论支撑，更是给近邻的工作人员注入能量，在最难、最没有钱的时候，却干劲十足地工作，找到前行的方向和动力。

人心建设，不仅是社区发展的内动力，也是机构发展的内动力。

我们仍然行在路上，筚路蓝缕！这篇文章是对我们十几年社区工作探索的一点总结，很多的东西无法一一呈现，它让我们看到了希望和未来的路……

支持更多人从附近出发，主动营造美好的社区生活

何 嘉[*]

在建筑专业学习时，我曾被灌输一种信念，"好的设计能够带给人幸福的生活"。然而，当我步入职场后，很快就对这种信念产生了怀疑，我的工作是否真的能创造这样的价值？这不仅是我个人的疑虑，也是许多加入大鱼营造的伙伴和参与社区活动的邻里街坊们共同提出的问题。从对个体工作的价值和幸福感的探寻，到如何围绕"附近"和社区中的"人"共同营造美好社区，再到将支持人人共创美好社区作为一份事业，并形成一个有凝聚力的组织，我看到了这个过程中个体行动、大鱼营造伙伴们作为一个组织的行动，以及社区中涌现出的更多年轻人在协作开展行动的过程中形成的紧密关联和相通逻辑。

这两年来，不断有人询问我大鱼营造的成果是否可复制。我认为，每个社区、每个行动者都是独特的，而最有价值的经验是在不断自我反思和迭代的"过程"中获得的。通过这篇行动研究报告，我希望与那些有意愿开展社区营造行动，以及将社区营造作为人生事业的伙伴们分享大鱼营造的行动故事和实践知识。

---

[*] 何嘉，同济大学建筑学、柏林工业大学城市设计学双硕士，职业建筑师，公益设计师，2018年联合成立上海市长宁新华路街道大鱼社区营造发展中心，致力于进行全过程参与式的社区营造。

一　从建筑师到社区营造行动者

（一）离开家乡，成为一名沪漂建筑师

1983年，我出生在北方的海边城市大连，从小在外公外婆家长大，外公外婆都是军人，父母辈是学者，我在长辈们的"权威"下长大。因为家长的鞭策，我被归类为"学霸"，但随着年龄增长，我也逐渐滋长出叛逆、抵抗权威的一些因子。

2002年我来到上海，在同济大学学习建筑学。读本科的时候，我将建筑设计视作一个艺术创造活动，对社区的认识则很浅薄。

在研究生阶段，我去柏林学习城市设计，柏林有一种"又丧又酷"的气质。因为历史悠久，柏林凸显出文化多元的魅力。教城市设计的老师让我们思考空间活力的成因，以及空间背后的机制——这些城市活力空间应该被保护吗？谁拥有改变城市的权利？在假期，我穷游了欧洲几十个不同的城市、小镇、乡村、部落，我发现最打动我的，不是建筑之美，而是看见了多样性，不同地方的人与地方形成了和谐的关系。

毕业后，我进入了全国排名第一的设计院。

当时还是毛头小子的我，在一次地产业的沙龙会上，听一群大佬在感慨2000~2010年的振奋亢进，取得了令世界惊叹的城市建设成果。在提问环节，我本能且"大逆不道"地问大咖们，"大家都在'庆功'，但谁在为95%的人做设计"？我们这些建筑师说起来很体面，但其实做的项目跟"生活"、跟普通人距离很远。任何一个有批判精神的建筑师，都不会无视辉煌背后大多数人的生存空间问题。

那时，上海的房价已经开始疯涨。"结婚买房"成为年轻人不断拼命工作的动力。房子成为可炒的资源之后，对于生活其中的人而言，原本就没有建立起来的社区，更因为人员的高速流动而快速瓦解。2011年我也成为结婚购房大潮中的年轻人之一，我搬进了上海的历史街区新华路，买下了很小的一室一厅。7年后，我所在的小区成为"大鱼营造"的诞生地。

在那时，作为大设计院的建筑师，我有机会参与了很多建筑师一生梦寐以求的大项目——摩天楼、大型的城市整体开发、豪华的宾馆，但我没有十

分喜悦,我难以把工作和我自己对城市的感受建立连接,甚至感到制造了新的问题,建筑师不再是"我此生最想做的"职业。

(二)从关注设计能为人做什么到关注人本身

2015年,机缘巧合我加入了云南马坪关乡村建设计划,认识了黄印武、吴楠和王静等社区营造领域的先行者。当时我们在村子里建一座工作站,因为没有什么大型机械,建造都要遵循当地的手工技艺。当木工把结构木料加工好,关键的一步是把房子用人力竖起来,这时就离不开全村人的力量。选个良辰吉日,全村40户人家,每家来一个男丁,一起借助绳索和支架合力把房子竖起来了。那一瞬间,我深感震撼。我看到了一种人与建筑,但更重要的是人与人的强链接。后来我学习到这种人们能从互惠互利的社会关系网络中获得的资源叫作社会资本。我也从中看到了社区的意义。

之后我回到上海,主动进到老旧社区,报名参与"仁人家园"公益改造项目,做特困家庭住房改造的志愿者,试图用3万元改造五口之家的20平方米住房。那栋老房子外200米,就是人流熙攘的外滩。

在大上海,我看到城市高速发展中社会发展的巨大不平衡和这其中人与人之间的利益拉扯。同时我还看到老旧小区的现状——一方面是公共空间几十年来被侵占,另一方面是政府希望推动福祉性的改造,但由于缺乏积极有效的参与,虽然投入了不少资金,公共利益和共同资产却无法被创造出来。

2016年,我有幸认识了一批与我志同道合的同龄伙伴,其中最重要的一位也就是现在大鱼的联合创始人金静。她是一个有着无穷能量的上海女生。金静出生在老城厢,当看到自己出生的老城厢动迁时,她感到无能为力,于是前往日本学习社区营造。在日本,她发起了一次社区营造游学,恰巧刚刚从乡村回来的我,对社区营造充满了进一步探索的想法。我加入了游学团,看到小山村、历史老街、老旧居住区里,各种不同类型的社区,都由在地的人用不同的方式连接在一起,用很有创意的形式营造属于他们的生活福祉。

那次游学不仅让我对社区营造有了更多的思考,也完成了一群年轻人的连接。我与金静以及其他同行的伙伴成为亲密的朋友。在2017年,我认识了另外两位后来成为合伙人的伙伴尤扬和武欣。当时,我们几位对社区营造感兴趣的朋友在上海的愚园路组成了一个青年社团,名为"大愚小余"。愚园路是一条很长的街道,而我们这群年轻人就像其中的一小部分。我们运用视觉化和参与式的方法，邀请街区内的年轻人一起探讨文化魅力、个体与街区的联系以及潜在的发展方向。

在其中的一次工作坊上，我了解到武欣也住在我所在的新华路社区，当时她正致力于改变她家楼下的一条小马路。她组织了街区邻居和小店店主一起进行"Mapping"工作坊，这是一种基于社区地图的参与式共创方法。能够认识一个在我社区里"搞事情"的邻居，让我感到非常兴奋。

当我回顾大鱼成立以及与几位联合创始人相识的过程时，真的感到很奇妙。我们都对城市快速发展所带来的负面影响进行了反思，也在思考自己的专业除了服务于甲方之外，还能为更多人创造什么样的价值。或许，那些不断行动的人，能够自然而然地遇到志同道合的伙伴。

2017年，我成立了自己的设计事务所——栖社。这个名字来源于海德格尔的一句著名引述"诗意的栖居"。我的理念是，社区也应该是一个可以"栖息"的地方，能够保护人的本真。因此，我希望以设计事务所的名义探索"参与式"的设计方法。

我的第一个项目是改造一个陈旧的睦邻中心。我提出了与睦邻中心使用者一起进行参与式设计的想法，这个想法立刻得到了街道的响应，因为这正是他们所期望的。同时，我开始有意识地与我自己所居住的新华路社区建立联系，去居委会自报家门，开始在自己所在的社区做志愿设计。

然而，我逐渐意识到，在一个社区或一座建筑的生命周期中，规划师或建筑师能够对其产生影响的实际上只是几个瞬间。尽管这些瞬间的影响巨大，但未必是决定性的。因此，我更加积极地与人建立联系，因为能够持续对社区产生积极作用的，是社区成员自身及其构建的人际关系网络。

大鱼营造成立于2018年，这是一个关键时刻。尤扬通过媒体，将"城事设计节"引入了新华路社区。我们达成共识，社区环境的改变需要深入地行动，同时也需要集结更多资源来持续推动。因此，"新华·城事设计节"被策划为一个让设计师和社区营造者共同参与的实验。尤扬与上海万科在新华路街道的上生·新所园区项目建立合作，获得了资金支持，用于支持一系列实验性的微改造。我们从当时普遍关注的社区更新议题中选取了七个，找到了七个真实的改造点位，并举办了一系列公众参与活动。随后，我们以"城市更新×社区营造"为主题举办了一次大型论坛。我们热情地联系了认识的行业先行者们，也惊喜地获得了他们的支持。第一次的发声就非常响亮。

城事设计节结束后，我们又自发地延续了一些围绕改造点位的社区营造活动。意外的是，这些行动引起了媒体和更多政府部门的关注。大鱼营造这个由五位伙伴联合成立的社会组织，开始迅速产生社会影响力。于是，我决定搁置我自己的事务所，全身心投入大鱼营造的运营中。

（三）持续回应城市更新×社区营造的交叉议题

大鱼营造的成立和发展既源于我和伙伴们对社区营造的自发探索，也受到时代变迁的影响。

回顾 2016 年，当我从设计院离职时，上海率先宣布进入了"存量时代"。政策、资金和人力开始纷纷涌入社区。党的十九届四中全会提出了"建设人人有责、人人尽责、人人享有的社会治理共同体"。与硬件治理相比，"软治理"也开始受到广泛关注。然而，在复杂的利益面前，似乎没有现成的解决方案来应对社区的系统性难题。社会关系的碎片化和信任缺失，以及信息不对等的现状，使得作为社区核心主体的居民很容易陷入"集体行动的困境"或"公地悲剧"。这种现象屡见不鲜，要么仅从个人利益出发无法达成公共利益的共识，要么对政府的福利性改造产生持续依赖，甚至因既得利益的改变而引发激烈的矛盾。

我在接到一些社区改造的委托时，时常感到社区营造在延续我作为职业建筑师时"快速造城"的节奏，政府会投入大量资金用于社区更新，得到的评价却是"好事不叫好"——花了大价钱，居民却觉得与自己无关。改造止步于"面子"深入不了"里子"，生产出了新的空间，但无力运营，有时会产生"网红遭遇现实"的违和感。

如上海投入老旧社区改造的"美丽家园"计划，资金预算高达 550 元每平方米，有的区会再按照社区自选项目叠加 100 元，达到 650 元每平方米，如果以户均 50 平方米，3000 户的大型社区来计算，总资金预算接近一亿元。如果这笔资金无法带来社区居民获得感、认同感的提升，那这样的改造就会是巨额的公共资源浪费。

我认为这里有几个关键问题。

主体，谁是城市更新参与的主体？居民的获得感从何而来？市民是否能够有机会、有组织、有能力参与到社区更新的过程中来？

计划，是否有一个前期、中期、远期的计划？这些计划如何与居民共享信息？这些计划如何得以延续？居民如何持续参与其中？

专业性，设计师如何在地化？设计师有没有可能既融合居民当下的深层需求，同时引导居民面向未来？达成这样的目标需要怎样的跨专业协作？

机制，有无保证多方参与的有效机制，是否有激发居民主体参与长效运营与维护的机制？

解决之道就在于相关利益方尤其是社区居民的全过程参与，于是，就有了大鱼营造的一系列支持社区成员作为主体的行动。

二 从"为社区做设计"到"由社区共同创造"

从创办至今，大鱼营造的业务发展大致可以分为三个阶段，回应三个不同的议题。一是我们怎样做好社区规划/更新的工作，使社区工作真正为多数人的利益服务。二是我们怎样能够通过系统的社区营造，实现创新社区治理的目标。三是怎样构建一个支持系统，让社区的内生动力与社会创新行动持续涌现。

（一）将参与作为空间生产的方法——参与式规划与设计

大鱼营造最早探索的业务领域就是"参与式规划与设计"。这一切入点来自大鱼营造几位联合创始人共同关注的课题——城市建设中的市民主体性和设计的社会价值。我们关心如何为多数人进行设计，以及如何与多方角色共同参与设计过程。

在参与式规划/设计中，社区的各利益相关方需要在前期充分介入。这个过程包括认识社区、建立关系，进行初步调研、发掘资源、梳理需求、定义课题，将共识转译为共同提案，进行设计公示、验证试验，最终实施施工并孵化运营。在每个环节中，我们都与社区相关方共享信息，邀请他们参与，逐渐形成互信协作的共同主体，完成全过程的设计工作。

从硬件角度来看，参与式设计是一种空间生产的方法。从软件角度来看，公众参与将服务、治理和空间载体打造的过程融为一体。在组织层面上，改造是激发居民参与公共事务的绝佳契机。作为社会组织，我们通过数次参与式的活动为社区破冰和建立连接，让关系社区公共利益的居民浮现。此外，我们还联合了街道中的自治办、管理办、服务办等不同部门，乃至相

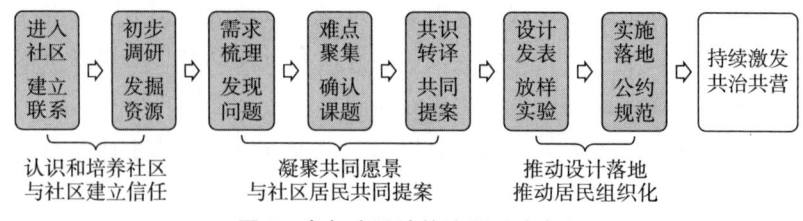

进入社区建立联系 → 初步调研发掘资源 → 需求梳理发现问题 → 难点聚集确认课题 → 共识转译共同提案 → 设计发表放样实验 → 实施落地公约规范 → 持续激发共治共营

认识和培养社区　　　　　凝聚共同愿景　　　　推动设计落地
与社区建立信任　　　　与社区居民共同提案　　推动居民组织化

图 1　参与式设计的流程（大鱼）

关企业和高校，汇集资源形成多方合作关系。

通过参与式设计我们往往能够攻克很复杂的治理难题。然而，在参与式规划/设计的过程中，设计师的任务并不仅仅是提出一个打动政府（甲方）或居民（使用者）的创意方案。相反，我们设计的是一个过程，在这个过程中让各方相互倾听、理解，共同做出合意的提案，再将这些提案转译成空间设计方案。因此，参与式设计的过程更长、更复杂，要求社区能够叠加资源，从改造和治理的不同角度筹集资源，并有决心以相对长期、渐进的周期和节奏推进工作。此外，我们还面临一些疑问，其中最突出的是"居民是否有能力、有意愿参与"以及"居民的参与是否能够对设计产生决策作用"。

用更直白的话说，参与真的有效吗？参与之后呢？

2018 年"城事设计节"第一批改造的项目，后续效果各有不同。例如，669 弄小区门卫改造成的睦邻微空间成了社区交往和融合的有温度的公共空间。然而，也有令人惋惜的情况，比如一条产权、管理张力突出的背街小巷——番禺路 222 弄的改造。我们通过参与式设计将杂乱破败的道路改造成了一条儿童友好的慢行步道。为了让人们爱护和共享这片空间，我们在这条小巷里举办了第一届"新美·华好社区节"。我们的联合创始人武欣，也是这条小巷的居民，她在社区节上举起一块标语"改造虽已完成，营造才刚刚开始"。然而，由于治理机制没有跟上，小巷在改造完成 6 个月后又开始陷入管理混乱，遇到了维护不善、私人经营活动侵占公共空间的问题，很多起初缓和的张力又逐渐回来了。

在空间改造类的项目中，总是存在一个必要的完成周期，而且往往需要外部投入。而对于社区在地，从"别人提供的可免费占用的资源"到"大家共同的空间"，这种认同感的建立需要时间的积累，以达到良序的形成。社区更新仅仅是社区发展过程中的一环。一旦设计履约完成，就很难继续参与后续的运营。但与此同时，我们从社区参与的过程中不断发现新的机会点，每个参与式推进的项目都会涌现出一批愿意持续参与社区营造的积极行动者。在改造结束后，这些行动者仍有动力想要进一步参与，并期待进一步的计划，这是自组织化的机会。

因此，我们认为，空间的营造只是手段，真正的目的是围绕人的共同体社群进行营造。

（二）从项目化到系统化的社区营造

在社区营造工作中，持续深耕的需求与项目短期碎片化的现实之间存在一定的矛盾。许多问题往往是在硬件改造之后才被发现的，而且，新的公共空间也伴随着新的资源连接和机遇。这意味着"变化永远不会停止"。随着问题与机遇的不断积累，从碎片到共性，从个例到系统，持续渐进深耕，将不断促进社区议题的深入、资源的整合以及治理效能的提升。

因此，大鱼营造在承接业务之余，不断翻译和介绍世界各地的系统性社区营造案例，并主动剖析和分享我们在实践过程中遇到的困扰，以此进行倡导。令人欣慰的是，随着国家层面提出"人民城市"等重大理念，大鱼营造越来越顺利地通过主动提案与社区建立了长期合作。多数项目我们在前期策划阶段就设定了三年的目标，从愿景设立、载体打造到持续运营和赋能自组织成长不断推进。在这个过程中，大鱼营造逐渐成为陪伴社区发展的全过程在地化协动主体，助力社区持续积累社会资本。

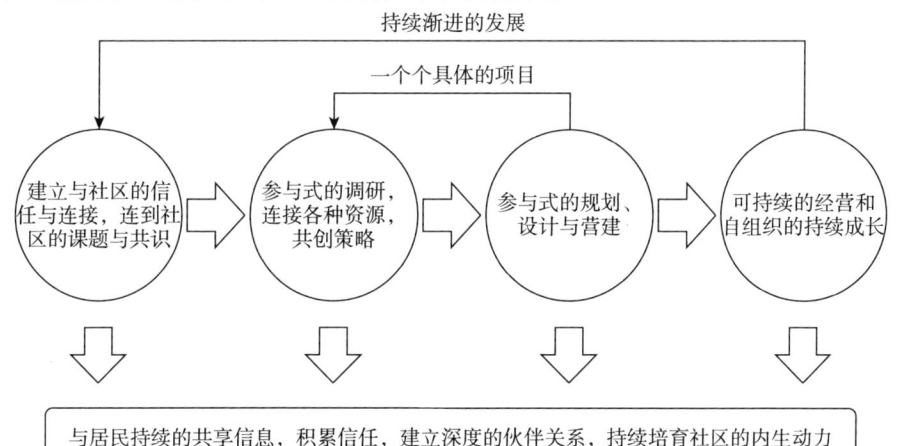

图 2　项目的小闭环与营造的大闭环

在长宁区仙霞路街道的虹仙小区参与式规划项目中，我们与街道一开始达成了共识，要将工作分为三年四个模块推进，包括系统性的社区规划、由社区各相关方联席组成专项小组推进更新、打造节点公共空间，以及业主自治的持续赋能项目，被设定为一个软硬结合、系统性推进的过程。

我们与社区居民达成了共识，适当牺牲利用率较低的宅间绿地，用于增设停车位和预留加装电梯的空间。作为置换，将公共区域部分车位和零散绿化地整合为高品质的公共空间供长者和儿童使用。

在虹仙社区完成参与式的社区规划后，我们发现了新的机会点。社区中有一处1100平方米的人防地下室。我们继续针对这个地下室提出方案，并将其纳入第二年的计划。这个地下室如今发展成了"闲下来合作社"，一部分面向社区提供共享空间，另一部分支持青年群体的创新创业。通过自我运营，以在地居民为主的运营团队已经独立注册为社会组织和运营公司，在政府项目采购结束三年后，社区仍不断开展着丰富的社区营造活动，成为上海社区治理创新的一个标志性项目。

用系统的方法开展社区营造项目收获了很好的反馈，同时，也浮现出更深一层的课题。

社区营造的价值体现在多元+长效的价值链条上，关键是可持续的课题。从项目资金保障来看，当前社区营造的开展往往以政府项目化采购社会组织服务为主，纵使在目标上总体契合，但受周期目标与支持方向的限制，政府采购只能支持社区营造的部分内容，且总有政府资金撤出的时刻。大鱼曾经有过很有影响力的项目，疫情发生后，项目中断，采购停止，还没有实现可持续发展的社区自组织活动随之归于沉寂。

从根本的人的赋能角度来看，社区营造的持续深耕会逐渐触达社区发展更深的议题，支持社区行动者更深度地参与社区并在其中实现自我价值。大鱼营造需要从社区服务者的角色逐渐退居幕后，转向支持者角色，同时需要搭建一个"可持续的社区营造支持系统"。

（三）打造支持人人共创美好社区的枢纽——社区营造中心

2021年，大鱼营造在新华路深耕进入第四年。我们越来越意识到，团队的角色需要从专业服务者逐渐转变为可持续营造行动的支持者。我们需要从依赖政府采购的项目化模式，转向依托社区多元主体、多途径筹款的模式。

在这一年，我们遇到了打造新型空间枢纽的机遇。新华路街区有一条衰败多年的小弄堂，名为345弄。它位于新华路的中心位置，内有五栋小楼，是20世纪90年代在产业园区临时建造的房屋，已超期使用。由于权责不清、矛盾重重，它一度成为新华路街区治理的难题，几乎要被拆除。

然而，近年来的政策支持将社区遗留资产活用，用于社区公共服务。因此，2021年，新华路街道与无证房屋所属企业达成共识，必须形成一个政府、房屋所属企业和社会组织联合的合作框架，以公益为出发点，提升公共服务水平，并实现良性运营。我们非常看重这个在"缺陷中蕴藏着的机会"，并将其视作孵化大鱼营造更完整核心产品的契机，弥补政府采购现金流不足、社区自主运营造血的契机，它还将成为大鱼营造研发测试创新场景的实验室。

由街道搭台，大鱼营造与房屋所属企业签订了三方协议。我们主动承担了筹款和运营的责任，并选择了4号楼成立上海第一个综合性的社区营造中心。"新华·社区营造中心"被定义为激发本地居民交流、协作、参与社区共治的"美好生活共创平台"。同时，它也作为培育全国社区营造人才、助力青年社会创新的共学场、实践场和展示场。

虽然"缺陷中蕴藏着机会"，但"所有的机会背后都有风险与筹码"。原本计划345弄能够突破一定的社会化运营边界，吸纳一部分市场投资，但因为房屋属性、历史张力及疫情，新华·社区营造中心的筹款与合作停滞，重启后外部环境与方向发生了重大变化，我们不得不咬牙扛住现金流短缺与项目推进的双重压力。作为大鱼2022年的一号项目，我们的策略从多方合作筹资转为边建设、边筹款、边开放、边运营。我们在上海疫情解封后的2022年7月举办"社区开放日"活动，2022年9月，社区营造中心在有部分改造未完成的状态下如期开放，社区伙伴们的支持让正式开放这天成为我全年的高光时刻。

作为大鱼自筹款、自运营的核心产品，新华·社区营造中心是将地方生态系统、参与式规划枢纽、地方共学系统和可持续资金池融为一体的社区公共空间新物种。社造中心运营的第一年，连接到60多个社区自组织、外部伙伴团队，支持了300余场活动，支持了10余个社区社会创新行动，并实现了收支平衡。

新华·社区营造中心展现了社区营造在疫情后强大的复苏韧性和力量，

获评"上海基层社会治理创新十佳案例""中国城市更新论坛韧性社区板块十佳案例",获得社造学园奖最佳空间奖、长三角百家最美公共文化空间等殊荣。这些荣誉提升了大鱼营造的影响力。

随着社区营造核心产品及培力体系的形成,大鱼营造正在从服务型机构向赋能型机构转型,并在研究以"支持型的空间网络赋能行动者的社群网络"的可能性。

为什么要从服务型机构向赋能型机构转型呢?

我们看到许多"应然"与"实然"的差距。在大鱼营造成立的最初三年,我们的影响力来自跨专业创变力带来的服务"降维"输出。然而,社区营造在广度与深度延伸上,很快遇到更深层次的问题。尽管城市发展理念强调以人为核心,但从效率的角度看,基层政府的工作仍然容易聚焦景观美化式的社区改造项目。公众参与容易流于一种表面"景观",多元主体并未真正有效协同。这导致了一些显而易见的弊端,包括对于参与有效性的质疑、参与人员的代表性不足、可持续性乏力,以及居民对于政府供给的持续依赖。

新华·社区营造中心迈出了大胆的一步,希望打造一个不依赖政府采购、自主良性运营的支持性枢纽;将不容易预设量化的指标和试错的成本都通过自主运营的模式来完成和承担。这需要我们深挖掘社区成员愿意共同行动的真实动力,并形成有共鸣的叙事逻辑、业务逻辑和成本共担、价值共享的模式。这是大鱼必须生长出的新能力。

回到社区的需求,"人"在现代化的城市为什么还需要社区?——从现代化城市的角度看,个体愈发期待城市不再冰冷而是承载着温暖与公平的机遇;青年人希望跳出内卷,被城市、系统接纳,保护本真;父母们希望后代的成长环境是包容性的社会环境,并愿意为此而凝聚成社群……在开放的、互联的城市中,每个个体都需要找到对美好生活的定义,"每个人都是生活的设计师"。因此社区营造最本质的任务是构建支持系统。

作为社区支持系统的枢纽节点,社造中心承载着一个重要的支持型项目——"一平米行动"。这个项目倡导"人人都可以为社区的每一平米带来积极的改变"。社区行动者是项目的全过程主导者,从议题探讨、课题定义,到组队协作、写出提案,再到匹配资金和实际行动的落地,大鱼营造起到的作用是组织引导和资源协动。每一年,社区成员会从共创 100 个关于"点亮

支持更多人从附近出发，主动营造美好的社区生活

社区一平米"的点子中，形成30多组深化提案，并票选出10组可落地的方案，如孩子的玩具交换屋、自由游戏场、残疾人友好的无障碍地图、跨代际交流的"积极老去"小组等，社区营造中心3年已累计支持了30多组方案。这些由市民主导的"生活项目"让新华的社区营造激发并触达了更广泛的议题与人群。

从成果来看，新华·社区营造中心是成功的，它为大鱼营造打开了新的局面，我们将大鱼营造下一阶段的战略浓缩为一句话"以支持型的空间网络赋能行动者的社群网络"，并清晰地推导出大鱼营造的主线业务是"空间产品"+"赋能产品"+"行动者社群"三大部分。

但回顾行动本身，社造中心的创建过程非常坎坷，我们不仅遭遇了新冠疫情带来的现金流冲击，还低估了与利益相关方沟通达成共识的成本。在商业、法制（房屋权属张力）和公益之间寻找共益机制时，相关方对各自利益的主张与张力也成为挑战。有好几个时刻，我都被置于矛盾和冲突的中心，这也导致了大鱼营造接下来一年多的负债问题，对团队信心造成了冲击。

我真正感受到了创新与创业的压力，更意识到面对逆境与瓶颈，必须咬牙坚持，一定要推动大鱼迈向下一个更加自主可持续的阶段。2023年，我们意识到，团队发展超过业务发展成为大鱼营造首先要面对的课题。

三 像营造社区一样营造组织——大鱼营造的组织进化

大鱼营造发展的这几年伴随着压力、坚持和求变。这个新物种成立不久就吸引了大量关注，甚至被冠以"公益领域的网红"称号。然而，我至今仍有一种大鱼还在初创期，还没有找到成熟的模式，需要持续探索、持续创业的感觉。

如果说大鱼营造在初创阶段以设计跨界社区营造是将已有能力转换应用，那将"支持'人人'共创美好社区"确定为使命时，组织才正式成型。大鱼营造的十几位伙伴一同成长，每人都积极对外发声。不知不觉中，大鱼营造成为一面有号召力的旗帜。

随着社会影响力的提高，我们希望更广泛、更深度地回应社会议题。然而，我们发现了大鱼营造在组织发展上的核心问题。一方面团队追求"青色组织"和自主协作，一方面在应对复杂业务模式的挑战时，曾经引以为荣的

跨专业团队有时难以达成共识。在类似疫情暴发这样的危机中，我们重视解决外部问题，却搁置了组织各项机制建设和能力建设，导致2022年越来越多的组织治理问题浮现。

2023年初，我认识到对于一个使命驱动、致力于社会创新的组织来说，外部挑战是我们需要直面的，而团队，以及伙伴个人如何不断成长才是关键的挑战。于是，2023年一整年，在恒星伙伴计划与银杏伙伴成长计划[①]的资助和支持下，我们投入了大量精力到"组织进化"行动中，包括形成组织进化推进小组，参与第三方支持的赋能学习计划；改革会议机制；深化协作流程；鼓励伙伴主动发起行动；支持"大鱼小学"共学品牌；推动理事会改革等，并投入资金和团队在一起，通过团建、工作坊、治理会议，一起回顾过往，谋划将来。

（一）对团队跨专业构成的思考

大鱼营造的5位创始人以扁平化的合作为起点。我们分别具有媒体、建筑、社区规划、社区营造研究和空间创新运营等背景，原本各自经营着自己的事务所或事业，出于理想，汇聚在一起。

2023年，大鱼营造的团队成员增长到超过15人，几乎每位伙伴都拥有自己的专业背景。社区营造需要多专业的协同配合，涉及硬件层面（如空间、环境、道具）、软件层面（如服务、活动、传播），以及更重要的组织层面（如治理、社群、赋能）。只有通过跨专业的集体智慧，才能产出系统化的策略。传统的组织架构可能需要成立多个专业部门，否则就得放弃"全面开花"，专精一个领域。但在社区中，我们的团队既要有系统性，又能深耕，跨专业融合、每人扮演多个角色成为必然。

在一群斜杠青年中，上下级的管理关系很难发挥作用。"扁平化"对团队成立前三年的内部氛围形成产生了积极的影响，团队形成了浓厚的互相支持、关心和学习的氛围。然而，另一方面，由于需要协商和讨论的环节较多，执行力和决策力容易不够。

[①] 银杏伙伴成长计划（简称"银杏计划"）由南都基金会于2010年发起并执行，是一项投资于人的长期性公益项目，致力于资助青年"社会创业家"，帮助他们突破个人成长和事业发展的瓶颈，成为解决急迫社会问题的重要贡献者。

（二）探索自主管理——尝试青色组织转型

2019 年底我接触到"组织进化"的概念，学习了《重塑组织》这本书。

用《重塑组织》这本书中的描述，我们一开始是一个"青色"的组织，它就像一个家庭，平等、协商、友爱。但短板也很明显，比如管理松散、效率不高。

青色组织是一种让我茅塞顿开的新型管理结构。其运行的前提，是将团队视为有机生命体；因此，每个组织的成员不是机器，也不是"巨婴"，而是在清晰规则下，结成灵活的同伴关系，工作通过自主管理的流程完成。

在青色组织中，没有中层管理层，伙伴也不再向某个主管报告，而是由所属的"圈"的伙伴彼此负责，以实现自组织。《重塑组织》中有一个观点，"控制型老板的缺席往往能够生成一个更可控的组织"。

我希望团队成为敏捷自主的"青色组织"。我曾经举办过多次全体参与的青色组织学习会。2019 年，大鱼团队成员有 10 人左右，经手 3 个大项目，青色组织的理念让团队有了非常好的化学反应。我们一起开"合弄制"会议，既有关于战略的，也有关于战术的，还有关于治理的。每个会议都算得上高效。

2020 年我们应对疫情，发起了招募志愿者线上协作共创、为疫情中的社区设计互助工具包的社区防疫网络"CAN 计划"。这次实践让大鱼内部组织进化达到了一个高峰。

但青色组织并非万能良药，比如 2021 年，面对项目工作压力增加、任务扩容，我们因为焦虑后疫情时期的组织生存，就将精力都放到了繁忙的业务中，导致大家无法按照之前的模式和节奏对组织治理进行协作和讨论，会议大多被搁置。这种现象导致了组织进化的停滞。

当业务优先挤压着组织进化时，我开始反思业务与组织之间的关系。在 2022 年之前，大鱼的项目主要来自政府，但政府财政审批规则与拨款周期与社区营造推进的规律和节奏并不一致。参与式的调研和策划通常需要做大量的前期工作，包括预支垫资，还可能包含无法纳入预算的研发与试错投入，这些都导致项目不确定性的增加。即使签订合同后，在项目运作过程中仍然充满了再正常不过的变数，为此投入社群运营所需的人力成本很难量化。而不论是大项目还是小项目，与人持续接触以积累社会资本的工作都不能忽视，可社会资本往往在项目的第二、第三年才开始发挥互惠互利的增益作用，这部分"培土"的成本也很难被项目充分支持。

这些问题导致了项目管理的复杂性增加，隐性成本上升。总之，社区营造的长期价值链与短期项目目标之间会存在不一致。

怎样在业务增长、能力增长、组织进化和知行合一之间平衡？我看到了我个人能力的缺失。有时我会用《重塑组织》的那句"控制型老板的缺席往往能够生成一个更可控的组织"来安慰和原谅自己。但领导力的不足，会使团队得不到足够的支持，给组织发展带来严重后果。

（三）坚持以人为核心 —— 大鱼营造成长期的组织建设

在推进业务发展和组织发展的过程中，我们需要更高度的"人、事合一"，就像社区营造中"做项目"和"支持人"需要紧密结合一样。然而，我对当下整体社区营造行业的感受如下。

一是行业模式与标准仍不清晰。在政府、市场和社会等不同视角下社区营造的业务模式仍在探索中。尽管社区营造的价值共识已达成，但仍未完全转化为知识，标准也尚不明确。

二是社会资本的积累重要但缺少支持。社区营造产出的最大价值和最大成本都在于积累社会资本。它使得社区中人与人之间的共益关系网络得以建立。然而，这部分工作并没有稳定的保障机制。

三是在地社区发展组织的难产。社区营造产出的社会资本只有积累在在地居民身上才更具意义。每个社区都需要一个由在地成员组成的社区发展组织。然而，实际情况是，碎片化的短期项目很难起到孵化作用。

四是综合专业团队的挑战。由于社区的差异性和发展的动态性，即使我们的业务尽可能模块化、产品化和系统化，也无法为所有居民提供服务。依靠团队自身的组织成长和知识生产远远不能满足增长的社会需求。

总体而言，我认为，社区营造行业首要矛盾在于社区建设需求的爆发与整个社区营造领域综合人才数量和能力之间的不足。这或许是大鱼营造在2022年虽然机构影响力上升，但生存能力脆弱、团队疲惫、凝聚力下降的原因。

我们还忽视了一个事实，在初创阶段，大鱼的扁平基因是优势，尚不需要很清晰的组织管理。而当大鱼营造发展的契机出现多条路径和可能的方向时，大鱼营造的价值观共识和组织机制，如决策机制、协作机制、员工发展的支持机制等方面模糊不清的问题已经开始明显制约机构发展。

比较突出的分歧包括以下情况：

"当能力不足，交付期工作量较大时，青色组织倡导的自主是不是对于年轻伙伴而言是一种不负责任？"

"不接更多的项目怎么会有余额来扩大团队？做得越多会不会死得越快？"

"不是很符合大鱼使命但比较短平快的项目应不应该接？"

2022年，上海疫情与新华·社区营造中心的建设挑战放大了以上问题与短板，让大鱼营造提前从上升期进入成长的瓶颈期，我开始向外求援。

2023年1月，恒星伙伴计划项目组李大君统筹协调了恒星导师卢迎迎老师团队和诸昳老师，一道参与支持大鱼的组织进化。在这次工作坊上，大鱼理事会成员间的关系、情绪和对于一些工作责权的争议与冲突被放到桌面上来谈。虽然这次工作坊因为共识达成缓慢而没有走完全过程，但理事会成员间面对问题、彼此对话的进度和坦诚度被推进和提高了。

我们意识到组织建设是大鱼2023年甚至更长时间的首要任务。工作坊后，我们加强了团队同频和组织建设。同时，这次工作坊让我看到了更紧密的、在危机时刻为组织的命运挺身而出的伙伴。金静、浦睿洁和我组成了执行理事小组。同时我们也决定更加开放治理结构，更多的决策交由一线伙伴直接负责。此后，银杏伙伴计划的组织专家资源也介入大鱼营造的组织进化中。

2024年初，我们推动了理事会换届，通过更进一步的组织进化工作坊，共学组织的目标管理（OKR）工作方法。和伙伴们共同商议当下组织面对的议题，明确共同目标，组织的产品研发、自主管理、品牌传播由不同的伙伴分别认领。比如大鱼营造的每一位伙伴都轮流组织例会，练习引导工作坊；每一位伙伴都可以在"大鱼小学"上分享他们从专业角度对于大鱼在开展事业上的洞察；越来越多的伙伴开始将自己关注的社会议题与大鱼开展的社区营造项目相结合，形成了他们自己的生活项目。

而我也从组织进化的阶段性成果中感受到幸运与鼓舞。当我们像营造社区一样营造组织，关注组织中的人的时候，组织也会积极生长。组织有了自己的同频、共学、治理迭代的节奏，年轻伙伴的角色和成长路径也逐渐清晰。在这个过程中，我个人也从一个积极的行动者向组织的支持者转变。这是此刻我感受到幸运与重新充满动力的来源。

四 面向未来不确定性的持续行动

当下是2024年初始，距离我加入"恒星伙伴计划"之初起笔写这篇行动研究报告已经过去三年多。这几年，外部的社会环境已经产生了复杂的变化，且似乎越来越有挑战。我们总是被问几个问题：

"我们是否能合作，请你们来营造我们的项目？"

"我们想要投身做社区营造的事情，能否向你们取经？"

"我们是否能战略合作？我们需要你们的内容也可以帮你们提升规模。"

按照常理，这是大鱼拓展业务甚至孵化新的分部的好机会。但从过往经验来看，绝不是拓展得越快越好。

社区营造的内核是做人的支持性工作，同时又需要非常与时俱进地回应社区的系统性、复杂性状态，根据真实的人与社区的内在动力来找到共益、共好、一起行动的策略。这样的社区营造才是可持续的。

本文反复提到的，系统性与项目化的路径怎么选择？是应该持续深耕+全面涉猎，还是产品复制+细分专精？

这组困扰可以类比社区营造构建的"关系性的附近"和"专业性的附近"。专业性和关系性谁先谁后？我们应该先打造载体、提供服务再构建关系、培养能力，还是反过来先构建附近的关系，再通过新关系来共同打造社区？

经过本文的行动检视，这组困扰仍没有答案。从大鱼营造的价值观出发，会倾向于选择"系统性"。但从个体发展和希望更符合市场规律的角度，我们还是需要寻找更可复制且更自主可持续运营的方法。

当下我认为，二者都需要去发展。经历了2022年的现金流危机和2023年大鱼营造的组织建设后，大鱼和我都获得了更多的韧性，我和伙伴们都对大鱼营造和行业趋势有了更深入的洞察和笃定的心态。

在2021年落笔本文的第一稿时，我曾写道，大鱼营造的核心能力是"创变力"，因为团队的跨专业基因和设计思维能力，以及培育中的自组织能力，我们无惧于面对社区乃至社会各种复杂课题的挑战。与此同时，我认为大鱼营造作为社区营造团队有很好的协调力、连接力、研究力，还有一个力叫做"可爱力"，是一种用柔软和亲和与人互动的能力，是"示弱"的能力。

探索社会创新的青年，需要直面比一般商业活动更复杂的利益相关方与价值平衡，这要求他们具有很强的能力以及被支持试错的成本。大鱼营造是有能力的，也是非常幸运的。出于对伙伴个体、团队，乃至整个社区营造行业的关注，我认识到，大鱼营造自身业务模式的持续打磨、自身组织架构的持续迭代需要继续同步开展，并形成"将组织与行动整合创新"的能力。

在团队更具体的行动上，大鱼营造要从以下几方面发力。

第一，直面外部环境挑战，找到更综合的、为多方产生价值的、有针对性的研发产品。

第二，找到与社区成员共益的自主可持续运营之道，让更多的参与者能找到适合他们的参与方式。

第三，在对内持续组织进化的同时，支持更多的组织外的社区行动者和社会主体力量共同学习、联合行动。

换一种路径做品牌

——质兰基金会品牌塑造的路径思考与探索

陈 楠[*]

深圳市质兰公益基金会（英文名：Zhilan Foundation，以下简称"质兰基金会"）成立于2018年，是经深圳市民政局批准成立的非公募基金会。质兰聚焦明星物种以外的濒危物种的保护，希望为真正的行动者提供所需的资助。

质兰基金会是一家纯资助型基金会[①]，主要通过为一线研究者与实践者提供小额、灵活、长期的项目资金支持并陪伴成长，来推动中国的生物多样性保护，促进在地社区的可持续发展。我们的愿景是人与其他生命，都能平等共享地球及美好生活。

从2018年创建之初至今（2023年末），质兰基金会有2名全职员工，秘书长张颖溢和我。我们链接了几百人的评审专家和顾问，涉及昆虫、鸟类、兽类、鱼类、两爬、草木等不同动植物类群，森林、草原、湖泊、河流、海洋等不同的生态系统，及社区、财务、法务领域，以更好地服务质兰的资助对象。我和秘书长将各自的经验带到了质兰业务的探索中，我的主要职责在于做好质兰的品牌传播工作。经过五年的探索，质兰紧扣诚信、求实、笃行

---

[*] 陈楠，深圳市质兰公益基金会副秘书长。在加入质兰基金会之前，曾在奥美等国际广告与公关公司工作多年，服务过惠普、李宁、英特尔等知名企业。

[①] 按照基金会的资金使用方式进行划分，基金会可以分为运作型和资助型。资助型基金会将筹集到的资金主要用于资助其他组织运作公益项目，而不是自己运作公益项目；运作型基金会则相反。

的价值观，探索出自己独特的品牌塑造路径，期望借此文的梳理，呈现过程中的细节和思考片段，为想要打造机构品牌的同仁们提供参考，也利于质兰在未来品牌塑造的路上对照反思。

一　质兰品牌观的由来

（一）什么是品牌？

对于品牌的定义，不同的品牌专家有不同的答案。

"品牌是一个综合的象征。它是产品的属性、名称、包装、价格、历史、声誉以及广告的总和。消费者会凭着对品牌使用者的印象以及本身的经验来定义品牌。"——奥美公司创始人大卫·奥格威，1955年[1]。

品牌不是一个容易直接理解的概念，举个例子来帮助大家理解，如果直接抛出一件纯白色T恤，让大家猜价格，大多数人会给50元上下的定价；但如果这件T恤是今年最火潮牌的当季新款，大家的定价就会上浮到千元上下；如果这件T恤是某高端奢侈品与某明星的限量定制款，大家对它的定价就又会出现变化。

同一件白T恤，为什么人们有不同的心理预期，这背后，品牌就发挥着关键的作用。

再来一个直观的比喻，品牌就好比我们相亲的"对象"，它一亮相，是运动系的帅哥美女，还是中国风的才子佳人，或是岁月沉淀的中流砥柱，你一定会通过它的穿着谈吐，给出直觉性的判断，而这就是品牌气质的彰显。塑造品牌就是尽可能让别人一眼就能识别出你是谁、你的理念、你的价值观、你的取向。

2010年，我刚到奥美工作时，品牌和公关还是很时髦的词，当时服务的客户也几乎是外资企业，国内企业有较强品牌意识的还在少数，公益圈对此就更为陌生。大家闷头干事，对于自己在别人心中是什么形象，既不敏感，似乎也不觉得重要。

---

[1] 该定义源自大卫·奥格威1955年撰写的 *The Image of the Brand*，大卫·奥格威被誉为现代广告之父。

但公益天然有着倡导和引领的使命，而品牌可以让机构服务的对象、资助方以及大众，清晰地了解公益机构的使命、价值观、所关注的议题、所倡导的理念和做事的基本原则，让人产生信赖，萌发同行的意愿，而这对公益行业至关重要，因为商业有直接的利益和利润诉求，但公益吸引人的地方就在于价值观的自我实现。

（二）定义质兰的品牌

品牌是需要定义、构建并进一步传播的。定义和构建，即明确机构的品牌要素包含哪些内容，符合怎样的规范；而品牌传播，则是把你所定义的这些"骨肉"，通过不同的渠道、手段，展示给他人，否则就相当于空有品牌，但无人知晓。

我虽然学的是理工科，但喜好写作，毕业后入职了半导体杂志社，之后又转战到奥美等国际传播与品牌咨询公司。我一直相信文字的力量，但在以客户为导向的体系中，势必要尽力去宣传客户的产品和理念，而忽略个体的价值观和信念。因为父母年迈，家境一般，我在求学时，曾感受过老师对于家境好的孩子的偏爱；大学毕业求职时，我遇到一家企业，极为关注父母的背景和资源，而不看重面试者的综合能力，这让我更关注弱势群体。我觉得这个世界快速的发展是以牺牲一部分人的利益为代价的，对此，我曾愤愤不平，之后，就以志愿者身份试图去做些正确的问心无愧的事，这也是我做公益的缘起。

在公关工作中，我服务的客户仅一场活动场地费就有几万或几十万。大家在五星级酒店寒暄，聊业务发展，聊无限的增长可能，但对待具体的人时，态度可能是傲慢的、不平等的。都说人生而平等，但在这样的工作中，我感受到了精英们和权力拥有者对相对弱势服务方的轻视。

因此，我从骨子里反感高高在上的精英主义，而将目光更多地转向土地里生长出的力量，更希望普通人能过上好一点的生活，所以到公益圈这个小社会，我就更无法认同不考虑实际解决的社会问题和环境的差异，直接将商业的理念平移到公益圈的职业经理人，以及那些华而不实的造词运动。我希望做事每一步都实实在在，不飘在空中，而这也促成了我和秘书长的双向选择。

在价值观上，我们在关注弱势群体、推动资源公平公正分配、重落地、重实干、直面问题不回避等方面高度一致。记得我们曾就圈内闹得沸沸扬扬的性骚扰事件进行讨论，让我觉得可以与她同行的一点是，我们的态度都是不暧昧不模糊，在权力关系中更注重弱势群体的声音，这个弱势和性别本身没有关系，而是要尽可能基于事实进行判断。这是我高度认可的公益人该有的责任感和处事态度。质兰基金会完成注册后，就建立了各项管理制度。这些制度不是照抄某个样本，其中细则都是结合我们实际需要，和律师讨论后落地的。它们的存在，直接作用于基金会的日常管理。它们是建筑的原料，而不是花园里的装饰物。

还记得我在最初和秘书长讨论质兰项目资助系统设计时，聊到要不要像一些基金会一样，在征集项目建议书时，需要申请人说明项目影响力和传播手段。虽然从传播层面而言，这势必是有利于质兰的，但我们一致认为，这不应该是一个必须具备的条件。如果伙伴真的认可质兰的价值，那其成果中自然会有体现。同时，我们作为资方更需谨慎，让伙伴的成果属于伙伴，而不能因为资助，把别人的故事变成了自己的。这些讨论最后都落实到了项目建议书的框架、系统设计和合同条款中，从而尊重及保障申请人的权益。正是这些透着价值观和行动取向的讨论，让我确定，秘书长是我可以与之同行的人，质兰是可以做事的。

这些隐含的，由具体事件承托的讨论，展现着品牌最核心的气质，再套用比喻，这就是相亲对象的"三观"，而三观决定了外在的呈现。

什么是外在呈现呢？简单说就是你能看到的一切，比如机构名称、Logo、主色调、网站样式、宣传册、公众号配图风格等。

质兰这个名字和出资方的意愿相关，也隐含着"蕙质兰心"的传统文化寓意。自然的，在Logo呈现时，我也想到了兰花。但秘书长说，兰花在自然界让昆虫替其传粉，却并不给任何花蜜作为回馈，而传统文化中的兰草，生于幽谷，不恋繁华，芬芳高洁，符合我们对基金会的想象。加上兰花的花形女性气质重一些，但我们希望传递出的形象是中性的。因此，最终选定了兰草，请设计师依兰草进行设计。

一开始，我就和秘书长强调，我们一定要有个Slogan（品牌口号），这源于之前的经验，比如大多数人都会对"送礼就送脑白金""Just do it"印象深刻，这就是口号的意义。它直接用一句话告诉你"嘿，我就是这样的"。秘书长虽对此不敏感但认同我的专业性，我们就开始思考该用怎样的一句话来做Slogan。

最初设计质兰时，我们很清楚不想做怎样的基金会，比如不做运作型基金会，因为我们想资助一线在实际行动却缺钱的伙伴们，也希望更多的伙伴能因为长期稳定的资助而成长起来。

2013~2018年，我曾深度参与在卧龙开展可持续生计项目的熊猫乡土自然中心[①]的工作。在和机构负责人一同参加某基金会的项目路演时，因为项目周期过长，成效不明显，影响力不显著等问题，在1万~10万的项目资助范畴内，熊猫乡仅争取到2万元的资金支持，这对于一家一线NGO而言是非常微薄的。机构负责人是卧龙当地的年轻人，每次聊到机构发展时，都会听到他对于家庭的愧疚，因为机构的工作放弃了可能赚钱的项目，但同时，机构筹到的资金有限，几乎要全部投入项目实施中。这让他几乎是在挣扎或不断的自我怀疑中继续项目的推进。

当一家在地机构，试图去优化当地村民的生计问题，但机构人员却无法健康、自洽地生活时，很难真正去完成机构的使命、健康发展。最终熊猫乡土自然中心注销，而这也成为我心中的一个遗憾。

秘书长则有着丰富的一线保护实践经验，也参与成立过社会组织。2018年后，中国环境发生变化，一线机构的资金筹措面临极大挑战。她因此想到要成立一家专业的基金会，为一线保护实践者提供稳定、长期的资金支持，这对于保护行业的机构和人才的发展，都极为重要。

我们之所以成立质兰，就是看到了有需要的人，想给这些做事的人支持和力量。所以我们直接确定了"行动者"和"有力量"这两个关键词，随后"让行动者有力量"这个口号应运而生。

它代表着我们的态度，就是要给一线的科研和保护工作者支持，给他们确定感和安全感，让他们能有信心，长期开展保护工作。而这个品牌口号，也赢得了质兰的出资人和理事会的高度认可。他们就是想找到一个专业的团队，能把资金花得有效，能真正给到需要的人。而在后来的业务开展中，我们也不断思考着"什么是行动者"，如何定义"有力量"，这其实就是质兰

---

① 熊猫乡土自然中心（简称"熊猫乡"）致力于推动四川大熊猫栖息地世界遗产地的自然保护和减贫，引导支持社区深度参与和支持保护工作，让这片长江上游重要的蓄水区和生物多样性热点地区的人与自然能够和谐共处。

品牌和传播围绕的主轴,即一切工作的展开都在回答"什么是行动者",如何让他们"有力量"。

我们随后也确定了愿景(人与其他生命,都能平等共享地球及美好生活)、使命(通过绿色扶贫实现可持续发展)与价值观(诚信、求实、笃行)。

诚信:将诚实守信贯穿于整个基金会内部管理、外部资助和对外合作的过程中。

求实:尊重人、自然和社会发展的内在规律,科学地界定问题,实事求是地解决问题。

笃行:实实在在做事,以有力的行动,持之以恒地支持一线研究与实践者。

我提出了"诚信""求实""笃行"的价值观,秘书长也非常喜欢,因为我们对于诚信、求实都有很高的要求,机构或个人在发展过程中可以犯错,但不可以掩饰或回避。谈到笃行,秘书长在我眼里就是实打实的行动派,好像休息时脑子也在思考行动,我虽然谈不上行动派,但对做事效率有很高的要求。"诚信""求实""笃行",是我们对自己的要求,也是我们对于伙伴的期待。

至此,一些品牌的基本要素就具备了,但对于品牌的定义,不是一次性就能完成的工作,它是融入日常的,在特定的节点还需要整体性的复盘和升级。

这里,举几个具体例子。

一开始,我们决定要做夜校栏目,也涉及起名字,"质兰夜校"虽听起来普通,但其实也经过了思考,也曾想过起个更时尚的名字,比如,"大咖说""半日谈",或更直白的"在线讲座",但觉得都不理想。前者,如大咖等有自我褒奖的意味,半日谈也有些过于追求文字的优雅,和实际的分享内容有距离,后者则缺乏记忆点。最后是秘书长的灵感,就叫夜校吧,夜校就是大家补习增加技能的场所,朴实,也好落地。我觉得非常好,质兰夜校就是希望针对伙伴们的实际需求,能分享有用的干货。夜校后面的各个版块,也都因此而生,比如刚开始的社区工作版块、伙伴经验分享版块、野外调查方法版块。2023 年,夜校这个词,也在小红书等 App 的助推下,火了一把,也侧面印证了这个名字和我们的需求很贴合。

很多机构也都在做周边①，一次出差，某机构出了一款动物大头照的T恤衫，我和秘书长就此聊了起来。我觉得这衣服，如果要在逛街的时候，我不会买，买的话，60~70元还能接受，大几百元我干嘛不买某某品牌的。她因为喜欢野生动物，就很喜欢这款T恤，愿意为此付费。不过，我当时觉得作为一个普通消费者，我没有对某个物种有特殊的热情，自己简直代表了大多数消费者的心声，而保护圈内的人愿买，数量终究是有限的，如果想要通过卖周边产品来筹资，并不现实。当下，品牌为了获得消费者关注用了多少心思啊，需要站到消费者那端思考。

这个小争执让我看到了我和秘书长视框的差异，让我更好地理解了伙伴们的作品，也更好地思考我们需要什么样的周边。结论是，非必要不做周边，包括包、帽子、T恤、日历等，一是各类保护机构做的类似周边数量已经很多。二是除非品质特别好，否则很多东西并不会被使用。我和秘书长秉持着"勤俭持家"的原则，对预算卡得很严格。在品牌和传播上几乎没有其他预算支撑更高的设计和制作开发费用，从而满足额外的品质要求。三是我们并没有卖周边产品筹资或宣传质兰的需求，周边不是必需的选择。

但后来，一些伙伴生产的周边能满足普通消费者的喜好，我们觉得，如果质兰有用周边产品赠送合作伙伴和顾问的需要，也可以通过与伙伴联名的方式生产，这样既可以支持伙伴们周边的生产，也有了质兰的周边产品，一举两得，这也是和品牌直接相关的行动策略。

二 传播让品牌落地

如何让品牌被大家所感知和接受，需要实打实的传播来落地，而更好的传播，要从明确传播目标开始。

---

① 周边最初指代动漫的衍生品，如动漫人物的模型、手办等。之后，周边产品的概念不断渗透到其他领域。如今，周边作为品牌的一种文化衍生品，已经蔓延到各行各业，出现的形式也十分丰富，都是日常生活中消费者经常用到的物品，像包包、衣服、袋子、手机壳、小挂饰、小饰品等。

（一）明确传播目标

传播目标的制定是有阶段性的，受限于人力和资源，机构很难面面俱到地把各种信息一股脑地传播出去。同时，机构战略会随发展而调整，相应的传播策略也需要更新。

传播目标，简单说就是要到哪里去，它会让传播策略有的放矢。作为初创阶段，质兰基金会的传播目标是：让潜在的申请人知道质兰基金会，并愿意提交申请；让对质兰感兴趣的人记住我们的特色，这包括资助特色和品牌气质等。

（二）制定传播策略

制定传播策略可以分为两个层次，基本原则和具体手段。

我们既可以自上而下一切从质兰出发，讲我做了什么、我取得了哪些奖项、我资助了多少项目、我取得了怎样的成果；也可以是自下而上，即从项目出发，借伙伴们的工作，讲质兰倡导的保护理念，取得的保护成果，前者是行业内更常见的路径。

如同我们的品牌口号让行动者有力量，我们的初心是给一线行动者以支持，希望质兰的传播可以去中心化，因为伙伴们和顾问们身上才会有更多有力量的故事。秘书长也认同这种做法。质兰因此选择了后面的路径，即以传播质兰伙伴们和顾问们的故事为主体。因为他们是一线做事情的人，这些伙伴会得到连续资助，本身就说明他们的工作符合质兰的价值观和理念，而愿意深度参与质兰工作的顾问们也体现着他们对质兰保护理念的认可。

确定传播的基本原则后，具体路径就要确定采用怎样的传播手段（如新闻稿、线下沙龙、短视频拍摄）和传播渠道（如微信公众号、媒体、第三方平台）等。

直接策划有影响力的线下或线上活动，如做保护行业一线行动者的"一席"[①]或像劲草嘉年华一样组织面向公众的线下自然教育活动，打造质兰的口碑。或通过制作创造性的海报，结合节日等热点议题，邀请保护圈的意见

[①] 一席是剧场式演讲、结合网络视频传播的媒体平台，已制作"一席·演讲""一席·万象""一席·枝桠"和"一席·记录"四档视频节目。

领袖（KOL）进行有规模和影响力的传播，虽然有效，但我很快发现这个思路并不适用于质兰。

一方面，我们的预算是严格按照基金会资助业务的开展所需进行的设计，除了设计网站页面和必要的宣传品外，秘书长认为在初创阶段，资助的伙伴比较少，项目资助还刚开始时，欠缺保护成效，做这种营销推广的投入高、产出低。

此外，一个好的活动策划，主题和形式都很关键，我们虽然明确要讲述伙伴们的故事，但在初期能资助什么项目，这些伙伴有什么特点，他们可以讲好怎样的故事，都不清晰，很难套用"成熟"的模式。

因此，具体路径就回到做好核心业务，如同产品会传递信息一样，业务本身也最直接地体现着品牌的特性。紧扣业务需要，质兰策划了专栏内容（如质兰夜校、社区保护地、山海经）实现传播。

质兰的传播渠道主要是自有媒体，即网站和微信公众号。之所以只做了最精简的选择，也经过了思考和讨论。当时，微博虽然仍有粉丝基础，但对于质兰这样的机构而言，微博上不容易吸引到会申请质兰项目的伙伴，因为大众在微博上主要关注的是明星动态、八卦信息，也喜欢更轻松不用动脑子的短文字和图片内容，这和质兰的定位不相匹配。因此，我们直接舍弃了运营微博平台。而视频平台，如抖音、视频号、小红书和B站，对内容生产的要求更高，需要更高的人力和成本投入，因此不在质兰的第一优先级上，但保持着关注。

对于微信公众号，我也直接将其定位为移动端的网站，它相当于食材库，准备好最佳内容，再通过群发、点对点转发等方式，实现信息的有效传递。

当时，微信公众号本身的传播属性就已经开始示弱，质兰也无需将自己做成果壳一样的强媒体平台，更不适合用有渲染性的网感标题去吸引流量。所以我们的策略就是踏踏实实做有用的内容。

有一次，我和秘书长讨论如何给伙伴们提供传播支持，她想如果不把质兰的微信公众号做大做强，如何让我们传播伙伴的文章被更多人看到。我和秘书长说，质兰把微信公众号做大做强不是我们的核心策略，也不在我们的能力范畴内。如果想帮助伙伴们更好地传播，质兰作为桥梁，帮他们链接到合适的媒体平台，是更好的方式。因为质兰对自身的定位，就不具有强媒体属性。但这也并不意味着，我们写的故事没有价值，我们的专栏和内容更聚焦在质兰所支持的保护工作上，希望能让做相似工作的一线工作者们，互相了解、参照甚至在保护上形成合作，这就是基于质兰品牌的定位。在这个讨论前，秘书长会时不时地问我，我们的公众号粉丝量有多少了，阅读量有多少，心里想着我们什么时候能成长为一个大号？而这些也都是媒体平台考量的主要指标。这次讨论后，因为对于质兰公众号的定位清晰，她就不再纠结于这些数字，我也继续踏实地根据业务的需求生产内容。

（三）通过核心业务勾画清我们是谁

核心业务的开展，每一步都包含着品牌的信息，质兰后来形成的专业口碑，是从接触到质兰的每个端口——公众号的文章、项目申请中明确的逻辑框架、评审的细致要求、财务的实时管理等过程中体现的。

以网站设计为例，如果是咨询公司、律所，它的网站风格自然更高端、商务；如果是美妆服饰，它的风格自然更潮流、时尚；公益行业，做乡村美育的可能更具童真，而与环境保护相关的，会更绿色天然。我们网站的核心是质兰的项目资助系统（质兰成长社区，www.izhilan.cn/app）。它是申请人项目填报及管理的端口，也是质兰员工、质兰顾问进行项目评审、财务及报告审核、项目答辩等的接入端。它是我们的"数字员工"，发挥着重要作用。使用这个系统，就能直接感受到我们是谁、我们的气质与风格。

以项目申请指南为例，我们的申请指南有17页，包括：基金会简介、资助目的和规模、资助要求（包括：资助的地理范围、资助的物种、资助的方向、资助类型/实施周期与额度、资助流程、申请者的资格要求、申请项目的数量限制、对配套的要求）、项目建议书和材料的递交、评审流程和标准（项目评审流程、评审的一般性原则、评选标准）、其他（项目申请成功后的管理要求等），各部分都有清晰精确的说明。我们的目标是每个申请人查阅指南即能独立完成项目申请，避免误会和遗漏，满足了"MECE"（Mutually Exclusive, Collectively, Exhaustive）互不重复完全穷尽的原则，质兰的严谨、专业都在细节中得以呈现。

（四）做好顾问的工作

质兰的业务模式中具有创新性的一环是以2人的全职团队链接了几百名

评审专家和顾问，他们在质兰资助的各个环节，包括项目的评审、执行、辅导、评估中都发挥着关键作用。最初的顾问和评审专家，都是基于秘书长之前在圈内积累的人脉，但之后，一些顾问和评审专家，会推荐自己认可的人申请质兰的项目，或成为质兰的顾问及评审专家。在质兰，他们可以看到当前各物种的保护现状、丰富的一线保护案例，也可以发现感兴趣的领域、未来合作发展的空间。这些人，慢慢成为支撑质兰发展的关键元素。他们也成为我们重要的品牌资产。

品牌怎么深入人心？最直接的方式，就是让对方真正走近你或者成为你，比如当我们把项目评审的权力，交付给资助顾问委员会时，这些资助顾问从了解质兰项目评审的基本原则，到实际参与项目评审，到总结当期项目情况，将有代表性的项目作为案例沉淀为新的评审标准，到对质兰的资助系统后台提供优化建议，在这个过程中，他们不仅认同质兰的理念，也对质兰的理念和价值观有所贡献，真正把质兰的保护和资助理念内化和传播出去。资助顾问委员会，从最初由秘书长和我牵头，到实现了真正的自组织，质兰慢慢成为大家的基金会。

相对于资助顾问，项目的执行顾问（根据各个项目匹配，跟进项目执行、为项目提供技术和智力支持的顾问群体），和具体项目的直接联结通常更密切，对质兰的整体理念会稍欠关注，但通过管理后台、审核流水、审核项目报告、参与项目答辩，他们也能了解到我们的管理标准和关注重点。

此外，志愿在线评审项目的同行评议专家、提供财务和法律咨询的支持性顾问、参与项目答辩评估的外部评估专家等，都在参与质兰具体的业务板块，深入了解质兰。顾问中有人成为项目的申请人和伙伴，有人自发成为传播大使，推荐学生和熟识的伙伴申请项目，有人向质兰捐赠了款项用于保护特定物种，有人联合申请质兰的定向项目。

搭建起这样的网络并不容易。很多平台型机构也在做类似的工作，我们的不同在哪里？如何让工作忙碌的顾问们投入更多时间，让他们有持续参与的热情和共建感？我们逐步实现了顾问团队的自组织。第一，质兰充分尊重、信任资助顾问们的讨论和决策，通常一期顾问委员会有5~7人，其中两人是组长，组长至少参与过一期项目评审，熟悉评审流程和项目征集指南的基本要求。在每期开始评审前，早期组长和我们会一起对当期新加入的资助顾问进行培训，现在这项工作也已经全部由组长完成。第二，资助顾问通过参与项目评审，能看到自己或相关领域更多的一线项目，在讨论交流过程中，也有了和其他顾问深入交流的机会（比如做植物研究的顾问，可以听到鸟类、海洋类等顾问们的思考），这种碰撞和交流，增进了顾问间的信任，也增强了顾问对质兰这个平台的认可。第三，资助顾问们在使用资助系统时，提出的大小建议，都在系统迭代中快速实现了。比如，对于多次申请的项目建议书的查重功能，它的开发难度很高，但最终都实现了。有建议必有反馈，才能让顾问们感受到尊重、接纳和共同行动。当然，被采纳的建议，都符合质兰的做事原则，即有助于实际行动，如资助工作的有效开展。

每季度质兰也会组织召开线上顾问会议，和所有顾问同步上季度质兰工作的进展，也征集顾问们的意见，顾问们可以自愿参加。顾问们提出线下聚会的倡议，认为这能面对面深入探讨资助工作中的问题，意识到顾问们的重要性，也觉得线下见面有助于加强信任，可以沟通一些线上不便谈、不好谈的问题，于是我们采纳了顾问们的提议，举办了线下顾问会议。

2020年7月，我们举办了首次线下顾问聚会。这次聚会很成功，行程安排紧凑，议题讨论密集，也为保护区和受到资助的张家界大鲵项目提供了宝贵建议。质兰多年关注公益行业的法律顾问和关注保护领域的企业家，也分享了她们对于公益行业和资助的思考，这些视角也丰富了顾问们的体验。线下顾问会议的高密度、快节奏、落地性，得到了大家的认可。

第二次线下顾问聚会，在成都八月林保护区开展。这次聚会后，顾问们成立了专门的议题小组，包括小型食肉类动物保护小组、非法野生动植物贸易小组、保护案例小组、植物保护小组、社区工作小组等。这几个工作小组，在线下聚会结束后的半年内，还较为活跃，特别是植物保护小组，还召开了几次会议，提出了植物保护项目评估的指标架构等。

顾问是质兰最核心和宝贵的财富。做好人的工作，就是看见他们的需求，明确自己的需要，找到平衡点，在对话和日常沟通中不断积累彼此间的信任。顾问的运维之所以是重要的品牌工作，因为他们既是质兰的受众，也是质兰对外链接和传播的窗口，他们发挥着关键的节点作用，他们越理解质兰的理念和价值观，越能更好地参与质兰的工作，并帮助质兰对外宣传。

（五）提炼关键信息，进行专栏策划

秘书长在设计质兰的资助框架和产品时，基于过去的工作经验，认为在

生态保护上，因为资源有限，国家的资金主要投入像熊猫、朱鹮、金丝猴、雪豹等有限的几种珍稀濒危动物的保护上。然而，大量"其貌不扬"、没什么公众知名度的濒危或关键物种，如小型的两爬动物、传粉昆虫和植物的保护极度缺乏资金。因此，她在一开始就明确了十多种不予以资助的明星物种，提出在保护上政府是主体，质兰的资助只是一种补充。这种资助理念得到了同行的认可，他们都对资助非明星物种印象深刻。我们在网页设计等方面也将此作为质兰的特色进行了强调。提出非明星物种的保护和资助，既是态度也是定位，一直延续了下来。

1. 质兰夜校上线

随着项目征集的滚动，来申请的项目虽然多以濒危/关键野生动植物的调查、研究与保护为主，涉及社区工作的保护项目数量较少，但保护行动本质上都要做人的工作。许多一线行动者，对此的认识还不深刻，在思考保护策略和行动时，往往对"人"（如保护对象所在地的社区老百姓）不敏感、不了解，也不感兴趣，常常把他们当成威胁的根源，甚至是打击盗猎盗伐的对象，或者，面对与保护休戚相关的当地老百姓，不知道如何设计与开展工作。而发动当地老百姓参与保护，让每个人都有意愿去保护好自己的家乡，也是我们想倡导的保护理念。因此，为了提升伙伴们相关的意识与能力，也为了宣传我们的保护理念，在成立的第一年，我们就推出了质兰夜校的社区工作坊，通过嘉宾分享和讨论，帮助大家建立社区工作的意识，克服在社区工作心理上的畏难情绪，找到社区工作中的卡壳点，学习、借鉴"他山之石"中具体的社区工作手法。

夜校的策划始终以解决伙伴的实际问题为出发点，以传播和展示伙伴的保护工作为主要目标。每期夜校，会有2~3位分享者和1~2位点评嘉宾，保持着几乎每月一次的频率，在业内得到了伙伴、顾问的认可，慢慢建立起自己的口碑。

现在质兰夜校已经成为质兰的品牌栏目之一，这体现在参与人数从最开始的二三十人，到目前稳定在百人以上。在和同行交流时，也有很多人会提到收听过质兰夜校的分享。质兰资助的伙伴因为认可质兰夜校的影响力，提出和质兰联合策划主题分享的建议。

2. 社区保护地专栏

按照国际社会的定义，社区保护地是指包含重要生物多样性、生态系统服务功能和文化价值，由定居或迁徙的原住民或当地社区通过习惯法或其他有效手段自愿保护的自然或改造的生态系统。中国有大量的神山圣湖，如云南竜山风水林就属于社区保护地，在全国的生态保护中起着非常重要的作用。质兰资助的伙伴中，也有一些就在做与社区保护地相关的工作。秘书长提议开设并负责主编的这个专栏，一方面是为了支持和宣传伙伴在这方面的工作，一方面也是为2022年在云南召开生物多样性公约第15次缔约国大会（英文简称，CBD COP15）而做的准备。早在这个会议召开之前，国际社会就已经在推动各缔约国，把全球30%的陆地和30%的海洋都得到有效保护作为十年后的生物多样性保护目标之一，即通常说的"30×30"目标，而这个目标的实现，主要靠社区保护地来实现。秘书长也想借这个机遇，在国内联合做此工作的伙伴，利用此专栏一起发声，介绍社区保护地的概念以及其在国内外的实践案例。

社区保护地专栏提出了"重拾在地传统智慧、看到生态文化的价值、再建人地和谐关系"的理念，每篇文章篇幅多在3000～5000字，有些是伙伴的实践案例，有些则是翻译过来的其他国家的案例。此专栏的文章比较专业，没有从事这方面工作的就可能对此不感兴趣，所以它就是典型的有用的内容，并不是所有人都需要阅读该专栏，但如果需要了解社区保护地概念，参考社区保护地的案例，这个专栏是不二之选，它就像必不可少的工具书。CBD COP15在2023年的蒙特利尔通过了"30×30"目标，社区保护地的概念也为更多人接受、使用和讨论。专栏文章刚发布时阅读量不高，但一直在慢慢增长，这也说明了这个专栏文章的专业性和价值。

三 开展赋能工作

为了品牌口号"让行动者有力量"落地，我们也展开了赋能工作，传播是其中一环。

提到赋能，业内其实已经有各种线下工作坊或培训，但一开始我和秘书长就不倾向于做类似的线下活动，客观原因是我们全职员工数量少，人力不足以支持，更重要的是，这类的工作坊有助于伙伴间形成情感联系、彼此支持，突破一些已有观念，但和推动实际项目中问题的解决，可能还有距离。而透过日常对伙伴的资助，我们渐渐发现，结合项目做赋能更为有效。

我尝试策划了品牌"叨叨看"的专栏。

这个专栏是每期用 5~10 分钟短音频，讲述一些基本的品牌概念，包括什么是品牌？什么是品牌三要素？品牌和战略间的关系是什么？如何在机构内通过品牌沙龙，对机构品牌达成共识？如何策划品牌活动？……作为栏目副线，我也邀请了写过超百万微信阅读量的文案专家，分享他们的经验。

栏目定位在厘清概念，虽然实现了知识的普及，但对伙伴们而言，也就止于知识普及，实际对怎么做好品牌仍无从下手。因此，不如实打实地从拓展传播渠道入手。

我与果壳网、《博物》和《国家地理》旗下的《环球少儿地理杂志》《生命世界》等媒体建立了联系，并结合伙伴特色推荐给相关媒体。在运作过程中，也协助伙伴们准备稿件，跟进媒体的发稿进程。这个过程对伙伴来说是有价值的，帮助他们节省了和媒体沟通的时间，也确保了最终成果的呈现。接下来，我会进一步扩大媒体库，让合适的内容，在合适的渠道得以发表。在整个过程中，我和媒体及伙伴都会强调，文章中如果需要介绍项目信息，涉及质兰，当然很好，但如果没有，也不需要特别感谢质兰。

2022 年末，业内一家影像机构，想要了解保护类 NGO 的视频传播和拍摄需求，想通过质兰先调研伙伴们的情况，从而拟定其影像培训和资助的策略。在和各个传播官沟通的过程中，我发现了几个问题，一是一些传播官要兼任项目官，精力不足；二是一些传播官是基于对自然和保护的喜欢，缺乏系统的品牌和传播策划的经验，可以做具体的执行，但无法制定战略；三是一些传播官也面临非保护专业出身，无法施展特长，降低了发挥自主性的意愿，被边缘化的困境；四是缺乏交流对象，一些想法或困惑，最终会不了了之。

因此，我建立了保护传播官微信群，希望能就大家的议题和困惑，定期进行讨论和分享。社群建立后，先后邀请了大马哈鱼机构的传播官分享了对小红书的观察，智渔的传播官（已离任）分享了 B 站运营经验，自然里负责人分享了抖音起号和运营的经验，央视导演分享了她对于短视频的观察。这些议题，获得了传播官的关注和认可。但现在社群的活力还不够，需要我不断策划主题。希望未来能为大家创造一个安全的、开放的空间，大家愿意交流和探讨遇到的困惑和挑战，在这个过程中一定会产生很好的传播策划和创意执行，能贡献给所有参与其中的伙伴们。

为了提高一些开展社区工作的伙伴的实务工作能力，我们将伙伴推荐进入由北京市近邻社会工作发展中心、万科公益基金会联合发起，质兰、北京合一绿色公益基金会联合支持的"基于行动研究的可持续社区领域实践者综合能力提升项目——可持续社区领域行动研究研习营"。通过学习，质兰的几位从事社区工作的伙伴，各自梳理了工作中的行动脉络、遇到的问题、解决的方案，并以此反思行动上固有的障碍和可能突破的方向。这个过程提升了伙伴们自觉反思和学习的能力，伙伴们的行动研究报告也将作为知识沉淀，供有同样问题或挑战的其他质兰伙伴借鉴。同时，也向该学习网络中的不同类型的社工伙伴，传播了质兰和所资助伙伴的保护及工作理念。

不跳脱伙伴们的日常工作和具体工作的赋能，才能让行动者有力量。

四　质兰的品牌立住了吗？

在品牌层面，我们一直在回答两个问题，谁是行动者，何谓有力量，也希望通过具体的资助业务和赋能工作的开展，让我们是谁，我们为什么这样做的理念，深入人心。如前文中所说的，在初创期，我们的目标是：让潜在的申请人知道质兰基金会并愿意提交申请；让对质兰感兴趣的人记住我们的特色，这包括资助特色和品牌气质等，它整体而言是成功的。在成立近五年后，我们有时能听到这样的反馈，"虽然申请很难，要求很高，但我们还是想申请下试试，因为质兰很专业，也能得到指导"。

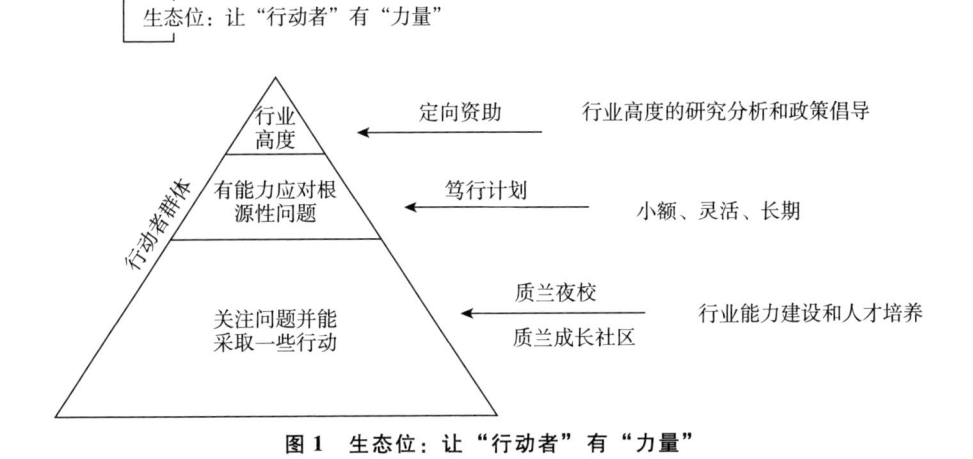

生态位：让"行动者"有"力量"

图1　生态位：让"行动者"有"力量"

我们获得了纯粹、专业、专注、有效的评价，而这也正是我们想要对外传达的。

2023年，陆续有大的企业基金会，看到了质兰的创新、专业性和价值，也抛出了合作的橄榄枝。我从品牌的角度提出，在与其他基金会商谈合作时，除了业务层面的考量，还要评估在品牌和气质上，合作方在业内甚至公众心中形成的品牌形象，与质兰这几年树立起来的纯粹、独立、笃行的品牌形象是否相容。合作不只是业务模式的兼容，也要考虑品牌气质的一致性。诸如此类的讨论和基于此的行动决策，是品牌工作的日常。

质兰换一种路径做品牌，就是以核心业务为抓手，去中心化（即避免资助决策过程的任何一环被一两个人垄断），自下而上。伙伴们的故事就是质兰的故事，酒香不怕巷子深。

在走过五年之际，我们想把那些已获得第二轮资助，即已执行了四个年头及以上的伙伴作为重点，讲述他们的故事。因为他们已经用长期的、实在的行动，解决着保护的问题，不断探索着答案，他们就是我们要长期支持的行动者。

我们想给他们以"笃行者"的称号，用短视频等方式，讲故事做传播。就这个称号，我和秘书长也有讨论。一开始和理事们汇报时，理事们建议，可以用"先锋"这样的说法。会后我和秘书长讨论具体定什么称号时，秘书长觉得"质兰自然先锋"很不错，因为比"笃行者"通俗上口。可我觉得"先锋"用的很多，缺少识别度，虽然它更容易被记住，但它也更像一个公共资产，不具有品牌资产的属性，与此同时也有一种似乎只有那些已经获得了很多社会荣誉和认可的人物才能获得这样的称号。质兰虽然在专业上有很高的要求，但我们的价值观是平等普惠的，能做事、能解决问题的就是行动者，而不是能发科学期刊、能获奖、有能力拿到更多资源的才是行动者。而笃行者，体现着质兰的价值观，也是以笃行命名的资助计划的延展，有连贯性，虽然有些拗口，但也凸显了质兰对于实实在在做事的品质的青睐。讨论后，秘书长也认同，"笃行者"这个词越品越有味道，越想越符合质兰的气质。

我们进一步聊到，"笃行"是为学的最后阶段，就是既然学有所得，就要努力践履所学，是所学最终有所落实，做到"知行合一"。"笃"有忠贞不渝、踏踏实实、一心一意、坚持不懈之意。只有有明确的目标、坚定的意志的人，才能真正做到"笃行"。如此讨论下来，就发现，"笃行者"是一个更贴近质兰品牌的选择。下一阶段，我们希望真正把"笃行者"们的故事讲好，并通过资助搭建起"笃行者"的网络。

品牌是什么？是不可动摇的原则、是无法仿效的气质、是持之以恒的选择。

草根的韧性

——从"被公益改变"到"去改变公益"

李宁宁[*]

一 研究背景

自2004年误打误撞进入公益行业，至今已过去20年。过去的20年，我先是作为一名资助方项目官员，经历了国际非政府组织与中国政府和民间在扶贫、公共卫生、环境、教育等领域的广泛合作，后因政策筹资环境变化、文化差异等因素逐渐退出中国，又作为一名草根组织的创业者，经历了本地公益从萌芽到成为本土主要行动力量的发展过程。

2016年8月，从工作的最后一家国际非政府组织离职后，我创办了南宁市绿生活社会工作服务中心（以下简称"绿生活"），由此开启了草根公益创业。这篇报告里提及的"草根"，指中国民间发起的本土公益机构。

我希望通过这一篇行动研究报告，以"我"为方法和媒介，以广西公益的演变，记录一个公益人通过自身的成长，在公益资源欠发达的地区，将国际公益经验、公益情怀与社会工作融合，探索生态公益可持续发展的道路。同时，我作为绿生活的创办者，需要及时做一些记录，让机构里的同事了解绿生活的源起和发展历程。而这也是一个与机构同事对话和验证以往行动的

---

[*] 李宁宁，从2004年开始全职在公益领域工作。2016年创办南宁市绿生活社会工作服务中心，以"在生活中以实际行动保护环境"为宗旨，通过践行绿色低碳生活方式，提升市民参与生态环境建设的积极性和自主性。

机会。最后，期待通过这次梳理，为本土草根公益机构的发展提供一些参照。

草根的韧性，指草根机构在面对人力、资金、能力不足的情况下，展现的生存自主性和活力。我在创办绿生活后，开始深入理解和感受草根的韧性，在机构内部和外部创造条件展开一系列的尝试。

二 公益如何改变我

（一）国际非政府组织进入广西的背景

广西壮族自治区，是中国五个少数民族自治区之一，与越南毗邻，喀斯特地貌超过自治区土地面积的1/3。在20世纪80年代开始的打工潮中，广西是向广东输出青壮年劳动力的劳务输出大省。2000年前后的广西，经济欠发达，贫困村占比高，抗灾抗风险能力弱，艾滋病感染率排全国前三。

2000年10月，国务院发出《关于实施西部大开发若干政策措施的通知》（国发〔2000〕33号），广西壮族自治区被列为重点支持区域。在政策指引下，广西壮族自治区人民政府"通过多种渠道、不同方式争取国际非政府组织对我国扶贫开发的帮助和支持"。[①]

国际非政府组织在广西开展扶贫项目始于20世纪90年代。2000年以后，广西壮族自治区人民政府与国际非政府组织在扶贫、残障、公共卫生、灾后重建等多个领域展开了广泛的交流与合作。

（二）国际非政府组织培育的公益土壤（2004~2016）

1. 在国际非政府组织工作的经历里，收获个人的发展

2002年，自大学护理专业毕业，在医院工作两年后，一眼看到头的工作生涯让我感到无趣，我萌生了换份工作的念头，并开始留心身边的工作机会。

---

① 国务院《关于印发中国农村扶贫开发纲要（2001—2010年）的通知》（国发〔2001〕23号文件）的第二十八条提及，通过多种渠道、不同方式争取国际非政府组织对我国扶贫开发的帮助和支持。根据国务院《关于宣布失效一批国务院文件的决定》（国发〔2015〕68号），此文件已宣布失效。

社区实践者的行动研究

在国际非政府组织与广西壮族自治区人民政府广泛开展合作与交流的契机中，护理专业的背景帮助我进入国际非政府组织，从事结核病和艾滋病的预防教育工作。以这份工作为起点，我从2004年起陆续在不同的国际非政府组织里工作了十年，有幸参与了多个国际非政府组织在不同领域的项目。2016年，我创办了自己的机构——绿生活，成了一个草根机构的负责人。我的公益历程，在一定程度上，反映了国际非政府组织在广西的发展历程，及其对本土公益机构的影响。

很庆幸，当年懵懂年轻的我，在初入社会找寻"我是谁"的时候，遇到了以解决社会问题为目标、把平等和赋能落入日常工作的国际非政府组织。在国际非政府组织工作的十年间里，我找到了"我是谁"的答案。

整全的发展视野。我看到了许多不曾关注过的社会问题，这些体验让我整全地看待社会。比如贫困，贫困背后有分配机制的问题，有信息获取缺乏的问题，有外部和内部各种因素导致的问题……找到根源，社会问题才能更有效地解决。我有机会在公益项目设计、管理、执行、监测、评估方面进行全套工作方法的学习和锻炼，独立工作能力获得提升。我也有机会陪伴和支持一线伙伴的工作，看到人的变化。

内驱力的激发。有伙伴问，在公益机构工作那么多年，你的动力来自哪里？回顾过往，我在国际非政府组织工作的十年间，在人性化的管理氛围中，遇到了很多生命里的贵人，他或她在我人生的不同阶段陪伴着我。我获得的不只是一份养家糊口的工作，还有被信任、被支持、被看见、被认同、被接纳的成长。我内心充盈并主动去想和去做很多事情，这是主动性的激发。在做的过程中，边做边验证边迭代，工作越做越好，成就感满满，然后更有信心去承担更多的责任。

看到理想和行动的力量。我开始有了人生发展的目标，就是通过公益工作，陪伴同行的人，一点点改变这个世界。我从刚毕业时不想做什么大事，有份工作安安稳稳过完这一生的利己素人，转变为有长久参与和投入公益的意愿，关心这个世界好不好，想为这个世界做点什么，希望找到更多一起做事的热心人的素人。

自我决定理论[①]认为动机是一个由内到外的连续过程，人生来便具有自我发展和整合的潜能，当一个机构的组织环境满足员工的自主、胜任和关系三种基本心理需要时，员工就会体验到工作活动的意愿感、意志感和选择感，增强或维持自主性动机，此时行为就会更为持久，质量更高，最终产生更有效的行为结果。在我的公益从业经历中，我看到了"自我决定"的重要性，尝试将自主、胜任、关系运用到了目前正在做的可持续社区的建设、志愿者发展和机构发展中。

我的公益历程，在一定程度上，反映了国际非政府组织对本土公益的影响。如果你认同"自我决定理论"，有不懈的动能，即便在面对困境低谷时，依然能找到前进的缝隙和力量。

2. 观察国际非政府组织在广西的工作

据统计，在 21 世纪的第一个十年，广西的国际非政府组织数量仅次于国际非政府组织活跃的云南。国际非政府组织在与广西壮族自治区政府合作的过程中，不仅带来了资金，还带来了新的发展理念和工作方法，影响了一批参与国际合作项目的伙伴。

理念和工具。以人为本，以社区为本。可持续性在于人的可持续，重视人的发展、激发人的潜能，是国际非政府组织开展工作的基本理念和方法。从可持续发展的视角，看到社区的独特性、看到社区资本、看到人自身的价值、看到人在社区的价值，是促进人的改变、提高其解决问题的能力、评价一个项目成功与否的重要方法。

制度的规范。国际非政府组织有较完整的管理体系，项目管理、财务管理有较好的规范性。员工根据规范指引开展工作，提升了工作效率，减少了沟通成本。但规范指引适用于一定规模的机构，中小型机构不能照搬国际非政府组织的制度，还需要结合成本、资源、人员的特点进行相应调整，找到适合自己的管理方法。

人性化氛围。在广西，像我一样在公益机构工作超过 15 年的伙伴，还

[①] 自我决定理论（Self-Determination Theory，SDT）是一个与动机相关的理论，认为自主（autonomy）、胜任（competence）和关系（relatedness）三种基本心理需要是个体心理成长、内化和心理健康必备的条件。"自主需要"指个体体验到依据自己的意志和选择从事活动的心理自由感；"胜任需要"指个体体验到对自己所处环境的掌控和能力发展的感觉；"关系需要"指个体体验到与别人联系，爱和关爱他人以及被爱和被关爱的感觉。

是有一定数量的，这得益于国际非政府组织对于广西第一代公益人的培养。国际非政府组织重视团队关系，团队得以在日常生活中建立稳固的关系。月会、退休会、团队学习中少不了涉及沟通和责任的学习。办公室同事不分职位高低轮流做值日生，接电话、转电话、接待来访的客人，大家的服务和平等互助意识就这样慢慢建立起来。工作以外的场景也在构建团队关系。以吃饭为例，包括大老板在内的同事，中午都自己带饭，大家在会议室一起吃饭，聊工作和生活中的趣事。在这样的氛围下，同事们增加了对彼此的了解，建立了很好的关系。

3. 公益环境的变化与个人的重大转变

从 2000 年国际非政府组织进入广西开展工作起，政府的合作需求在不断发生变化。21 世纪的第一个十年，政府与国际非政府组织的合作主要侧重于资金、技术、理念的引入。进入第二个十年，随着国家经济发展和社会不断进步，各项法律法规逐步完善。

2015 年，《中华人民共和国境外非政府组织管理法（草案二次审议稿）》在中国人大网公布，向社会公开征求意见。我当时任职的"国际非政府组织"也启动了办公室转型的计划，鼓励同事重新寻找发展的方向。我再没有国际非政府组织可去了，于是启动了自我创业之路。

我曾对本地的环保组织做过调研。通过调研，我有两个发现。第一，本地专注于环保的民间社会组织寥寥无几。第二，大家认为与环保相比，有更重要的事情要去做。如果说当时的广西本土民间公益还在发展的初期，那么环保公益则还处于萌芽期。"保护环境，人人有责"更多停留在宣传上。我认为，培育环保的土壤是重要的，通过推动更多的社会组织关注环保议题，有利于形成环保公益的氛围，进而推动公众的行为改变。我一度希望将本土机构培育成环境议题的支持枢纽，提升本地公益组织关注环境的敏感性。但事实证明，我有些想当然了，每家公益组织都有自身的发展目标。于是，我萌生了亲自下场去推进环保公益发展的想法。

再一次在国际非政府组织失业，对于我的公益生涯而言，是危机，也是转机。心里憋着一股劲，想亲自下场尝试推动更多人关注环保，推动公众行为改变，我和两位公益伙伴决定合伙以一套人马、两块牌子，即公益与商业两种方式，开启创业之路。一位合伙人注册并运营了商业公司"那美生活"，而我则负责公益机构登记注册各项手续的办理。2016 年 8 月，南宁市绿生活社会工作服务中心在南宁市民政局注册，我成了绿生活的法定代表人。

三 在摸索中看清前路（2017~2020年）

随着国际非政府组织的退出和政府对本土社会工作的推动，社工机构纷纷成立。

2016年底，我受邀参与某批次政府采购项目的评估工作。政府采购项目的周期一般是一年，评估侧重于指标的完成情况、档案管理的规范性、现场汇报情况。社工们也把主要精力放在完成指标和痕迹管理上，项目由不同的活动堆砌而成，停留在完成活动的阶段，对社会问题的关注不足。这个现象如同吉家钦在《筚路蓝缕，以启山林》一文中提到的，为了适应新的变化，"社会组织不得不优先采取有利于组织安全且稳定发展的策略，而社会问题的解决则被置于次要位置，或被倒置过来服务于组织本身的稳定"。

这一观察，提醒我要去思考机构定位，要解决什么社会问题？底色是什么？

绿生活以环保为底色，以促进人的环保行动激发工作对象的自主性为目标，以参与式增强权能为工作方法，以可持续生活的方式，解决环境可持续管理的问题。这是我认同的工作方法，是创办机构的原因，也是绿生活的努力方向。

（一）在创业的激情与迷茫中探路

"那美生活""绿生活"都注册成立起来之后，我很快发现，由三位创始人合伙的"两块牌子，一套人马"的愿望是多么"骨感"。三位合伙人都没有商业背景，且其中一位仍在原机构任职，无暇顾及两个新生机构。"那美生活"和"绿生活"都只是一人一机构。先发展"那美生活"，还是先发展"绿生活"，是我们面临的第一个选择和挑战。初次创业，有太多不熟悉的地方，加上我对公益行业有多年经验，因此，我选择优先发展"绿生活"。在初创团队几次不成熟不愉快的沟通之后，"那美生活"和"绿生活"创始团队在合伙不到一年的时间里，正式解散。"绿生活"成了一人一机构，我内心难过、沮丧、不知所措,却不服输,燃起想要把"绿生活"办好的斗志。

我和创业伙伴走访了两广地区农村和城市可持续生活的相关基地和项目,完成了广西地区(马山、都安、桂林、柳州)生态游学报告及广州生态游学报告。我在游学报告的基础上,开始进行项目设计,并四处化缘,2017年,率先根据《中华人民共和国境外非政府组织境内活动管理法》获得境内合法注册的世界宣明会中国基金有限公司(香港)广西代表处(简称"世界宣明会广西代表处")支持了绿生活成立后的第一个项目——马山生态农业项目。

马山生态农业项目的执行需要解决交通、管理与执行、财务、传播、人员保险等问题……麻烦的是,我发现自己怀了二胎。自机构注册以来,我心里一直焦虑,而到了这时,我才真正意识到,从零开始意味着什么,只能慢慢调整自己的状态,想办法解决掉一个个的困难和问题。

我开始通过"中国发展简报"和请求同行内推的方式,招募团队伙伴。当时收到了五六份简历,通过一位公益伙伴的内推,我招到了绿生活的第一位员工慧妮。慧妮虽然没有公益行业的工作经验,但为人热情肯干,会说项目点的方言,沟通能力强,且对马山当地的交通熟悉,慧妮还带来了我意想不到的资源——慧妮有车。这一下子,解决了交通和语言等执行的困难,我何其幸运。

我和慧妮通过组织村民开展生态农业交流学习,与村里生态种植小组熟悉起来。关系建立后,小组就未来的项目方向进行了交流和确认,并通过生态种植小组的引荐,绿生活和村两委建立了关系。马山农业项目,算是起步了。

借鉴过往的项目管理经验,我规范了项目执行的要求,建立了一套适合绿生活现状的项目管理和财务管理指引,通过"如何设计一个活动""如何评估一个活动""如何完成一个总结"等具体实操的带领,帮助慧妮获得独立工作的信心和能力,同时推荐慧妮参与本土伙伴组织的公益工作坊,帮助她拓宽视野,建立支持网络。考虑到自己高龄产妇的身体状态和下乡的安全性,我也有意识为慧妮招募新同伴。那时,恰好世界宣明会广西代表处面临转型,部分员工离职,雷雨就这样来到了绿生活。雷雨对生态农业和可持续生活了解不多,但她熟悉宣明会的管理要求,与慧妮负责执行,我负责把关项目的设计和质量。就这样，三个人协力，世界宣明会广西代表处的生态农业项目开展了两年。

通过这个项目，绿生活得以生存，建立了工作团队，搭建了机构的各种管理制度。但直到亲自下场，我才深刻体会到草根机构面临的实际困难。有限的项目经费仅能满足执行人员的基本保障，在人力、经费极度紧张的现实下，我在项目管理、财务管理、人力资源管理、传播管理、筹资管理中身兼多职，无法满足国际非政府组织烦冗的财务管理要求。从作为资助方代表的甲方转型到接受资助的乙方，所面临的重重压力此前虽有预见并在转型前已做了心理建设，但在面对层出不穷的资金窘迫和一线工作压力时，我依然感到力不从心。

（二）可持续社区的构想与实践

2017年8月，我留意到广西社会工作协会孵化基地发布了《关于招募第三批机构入驻广西民办社会工作服务机构孵化基地的公告》。经过申请，绿生活顺利进入孵化基地，获得了联合办公场地。孵化基地定期举办的社工沙龙，给新同事和我带来能力建设的机会。我们还通过创投大赛获得了创投项目，通过创投项目的设计，进一步学习、理解与工作相关的政策并将工作与政策结合。比如，绿生活创投项目的背景是积极响应党的十九大关于"坚持人与自然和谐共生"的基本方略，从提升社区环境自治的知识、意识和技能着手，营造社区环境保护的氛围，同时积极培养妇女和儿童环境保护领袖，提升社区自治环境保护的可持续能力。这也是绿生活最早对于可持续社区的构想——人具有自主性、社区具有内生动力，其中对可持续的想象与行动是关键词。通过这个项目，将机构发展与政策、社区、环境、可持续结合起来，我有了对可持续社区更多的思考。

2017年，我获得了第一届睿思协力营的学习机会。协力营是一个让人成长和突破的工作坊，分为四期，我参加了前两期后便以个人身体不便为由不再参与。因为在这两期的工作坊里，我经历了初创团队的解散、第一个员工的招募，以及寻找机构会计的历程，我察觉到了自己的受害者心态，看到了被否定而受伤的自己，感到能量越来越低，我想不能再继续下去，就挥手告别了第一届睿思协力营。

城市可持续生活成为我心里不甘，但又没有足够勇气触及的议题，以至于在开办机构之初，我没有把城市可持续生活议题明确写入机构的发展方向。2017年，主办广西自然教育论坛的经历，让我重新获得对城市可持续生活议题探索的信心。

绿生活是2017年广西第二届自然教育论坛的主办方，虽然实际参与论坛筹备工作的只有我一人，但通过这次论坛的举办，绿生活获得了5000元管理费。我计划用这笔钱来拓展和提升同事的可持续视野和能力，发展绿生活的城市业务线。

如何让公众认为环境这件事情与个人有关，并且愿意做出行动改变？以什么为切入点，构建一条让公众反思现有生活方式对环境产生影响的行动路径？这些是我开拓城市业务线要思考的事情。

随着垃圾问题的凸显和国家的重视，我观察到政府提及垃圾分类的话语越来越多，但在落地成效方面不足。垃圾问题与每个人相关，以之为切入点，可促进公众反思人与自然的关系，继而促进生活方式的转变。我留意到，集合了爱芬环保、成都根与芽等多家国内知名公益组织垃圾议题经验的"社区垃圾分类技能培训"在成都举行。带着开拓新业务、向他人取经的期待，绿生活参加了2018年举行的"社区垃圾分类技能培训"，较全面地学习了垃圾分类技能，随后也参与了"壹起分"项目，得到了赋能和陪伴的机会。

2018年绿生活的城市业务线没有经费支持，我和雷雨商量后决定发起众筹，筹集社区零废弃工作的启动基金、志愿者、信息，发出可持续社区的倡导，也让更多的社区、学校知道有一家专注于环境保护的公益机构叫绿生活。

2018年9月，绿生活在爱德基金会的指导下，上线了第一个众筹项目。虽然公众筹款经验不足，也没有找到企业配捐，且小机构、小项目不太引人关注，但还是筹到7275.27元的天使投资，开启了可持续社区的倡导工作。这一次公众筹款过程筹集到的不仅是资金，还有信心。绿生活利用这笔天使投资，设计了一套符合废弃物管理3R原则［3R原则是减量化（reducing）、再利用（reusing）和再循环（recycling）三种原则的简称］，适用于社区、学校、公众场合使用的宣传品，开始在城市开展零废弃宣传与倡导。

从2018年9月到2019年6月，我们开展了13场16次不同类型的零废弃活动，场域涉及学校、社区、农夫市集，直接受益人数超过3000人。在这个过程中，我和同事也整理出课程和活动的设计思路，即我们不断地和公众、居民从垃圾制造者、受害者、行动者这三者的关系中，探讨个人和垃圾的关系及我们可以做些什么。我们在促进公众意识改变的同时，也提出减少垃圾的方案，促进民众发生行动的改变。

2019年，绿生活成立三周年时，成功申请到"壹起分"小额资金并得到创绿家的支持，绿生活的城市可持续社区业务摸到了门道。这时，已经完成境内注册的老东家社区伙伴（香港）北京代表处也送来了支持，通过连续三年的非限支持，帮助绿生活探索城市可持续生活，搭建了可持续生活网络。这些支持有力托举了绿生活在可持续社区领域的扎根与专注发展，同时与政府合作对话的机会在逐步增加，绿生活逐步成为发展本土绿色社会工作的代表机构之一。

四 编织从内到外的韧性环境（2021~2023年）

以可持续生活的方式，解决环境可持续管理的问题，涉及人的知识、意识和行为的变化，而改变的发生是不易的，这是绿生活开展工作面临的外部挑战。环境是一个宏观的问题，建立环境与个人的关系，首先需要回到生活中，看到个人和环境的关系，从个人开始身体力行，逐渐积累持续行动的力量。如何发展机构文化，调动同事主动去探索可持续生活议题，是机构发展要考虑和面临的课题。

（一）通过外部的支持、陪伴与认可发展个人韧性

2020年春天，由万科公益基金会和纯山公益基金会联合发起的行星伙伴计划、万科公益基金会和北京合一绿色公益基金会联合发起的恒星伙伴计划，前后发出招募通知，对关注可持续社区领域的组织进行赋能。绿生活正好处于对可持续社区的探索期和验证期，非常想得到这个机会，但第一年申请恒星伙伴计划时落选了，后来获得了行星伙伴计划的支持。

一切都是最好的安排。在行星伙伴计划路演前的一次工作坊中，我说出了自己创业的困惑，万科公益基金会刘源博士提醒我，"你还留恋过去的身份"。这句话让我反思了许久，我察觉自己在面对机构的困难时的确想逃避，怀念过去的舒适圈，没有为创业这个选择，做更多的承担和突破。

行星伙伴计划对我而言，是创办机构后的一个转折点，廖瑾老师重新把

我带回了睿思协力营。① 由于城市可持续社区实践带给我的高能量，我有机会担任第三届睿思协力营的小组长，支持组内小伙伴的成长。这个机会让我跳出机构，重新理解和体会个人成长与个人完整性的重要性。睿思协力营有一个为个人筹款一万元用于个人成长的挑战任务。我看到组员的各种"难"，也看到了自己的"难"，想突破自己的局限，为组员做表率。我向公众发出了自己的筹款计划，仅仅两天后，筹款目标就达成了，共筹款10712.92元，得到了133份力量的支持。这次突破自我的挑战让我收获了源源不断的力量，我意识到这份力量的背后，是无条件的信任和爱。

在行星伙伴计划和睿思协力营的陪伴下，我完成了由一位资助方项目官员到一线草根机构负责人的转变，找到了机构负责人的角色和定位。

2021年8月，在行星伙伴计划导师和项目组的推荐下，我和绿生活晋级到了恒星伙伴计划，认识了一群有能量的伙伴，理解到了大家共同面临的困境，看到了很多正在突破的生命。

在恒星伙伴计划的帮助下，我验证了绿生活在可持续社区里发展的路径，即通过对话，在行动中认识，在认识中行动；找到了绿生活在可持续社区里的定位，即扎根社区，以可持续议题，发展社区绿色行动力量。

（二）打造团队的韧性

绿生活大部分同事曾在国际非政府组织任职，习惯于开会、写报告、填KPI、写个人评估。绿生活作为一家小小的草根机构，人少事多，但我想我已设计了完整的项目活动，机构也设置了各种管理制度，同事按照指引和计划应该能顺利完成工作。我个人身兼多职，顾及不到团队建设，更期待大家在工作中能够自觉依规章办事。

但慢慢我发现，同事向我询问具体执行层面的问题越来越多，大到项目报告该如何写，小到志愿者活动该不该发补贴，我成了"十万个为什么"的中心。我心想，是不是要求没有说清楚，于是又根据经验完善了《城市社区工作指导》，指导大家怎么一步步开展工作。但我发现同事对于制度并不关心，更多的是专注在个人所负责的具体执行事务上，对于工作不敢决策，对

---

① 廖瑾，纯山教育基金会秘书长。睿思协力营是陕西纯山公益事业促进中心于2017年发起的、专门培育一线草根公益组织领导人的实践性领导力的支持项目。

于机构发展、筹资、项目经验的整理等也缺乏关心。作为一家以激发社区主体性为目标的社会组织，我越发感觉不对劲。

团队的主体性怎么出来呢？

2020年7月，绿生活召开了一次内部的"恳谈会"，回顾了绿生活成立三年来团队发展、业务发展的状态，面对的困难。同事们谈及自己的顾虑，知道我承担了许多的职能和事务，也看到机构的发展需求，在工作中不敢决策、没有主动承担，是担心自身经验和能力不足。团队交流了很多真实的想法。在这次"恳谈会"的基础之上，我们重新讨论了职能和分工，在团队沟通、项目管理、机构发展策略上有了进一步的约定。

发展中国家的著名教育家弗莱雷在《被压迫者教育学》中提到，改变是不可能自己发生的，协同探究、对话，共同建构，有助于促进改变。在这次"恳谈会"后，绿生活确定了学习型机构的定位，通过持续学习支持和保障团队成长；约定每月召开一次管理会议以促进团队达成共识；确定通过复盘和对话的方式，梳理和积累机构的发展经验。绿生活从无团队管理，进入同事共同管理的阶段。

关系动力理论提及，与他人建立有意义的联系，在关系中满足自主需要，并拥有应对能力，能提升幸福感和工作效率。建立良好的团队关系，理清团队管理的目标，根据团队成员的状态和需求提供能力建设，有助于团队的融合和行动力提升。团队管理不是约束，而是为了有良好的沟通和共识，让能量得到激发，让成员都被重视和看见，让团队得到成长，让机构使命通过团队得以达成。

好的团队管理有助于帮助团队塑造韧性，而牵头进行团队管理，实现团队的韧性是机构负责人的责任之一。一个有效率、有动能、有更好成长、认同共同目标的团队，就是一个有韧性的团队。

（三）生存和发展的韧性

草根机构面临着各种不确定性，需要构建生存和发展的韧性。对此，绿生活的经验非常"质朴"。

第一，深耕与策略性地开展工作。

以南宁新竹可持续社区的打造为例，绿生活以联动多方参与、培育以居民为主体的绿色行动、实现社区的可持续治理为目标，在社区扎根了五年。

绿生活基于对问题的理解，在社区开展各种实践，在实践中验证，在反思中迭代，在迭代中进一步界定工作策略。经验来自实实在在的实践，勇于尝试的底气来自对工作的反思，定期梳理则帮助绿生活业务迭代升级，让工作更有成效。这些特质帮助绿生活对可持续社区构建的思考，从局部到逐渐整全。以环保为底色，以参与式增强权能为工作方法，以激发工作对象的行动和自主性为目标始终是绿生活的工作策略。

第二，以行动发展专业，以专业寻找机会，以传播影响更多伙伴。

绿生活在新竹社区五年持续而深入的实践，发展了一套将社区治理和社区环境治理相结合，以社区居民为行动主导力量的绿色社会工作方法和行动经验。绿生活重视实践，重视专业的发展，也重视传播工作。和很多草根机构一样，绿生活也没有全职的传播官员。在绿生活对传播的实践和定义里，传播不仅仅是写一篇篇文章，而是将可持续融入生活和工作场景里，一次次与相关方交流和对话。所以每一位同事拥有传播的基本技能和意识是重要的，让传播为工作助力，也让传播成为每位同事共同努力的目标。

在传播目标和策略的界定上，我们也做了一番思考。公众号的受众是谁？她/他们想看什么？我们以往做的内容又都是谁在看？我们慢慢揣摩目标群体画像，理清媒介环境与趋势，借鉴优秀同行的经验，在总结过去传播经验的基础上，制定了机构的传播策略和目标。在传播内容上，不再是对单次活动的报道，而是理念价值的传递和经验的输出。传播工作帮助绿生活获得了更多与专业志愿者、政府、企业联动的机会，为更多伙伴了解个人与环境的关系创造了条件。

第三，用不同的方法，激活社区内生力量。

在社区工作中，绿生活和社区居委会、物业协同合作，定期进行沟通和信息交流；更多时候绿生活是和居民志愿者在一起。我们发现，发展社区内生力量，不同年龄段有不同的"激活"方法。

20~30岁的年轻群体，没有社区或"附近"的概念，他们认为自己只是住在家里，与社区关系不大。我们创造机会，让年轻人看到了自己和社区及"附近"的关系，他们提出青年人在重建"附近"的行动中是参与者，青年参加重建"附近"，可以从社区的志愿服务开始，越多人参与重建"附近"，"附近"就越好。2023年夏天，绿生活通过小额资金，支持2名青年志愿者发起新竹社区3.0版本的社区花园发展计划。在将近4个月的时间，社区花园焕发了新的活力。更重要的是这次空间建设发展了4个功能小组，吸引了13名青年人持续参与，开展了7场共建活动，拍摄了一个视频，组成了一个有活力有行动力的志愿者社群。

40~50岁的中年群体，她/他们关注生活，注重高质量的关系，中年特质与可持续社区的气质相当匹配。以新竹社区空中菜园的空间运营为例，绿生活与中年群体互动时，在以兴趣为切入点建立信任关系的前提下，协作种菜社群分片区自治、发展可持续议题兴趣小组，种菜社群从菜园种植延伸到社区公共事务参与。在同一兴趣下，团体动力相互影响，激发出可持续融入生活不同场景的生活智慧。

绿生活在新竹社区接触最久的群体，是60~70岁的退休群体。绿生活自2019年10月开始在新竹社区组建和发展环保志愿者群体，培育社区里的行动力量。一开始能吸引到的群体，就是平均年龄超过65岁的退休志愿者群体。老有所为、老有所乐、老有所伴是一开始退休群体参与环保志愿服务的初衷。在我们和志愿者的复盘里，我们发现，"与绿生活工作人员的信任关系""自我价值感""志愿者被尊重和被看见""可持续生活理念符合老人传统价值观""一起做事情""掌握绿色环保技能"是志愿者常常提及持续参与环保小组的高频词。

发展社区内生力量，需要用心陪伴，根据群体的特点，发展出不同的工作经验和方法，激活和动员更多力量与社会组织同行。

第四，在行动中研究，在反思中行动。

在行星伙伴计划的一次对话中，导师询问绿生活的知识生产技术是什么？如何帮助同事进行业务上的能力提升？如何把你的经验发展成机构的经验？知识生产技术这个概念对我来说是陌生的，我没有系统思考过。

2021年，我开始跟随杨静老师学习行动研究，我个人在行动反思中获得了很多收获，我也把行动研究的反思精神带入绿生活里。我坚持和同事定期复盘，在对话中反思，将反思融入报告，在反思中总结经验，在反思中发展和突破。行动研究已成为绿生活重要的知识生产技术。行动研究有效促进一线工作者积极思考，让碎片化的经验进行整合，形成一套适合于不同情境的工作方法。行动研究也是绿生活发展韧性的方法之一。

即使在承接政府采购的考验和锻炼过程中，绿生活仍然选择以促进人的改变为工作目标，这决定了绿生活的工作，以行动研究解决社会问题，在实践中发展有效的方法，并不仅是服务的提供者。

第五，寻求合适的资源，将工作理念与政府工作融合。

从2018年起，南宁市民政系统对于社区治理社会工作有不少的投入。绿生活在2020年获得新竹小区惠民资金的社会工作服务采购后，也陆续获得了"乡村治理社会工作服务项目"和其他社区惠民资金社会工作服务采购。在项目采购之初，我就思考，如何让绿生活工作和政府采购项目融合，让绿色社会工作进入南宁社会工作的视野。绿生活尝试将政府采购要求和机构的理念、工作手法进行融合，推出了"以社区议事会推进社区志愿者团队建设，让社区环境治理成为社区公共议题，构建新型基层治理；通过社区环境创设让居民、社区、企业、政府充分参与，协同内部和外部的多方力量，深入推进社区治理创新，打造共建共治共享的社区治理格局"的工作理念。

这个工作理念，与政府的社区治理需求、发展志愿者需求是一致的。在政府项目采购评估中，绿生活获得"优秀"的成绩，也通过绿色社会工作与社区治理的结合，检验了发展居民的主体性对社区环境治理的影响，陆续打造了农村社区、城中村社区、物业小区、单位小区等多种类型的以居民为主体行动的环境改善案例。

五　打造韧性公益生态

（一）发展草根的韧性

绿生活对可持续社区的探索最开始是2016年以农村社区生态农业工作为切入口，发展乡村的生态、生产、生活。2018年，绿生活开启了在城市社区的工作，探讨城市的可持续生活方式。到2019年底，绿生活在城市零废弃倡导、垃圾分类课程与活动开发、环保志愿者培育等方面已积累了丰富的经验。2020年至今，团队深度探索在社区场景下，促进更多人关注和践行"可持续生活"。绿生活逐渐成为南宁本土公众参与和关注环境保护、凝聚可持续行动伙伴、培育生态环境志愿者的平台之一。

从绿生活的发展历程来看，草根的韧性来自深耕社区、拥有反思精神、从个人到团队再到行业的生存韧性。

深耕社区。以社区为载体，做人的工作，重视人在改变中的作用。社区承载着多方参与、建立信任、人才培育、推动创新的公益价值，是提升公益组织专业性和影响力的阵地。

反思精神。草根缺资源么？缺。但缺的仅是资金么？什么可以帮助草根突破？从绿生活的经验来看，反思精神是基石。草根需要深刻地理解问题，在理解问题的基础上采取行动，在对行动经验整理的基础上，提升专业能力。

生存韧性。绿生活走了一条从发展个人的韧性到发展组织的韧性，再到发展公益生态系统韧性的道路。人的韧性是面对困境时积极应对和自我调节，在实践中反思，在反思中迭代。组织的韧性是以解决问题为导向，深入和持续参与，在反思中发展策略，保持独立性和学习热情。草根虽小，但小不是借口，美也不是独美。绿生活通过自身的实践，以发展可持续社区为目标，开创了绿色社会工作与社区治理结合的公益模式，建立了以居民、青年人为目标的可持续志愿者行动网络，构建了从"社区"到"突破传统社区"的可持续生活公益生态。小而美的草根组织也可以通过探讨平台型机构的转变，打造有韧性的公益生态系统。

（二）建立韧性公益生态

绿生活意识到，环境问题是由人造成的，绿生活的定位是做人的工作，"影响更多伙伴行动起来保护环境"是绿生活的使命。共同行动可减少面临环境问题时的无力感，促发环境问题"与我无关"向"与我有关"的意识和行动改变，而且在这个过程中需要营造共同行动、相互支持的小环境。单打独斗，或是沉浸在自己经营的一小方天地中，无法从根本上解决问题。一个社会问题的解决，需要有更多人共同参与和奉献。而公益组织，可以扮演联动政府、企业、社群和社区的角色，打造一个具有韧性的公益生态。绿生活正努力从"自美其美"到"美人之美""美美与共"的平台型机构的转变，成为联动多方共同行动的穿针引线人。

绿生活通过公众政策倡导、整理行动案例、举办培训会等形式，与政府展开不同层面的交流与对话；通过发展企业志愿者、为企业提供参与志愿服务的渠道，让企业成为发展韧性公益生态的伙伴；通过工作坊以及议题学习的方式，支持环保青年人的成长；通过发展环保青年志愿者社群，让更多青年领袖得以成长和发光；通过可持续示范社区的打造，让社区成为集可持续治理理念、可持续资源管理、可持续生活方式以及睦邻互助于一体的韧性社区。绿生活已逐渐成为南宁本土公众参与和关注环境保护、凝聚可持续行动伙伴、培育生态环境志愿者的重要平台之一。

（三）公益生态的韧性离不开公益土壤

机构发展生存韧性，离不开公益生态土壤的培育。我在国际非政府组织任职期间曾多次思考，一个好的资助关系是怎么样的？如何衡量资助的价值？如何考虑人员的支持比例？我以绿生活的发展，来尝试回应多年前的困惑——一个好的资助可以是怎么样的？资助如何建立公益生态？

与伙伴的资助关系。合作是有期限的，但谁都不希望项目合作结束，项目的成效难以为继。所以资助方在寻找合作伙伴的时候，会考虑机构的发展方向和业务方向是不是与资助方一致，期待双方不仅是合作关系，也是议题合伙人，通过资助帮助伙伴机构发展韧性，找到解决社会问题的最佳路径，推动议题的可持续。

资助成果的衡量。资助成果不仅是完成目标活动，通过资助帮助合作伙伴找到行动的缝隙和空间，通过行动促成人的变化是资助的最大价值之一。行动的经验、人的改变动能也是资助成果的重要衡量维度。

资助方法的多样性。很多资助项目的资助逻辑是，愿意资助活动费用和物资，人员费用由机构配套或自筹。但公益机构的实际情况是，找到人员费用的支持者非常难。公益组织无法培养专业人才，就无法在业务上有所拓展。非限定性资助，在国内资助环境和习惯里，是不常见的资助方法。非限定性费用的逻辑和传统的资助方式不一样，它给予公益组织更多的自主性，由公益组织根据现有的资源和需求分配资金的使用，通过机构团队组织力与机构影响力的培育，发展机构的支持网络，从而提升机构的专业能力，并获得更好的项目资助效果。

绿生活在重要的发展阶段先后获得了阿拉善 SEE 创绿家项目、香港社区伙伴可持续网络搭建项目、行星伙伴计划、恒星伙伴计划的非限定资助，实现了机构对可持续社区议题和路径的探索。这些非限定资助于绿生活，不只是一个项目，更是机构发展的加速器，加速了绿生活的韧性发展。

就像大自然里的生态，多样性是重要的，一个好的公益生态，也需要资方建立起多样化的资助生态，期待看到更多有质量的资助，打造更具韧性的公益生态。

回望与安放

——用确定的底色接住不确定的时代挑战

周丽娟[*]

前　言

我在不惑之年遇到行动研究，能继续得到恩师的指导，得到学伴们的支持，通过一年多的学习，梳理自己的生命历程，在生命状态跌宕不稳的阶段，逐渐明确自己坚守底层关怀在当下这个阶段指引自己在公益路上不断前行，度过职业迷茫期，为新的行动找到方向，帮助自己实现"不惑"，真的很幸运。

外界环境的巨变与个人公益生态位的变化交织在一起，将我的生命带入严重动荡不定的状态。

大学毕业，我便把自己深深投入公益领域，以此为乐，活跃在一线七年，作为资助方八年。无论身在哪个位置，我始终与社会底层的人深深牵绊，持续与他们在一起，并能够不断地从与他们一起工作中汲取继续前行的能量。

在参加此次行动研究学习之前，我的个人生命动荡的状态似乎已经达到了顶点——想离开公益，想逃避所有要面对的工作关系，时常觉得难过，觉得推动工作十分艰难。我似乎很难再从工作中获得乐趣，好像失去了在公益

---

[*] 周丽娟，毕业于中华女子学院社会工作专业。2008年进入公益领域全职工作，先后在劳动权益保护、流动人口社区服务领域从事一线工作。后进入资助领域，关注中国农村教育、养老、公共卫生、社会工作及行业发展等议题，现任施永青基金（香港）北京代表处项目总监兼办公室主任。

领域继续前行的动力。我急需找到自己继续前进的动力。此次参加行动研究的学习，我把自己作为研究对象，希望通过梳理个人生命历程，看清来时路，找到继续前行的方向。

对底层人的看见与怜悯，是我进入公益行业的原始动力。2008年我大学毕业进入公益领域，之后在七年的一线实务工作中逐渐沉积下来。这样的一种底层关怀，来自己成长经历中原生家庭带来的感同身受，也来自初入社会，就遇到的底层人和其家庭所面临的权利缺失与生存挑战。

如果将以上作为我底层关怀的初始，那么在当下重新去理解公益精神，并在实践中自觉坚守和传承则可被看作第二阶段。这个阶段对底层关怀的理解，来自社会环境的变迁和我自己工作环境的变化。一是从权利角度对底层人的生存进行强干预的政策空间在收紧，二是在2015年，基于合作和议题发展的需要，我从一名受资助的乙方代表转变为作为甲方的资助方代表，身兼资助方、支持者、督导者等多重身份，直接工作对象由底层劳动者及其家庭调整为社会组织和其他同时作为资助者的同事。为了更好地开展工作，我势必要做出调整。这个调整的过程，很难。

一个人的底层关怀基于不同生命阶段所处的社会环境，才能找到适应当下具体环境的行动位置与表现形式，并基于此产生不同的工作方法。本文的论述，就是基于对底层关怀形成的概述，透过个人的成长和行动脉络，看清来时路，找到行动的方向，从而让自己能够在当下的工作中积蓄前行的力量，为有需要的人贡献自己的绵薄之力。

一　本是无意选择，为何如此执着？

在小学同学陆续嫁人的时候，我考上大学了，我是幸运的！在社会工作是什么尚不被人广泛知晓的时候，我读了社会工作专业，也是幸运的！课堂教授的专业工作方法或许不是最让我受益的，但专业精神和价值观确实与自己从小对于"善"的理解一脉相通，更是给了我超越个人生命体验的专业价值观，让我可以用专业的价值观调动我的生命动能，进入更大的社会田野。

之后的工作路径如我所愿，我成了一名不受课本固有知识约束、为解决社会真问题而存在的"社工"。

（一）偶然选择，却被不断激励

2008年初，即将面临大学毕业，一个偶然的机会，我来到位于北京市海淀区西北旺镇的冷泉村，在一家公益组织开办的餐厅当服务员。当时团队①里唯一的男同事由于受到那本当年风靡整个公益圈的《如何改变世界》一书的影响，号称要办"社会企业"，用餐厅来养活流动人口社区的活动中心。当时，公益组织还没正式登记注册，没办法签劳动合同。我来到团队之后才知道，竟然连工资也没着落。但无论如何，我抱着干不下去就走人的想法，留了下来，权当多些人生阅历。不承想，一跳到坑里，就再也爬不出来，没有办法签劳动合同，就自己作为法人代表成立一家机构②与自己签劳动合同，没有工资就自己找钱给自己发工资。

冷泉，是我开始做公益的地方，也是我找到革命伴侣，走进婚姻的地方，是我的两个女儿出生长大的地方，更是承载了我大学毕业后14年（从2008年进入冷泉，一直居住到2022年搬离）青春岁月的地方。一切都清晰地刻画在脑海中，为工人放电影、组建合唱团、搞联欢会；征集工人诗歌，举办"大工地诗歌节"，印刷工地小报《大工地》；开设工人书屋，为工人讲新闻、讲法律；跟进工人工伤个案、组建工伤支持小组……在工地奔波三年后，2011年，我从工地转回流动人口社区，开始运作一家固定的社区中心，直接面向流动儿童及其家庭开展工作，一直持续到2019年。

在工地工作充满了激情、热血、团结、哭泣，而在流动人口社区的工作则充满了细腻、温情、陪伴成长。在这期间，我与团队一起跑工地，一起融入流动家庭，又一起在山上仰望星空……与一个个鲜活生命的相遇仿佛就在昨天，熟悉的场景也经常在梦中出现！

无论是建筑工人，还是流动人口家庭，他们无不是生活在城市中的底层。初入公益行业，我便直接与这样两个庞大的群体结识，认识他们，并与他们产生情感上的深度连接。看到他们在工地书屋认真学习，看到他们拿到工伤赔偿后急切地登上返乡列车，看到他们开心地把艰难拿到的劳动报酬缝

---

① 指北京行在人间文化发展中心的工作团队，2009年机构正式注册，下文简称团队。
② 机构的名字取自思想家陈映真曾经办过的一本杂志《人间》，这本杂志的立意是促进知识分子与底层劳动者的结合，而这也是我们这几个虽学历不高但也算知识分子的人想要做的事情。故此，我们的团队简称"人间"团队。

在衣服内侧，看到他们在工地不远处的小卖部里给远在家乡的父母孩子买零食；看到流动儿童顺利入学，看到流动儿童和他们的爸爸妈妈在社区大家庭里互帮互助展颜欢笑……这些都是他们给予我不断前进的动力，是促使我暂时留下却再也没想离开的力量。"工资低，工作又这样辛苦，为什么还要坚持？"这是我经常被问到的一个问题，之前并没有清晰的答案。此次生命脉络的梳理，让我更加明晰了答案，明晰了来时路。

（二）曾在底层挣扎，更能感同身受

无数次去回忆那个生命阶段，我能够在工地与建筑工人的生命产生紧密连接，之后又在冷泉这个流动人口社区扎根下来，与他们建立起深厚的家人般的关系，这种动能来自哪里？是什么让我在这样一条人生赛道上持续向前？2022年8月，在四川大凉山①的行动研究线下营中，杨静老师②分享早年她面对妇联干部开展工作的发现时，我忽然茅塞顿开，这是一种生命动能，对改变建筑工人和流动人口家庭这样的底层群体生存状态的执着，来自原生家庭带给自己的成长经历。

我出生在河北石家庄的一个农村，有踏实能干的爹娘，上面有姐姐，下面有弟弟妹妹，兄弟姐妹四人。那时刚刚完成分田到户，只有姐姐赶上了分田地，我和弟弟妹妹都没有田地。要强又勤劳的父母干劲十足，母亲在家里家外都是一把干活的好手，父亲是木匠，农闲时会给人打家具挣钱，在那个人人羡慕万元户的时候，我家已经准备盖楼房了。然而，原本吃穿不愁的生活在1989年麦收时节戛然而止。同村的大姨父在给麦子脱粒的时候，自己的胳膊被轰隆不断的脱粒机绞了进去，血飙满地。我父亲开着新买的三轮车送大姨父去医院做手术，返回时已经半夜，天黑，疲惫，在小路拐弯处把三轮车翻到了旁边的大沟里，摔断了骨头，最可怕的是屁股底下满缸的沸腾的水泼到了身上，导致淋巴液损失太多，并发症不断，从此一病不起，几次陷入病危。那年我6岁，妹妹才2岁。为了给父亲救命治病，家里不仅很快花光了万元积蓄，还欠了很多外债，甚至到了磕头下跪也没有亲戚再借钱给我

---

① 可持续社区行动研究学习营第一次线下工作坊于2022年8月在四川省凉山州开展。
② 杨静，中华女子学院社会工作学院教授，我的大学本科老师，行动研究学习工作坊的带领者。

们的地步。

家中的不幸，让我早早开始劳动，照顾弟弟妹妹，做饭洗衣服，下地干活，农忙时上午都没法到学校上课。交不起学费的时候会被老师赶出学校……

因为经历过贫困和绝望，就会对善意有更敏锐的感知。姥爷给我们的关照、地邻（耕地挨着的乡亲）在农忙时对我们伸出的援手、二姨在自己家十分贫困的情况下仍然送来一袋麦子、后来为父亲尽心尽力看病的刘医生、同村一位在我生日时送给我几个鸡蛋的街坊……母亲的体验会更多，也会比我更深刻。

在那几年，这些熟悉的和不熟悉的人，带给我们点点温暖，让我们一家度过最为拮据的几年。善来善往，2008年汶川地震后，村里每户每人捐款10元，母亲则是按照每人100元的标准捐款。她说，我们在困难的时候那么多人帮助我们，现在有条件了，我们也可以帮助别人。母亲内心的强大与善力，直接影响着我。贫困带给我们一家的不是仇恨，反而是感恩，一家人更加团结友爱！

在原生家庭所经历的社会底层生活，让我对弱者的同情和关心、对底层的亲近感成为一种刻在骨子里的存在。当然，这样的经历也磨炼了我的性格，让我可以与建筑工人、流动人口家庭产生那么深厚的生命连接，更让我的小家庭在2019年遭受重大冲击时能够用最大的韧性挺过来。我从母亲身上学来的坚韧与勇敢支撑着我，来自家人、师长、同事、工友、朋友及陌生人的温暖也同样成为陪伴支撑着我的重要力量，像是一次涅槃，让我可以更加轻松地去面对人生的一切挑战。

建筑工人的公益服务是我毕业后从事的第一份工作。没有铺垫，没有现成的经验参考，就这样被直接抛到了工地江湖，遇见了这样一个庞大的群体。我从这些大哥身上看到了极其宝贵的品质，那是一种力量，虽身处逆境但不卑不亢的力量，是我们用自己弱小身躯面对人生磨难所发出来的力量。与他们一起工作的几年时间，更是夯实了我对底层关怀的理解；对社会中资源相对缺乏的人，理解他们对温暖的渴望、对公平的强烈追求。

二 底层关怀的践行

社会工作的专业学习强化了我的底层关怀,带着这一生命动能,我在无意间遇到了一个能为底层人服务又可以赖以生存的工作,并遇到了一个为底层人服务的理想主义团队。这个在建筑工地、流动人口社区的一线实践中一起成长、拥有战友般感情的团队,成为我内心的航标,不仅在一线工作的七年里深深地影响和激励着我的工作,也成为后来情境变化后我一时无法适应其他团队的缘由。

(一) 工地江湖

2008年3月,我到冷泉时,为了凝聚建筑工人而创办的餐厅刚刚开始营业,在餐厅做服务员的我开始了公益之路。那时,上文提到的那位曾经信心满满要创办社会企业的男同事,每天天蒙蒙亮,就要去买菜进货,回来就在后厨帮厨、做服务员。由于食材相对健康成本高,给厨师的费用也不低,再加上为了照顾工人的活动空间,所选的餐厅位置又有些偏,每天都有小额亏损,把他愁得吃不下饭睡不好觉,每天带着愁云密布的脸,实在不招人喜欢,然而越是这样,餐厅来的客人就越少,营业额持续走低,做社会企业的想象被现实强烈地摩擦,直到我来做服务员。

那会儿的自己,对社会企业和劳工社会工作并没有明确的认识,更多的是出于一种本能和职责——做好服务员的本职工作。亲切的态度、热情的服务以及话家常的日常沟通,将报纸拿到餐厅给工人讲新闻,甚至在餐厅后院筹建了工人活动室,这些让建筑工人感受到了被尊重,看新闻、读报纸、下棋、打乒乓球等,这里变成了工人下班后最喜欢来的地方。相应地,餐厅营业额也翻了三倍。随着我们认识的工友越来越多,我们从依托餐厅和活动室等着工人上门,转为主动进入建筑工人的生产和生活场域。

我深陷建筑工地这个江湖,每天除了睡觉的六七个小时,其他时间全部是在亢奋地工作中,在"人间"团队开拓了多个第一——创办了第一个工地书屋、开拓了第一个外展工地、组建了第一个工伤工友互助小组、跟进了第一个工伤个案、跟进了第一个拖欠工资个案、开办了第一场工地联欢会、跟进了第一次工亡支持行动事件。做一场培训、跟进一场讨工资行动、陪伴一例工伤个案，都成为我不断前进的动力，甚至一度在工地江湖闯荡出"周周姐"的名号，被工友们演绎成一个个具有传奇色彩的故事，我和团队在这个过程中快速成长起来。

深度参与工人生产生活、切实解决工人面临的难题所带来的成就感和意义感极大地激励着我，使我每天精力充沛地活跃在工地及周边，深度了解建筑行业运作和工人的现状与需求，以建筑工人为核心工作对象，找到不同的工作切入点，然后投入实践。诚如一位学姐所说，没有人会告诉你怎么做，需要自己去实践。我看着工人在诗歌中抒发情怀，看到工人一次次讨工资的艰辛，看到他们在夜校聚精会神学习的状态，也同样看到他们经过"讨"工资和"法律维权"拿回自己应得报酬与赔偿时的开心，这些像给我注入了"鸡血"，行动的背后，是底层关怀的引导。

1. 何大哥的讨薪案

与底层劳动者一起生活交往，让我对社会有了更清晰、真实的体验，对社会底层有了更为鲜活的认知，也认识了很多没有血缘关系的亲人——何正文大哥（以下简称何大哥）就是其中之一。

何大哥是一名四川籍建筑工人，20世纪70年代末高考落榜，进入流动打工人群中，成为辛苦劳动的打工人。他的经历可以算是一部劳工视角的改革开放史，并且他先后两次在机构发展的关键期因由着我们的需要，支持我们的工作。

2009年春末，我与何大哥初识于海淀区的某工地，他和他的弟弟（何正武，我习惯称呼他"二哥"）多数时间做钢筋工，也会做木工、架子工等，各工种都能干。每天早上5点上工，晚上10点下工是常见的工作状态。2009年9月，工地工作结束，何大哥和何二哥却没能拿到工资。

层层转包的用工制度和层层垫付的生产方式，使得建筑工人被拖欠工资的情况屡见不鲜，往往工人成为最终的垫付者，他们垫付的是自己的劳动力，而上面层层的老板靠工人垫付的劳动力获取自己的利润。

何家两兄弟垫付了自己半年的劳动力却没能拿到工资，数次追讨无果，最终下定决心走上讨要劳动合同的维权路。然而这条路不好走。

有敏锐的媒体感知到了兄弟二人维权的新闻价值。先后有多家媒体对他们进行了跟踪报道，继而引起不小的反响。这起看似普通的官司，被业内人士解读为建筑业农民工"追讨劳动合同第一案"。2010年11月18日，两兄弟胜诉，历时一年零两个月的欠薪追讨之路终于画上句号。

陪伴和支持何家两兄弟追讨劳动合同的过程，让我们的生命紧紧联系在一起。何大哥通过自己的行动向整个建筑行业证明了法律的公正有效，官司胜利后，他自愿加入志愿者队伍，成为义务的普法人员，分享自己的维权经历，为其他工人解答相关法律问题。这样的互相帮助，让我们不是亲人，却胜似亲人。2019年春末夏初，我和我的家庭因受到意外冲击，我的爱人长达半年的时间与我们失去联系，何大哥和一些建筑工友因担心我们一家老小的安全，在事发的第一时间赶来，何大哥更是直接住在我们隔壁，像家人一样保护和照顾我们，没有收入，直到我的家庭团聚。2019年12月31日，何大哥返回四川老家照顾父母，直到现在，我们仍旧保持着家人般的联系。

2. 石二东的工伤案

欠薪往往是一个班组、一群老乡同时面对的难题，他们可以群策群力讨要欠薪。而建筑行业的工伤事故，往往只有一个人来面对行业这个庞大、复杂的用工体制，与讨薪相比，能够拿到合理赔偿的工伤案例明显更少。如果说陪伴何大哥讨薪的案例让我看到在建筑行业层层转包体制下建筑工人生存的不易，那么我全程主导参与的一起工伤案例，则让我看到底层人身上所迸发出来的强大力量。时隔多年，当我再次翻阅跟进江苏籍建筑工人石二东的工伤维权案例时，眼泪仍忍不住掉下来，对弱者的同情让我深度陪伴了他的维权之路，又不断在他的维权经历里获取能量。

石二东，1987年3月23日出生，江苏省邳州市邳城镇石顶村人。他家境贫寒，小学只上了一年级就辍学了。石二东的父亲于2004年病故，治病期间欠债5万余元尚未归还。2008年1月，石二东与一名稍有智力障碍的女子成婚，育有一女。

2008年10月21日，石二东跟随同乡的杜姓包工头来到北京温泉苗圃公交站旁边的北辰香麓工地做木工。2008年12月18日上午7点左右，石二东在十米高空作业时，意外被木模挂住，坠落到地。2009年3月经另外一家公益机构转介，石二东和他的妈妈来到了我们面前，我们自此开启了九个月的陪伴之旅。在这段陪伴中，我作为主要的参与者，与石二东和他的妈妈建立起了深厚的情感联系。

石二东无疑是脆弱的，家庭贫困，没有足够的外出打工经验，不懂法律，甚至缺乏足够的表达能力。为了帮助他争取到合法权益，我教他方法多方取证、陪着他奔波在不同的相关部门、以志愿者的身份指导公司申报工伤、为他们母子筹款筹物、帮他们整理和填报相关资料、陪他们跟工地方斗智斗勇……我曾在工地宿舍里、废弃的工棚里、桥洞下、马路边、劳动局的楼道里、工地项目部、医院里等多个地方找到他们，看到他们在乞讨、在打架、在养伤、在爬塔吊……无一例外，他们一直在努力争取自己应得的公平对待。在9个月的时间里，我与他们深深地卷在一起，并留下一份长达五万字的案例跟进日记。

石二东和他的妈妈从我这里得到了知识和支持，而我从他们那里得到的却是我初入社会的人生阅历，是一种对公益力量的坚信，他们给予我的正向反馈与激励，更加坚定了我对正义良知的守护。

这9个月时间，我看到了这对斗大字不识一箩筐的母子，以无知者无畏的勇气坚持到了最后的胜利。迄今为止，石二东工伤维权案件仍是我们跟进的一百余起工伤维权案件中，维权时间最短、工伤赔偿给付率最高的案件！

在最困难的时候，我们曾经想过转介和放弃，但这对母子不屈不挠的精神给了我们继续跟下去的信心，他们一直说自己笨，我却觉得，只有笨人才能从低谷挺过来，并看到你不曾预想的结果！对我们而言也是如此。我在这对母子身上，看到了自己童年的经历，我的母亲也曾是这样一位坚韧、勇敢的女性，带着病重的父亲和年幼的我们坚强地活下来，并将我们兄弟姐妹四人养育成人；我们也曾在困难时期得到过无数个援助之手，给我们温暖，支撑我们度过艰难。与石二东和他妈妈从工伤维权这件事相识，到以深厚的感情牵绊结束这一程的紧密陪伴，这是一种底层生活经历的情感共鸣，我们从对方身上汲取能量，不断向前。

也正是通过这样的深度个案跟进，我们发现了隐蔽的建筑行业用工体制以及导致建筑工人权益无法保障的根源。此后，我们不仅在工地夜校开设了与建筑工人职业安全和劳动权益相关的课程，还通过一个个直接参与维权的案例累积与分析，形成了调研报告。

2012年12月，我的团队发布了《无约束的资本，伤不起的工人——建筑业农民工职业安全与职业保护调研报告》。这份报告在无意间被两位全国政协委员接触到，并作为提案在2013年全国"两会"的政协会议上提出来。当年，根据委员提案线索，《人民政协报》的记者联系到了我们，进一步对建筑工人工伤维权问题展开了采访调查。2013年12月，《人民政协报》刊登了深度报道《伤不起的建筑工人》，通过对相关案例的采访、剖析，揭示了工伤建筑工人这一群体的维权及生存困境。

一时间，高校掀起志愿者服务建筑工人之风；工会系统内频频出现我们的声音；那几年的全国两会，都会看到政协委员、人大代表为建筑工人发声……直到 2014 年，在全国政协的推动下，四部门①印发《关于进一步做好建筑业工伤保险工作的意见》（人社部发〔2014〕103 号），实现了建筑业农民工工伤保险全覆盖以及工伤认定理赔流程的简化。

2023 年的最后一天，我收到全国政协机关报《人民政协报》创刊四十周年纪念出版物——《民意之桥》②。这本书里提及，由我们团队引发、多方围绕"建筑工人工伤维权"所展开的协商与法律制定，不仅成为《人民政协报》2014 年的年度标志事件，还作为社会主义协商民主的重点成效收录在中国共产党党史馆展览。

我作为一线行动者，深度参与了整个过程。我从无知者无畏的懵懂开始，到有了清晰的输出，学习建立自己的行动方法、学习相关法律和工人相关运动史，学习资本论和共产党宣言，学习社会问题分析视角……一边进行知识输入，一边在实践中做知识输出。很长一段时间，我像一名建筑工人口中的女侠，帮扶弱势，追求正义。在这些充满刺激与风险的一线行动中，我建立起社会问题分析视角，将个人成长经历与社会结构联系起来，在家庭给予我的人生底色上，不断夯实自己的底层观——能够以结构性视角，来看待资源相对缺乏的人；更能以一个合格公民的主动性与自觉性，来和周围的人一道追求社会公平与正义。我们，包括正身处底层的人，有自己的力量，我们能够在其中彼此激励并相互成就。

（二）从工地江湖回到温情社区

正当我在工地的刀光剑影、诗酒江湖中乐此不疲时，团队最初想要做的"再造桃花源"的社区营造项目终于有了资方，中国青少年发展基金会有意资助团队在冷泉村开展流动人口社区服务工作。但团队中所有人都不愿意从已经熟练的建筑工人服务工作中退出来，重新创业。

---

① 指人力资源和社会保障部、住房和城乡建设部、安全监管总局及全国总工会。
② 人民政协报社编著《民意之桥》，中国文史出版社，2023。

那时，我已经与那位初创团队的男同事开始谈恋爱。于是，在无人愿意接手这个项目的时候，我在"恋爱的人不适合在同一项目团队""建筑工人的服务工作已经比较成熟了""你适合做开创性的工作"的说辞和吹捧下，接手了这个合作项目，成立了"十分关爱冷泉青少年希望社区"（简称"冷泉希望社区"）。我从工地江湖回到充满温情的流动人口社区，开展社区营造。流动人口社区的工作不似建筑工人维权行动那样仗剑闯江湖，而是充满了鸡毛蒜皮的小事儿和脉脉温情，甚至常常让我看不到意义——他们虽然工资不多，但能够按月拿到工资，也能够与妻子和子女在一起，他们并没有建筑工人那样有更紧迫的权益需求，我们的工作对他们来说，可有可无。然而，这个认知很快被我否定了。

随着服务深入，我能够深入理解流动人口以及他们的家庭在北京这个超大城市里的生存样态。他们所面对的挑战不似建筑工人那样主要集中于讨薪与工伤维权，而是更复杂、充满着体制性的深层矛盾，例如住房、子女照顾与教育、稳定就业与劳动权益、身心健康、夫妻关系、子女入学、医疗等问题。他们是低收入的人、资源缺乏的人，而这些问题的重中之重就是子女入学。我曾在2015年围绕非京籍儿童在北京入学难的问题，写了一篇稿子，稿子得以在《人民政协报》发表，灵活地帮助六万名流动儿童解决了在北京入学难的问题。

"冷泉希望社区"从2011年7月开始，一直到2019年8月宣告停止，持续为流动儿童及其家庭服务八年。八年的时间里，我在这个社区成家，两个女儿也相继在这里出生，同流动家庭一样，我们共同经历着底层的一切——生育、看病、入托、入学的难题，相同的经历让我和他们之间构建起更加紧密的互助网络。

回看过去十多年的实践，对建筑工人或是对流动人口社区的服务，都取得了一定的成效。在具体行动上，有一些共通的经验呈现出来，并在实践中被不断验证。

工作做到底是处理人与人的关系，走进底层，成为他们。关系是所有工作的基础，而建立深厚关系的前提是关系对等，不是作为第三方提供服务，而是与他们同吃同住同劳动，彼此融合，我们下工地，工友也可以成为团队成员、成为战友、成为同一个身份的人。与其他流动人口家庭一样，我安家在冷泉，居住在希望社区，两个孩子也均在希望社区出生，共同的生活经验、共同的孩子教育难题，以及在共同经验里生发出来的非亲人却比亲人关系更密切的关系。

聚焦一个真实的社会问题。建筑行业议题和流动人口社区议题，我们都聚焦在一个具体的领域，扎扎实实地回应真实的社会问题。找准当中的关键人群作为切入点，围绕关键人群开展相应的工作。围绕一个议题开展丰富的、多元视角的工作，所有的工作均服务于最终目标的实现。

不怕不懂，只需要扎下去做。在解决真实问题上，浅尝辄止并不可取，"撒胡椒面"的方式更不是一种建设性的工作方式。"扎下去"似乎是一个难题，因为可能面临着资源单一，甚至没有资源，导致生存困难；或者人留不下来，一线工作永远缺人，缺优秀的人。但我永远相信——只要扎下去做，就一定能够有被看见的一天，资源缺乏、人才短缺也只是暂时的，关键是自己是否愿意去为自己选中的方向持续努力行动。

尝试多维度去回应问题。从根源上解决问题不是轻而易举的事情，他人的经验只能作为参考，创造性地挖掘适合自己工作场域、工作环境的工作方法十分重要。解决一个核心问题，需要多维度、多视角尝试不同的方法，要敢于行动，敢于试错。我们也曾在起步阶段绕着工地转很久却不得门入，也曾为了见到工人而每天在工地旁的各个小餐馆转悠，也曾开办新工人食堂，也曾在工地外小卖部门口放电影，目的就是见到他们、走近他们、为工作创造条件。

（三）"人间"团队，我的梦之队

一直觉得自己很幸运，进入公益行业之后能够遇到一群优秀的人，共同组建了一个优秀的团队，我在这样一个团队里快速成长起来。

面对陌生的建筑工人群体，我们的经验是零，行业经验也近乎零。来到这里，我也不知道要做什么，来了之后才在一堆故纸堆里看到了最初那份《再造桃花源》的项目计划书。2019年一场突如其来的变故，再造桃花源道路被阻断，团队被打散，机构也被迫注销。但回望这些年，我们自觉地融入底层社会与底层行动，激扬文字，脚踏实地，有过争吵，有过委屈，一起喝酒，一起战斗，每每回忆，都是青春肆意张扬、快乐惬意的样子。

没有机构？没关系，我自己就去成立一个可以给自己签署劳动合同的机构，于是有了"人间"团队……

没有办公室？我们就在冷泉村里租下了一个破旧的院子，自己动手装修。第一次的装修，是用工地上的彩条布把哗哗掉皮的墙面包了一层而已，离开冷泉前的最后一次装修，竟然能够用得起 PVC 板包墙了……

没有住处？在山上桃园深处给自己租一个农田里的小院子作为我们的家……

没有经验？没关系，闯吧！一周 7 天，休息 1 天，开会学习 1 天，跑工地 5 天，几乎跑遍了附近所有的工地，认识了每间宿舍里的工人，在工地跟着工人混吃混喝，最终也摸索出一套兼具研究、实务、工人文化与政策倡导的工人工作方法……

激情中总是伴随着分歧与统一，但最终都是统一占据上风。批评与自我批评是惯常的做法，犀利到直戳人心，但并没有因此而影响团队成员之间的感情。团队就在一路争吵、打架和与工人同吃同住同劳动同战斗中成长起来，共同的理想让我们不分昼夜、不知疲倦、不怕危险、敢闯敢干，完全不计个人得失，一头扎进建筑工地中，团队之间建立起坚定的战友情。

当然，除了同吃同住同劳动同战斗的革命情谊，我也在团队中收获了爱情。我们的爱情，不是从你侬我侬开始，而是在一起的战斗中对彼此的价值观有了更深层的了解。他是骑着破旧的三轮车给我们送素炒饼、在吃饭上极度抠门的男同事，是固执地不与我们女生"同流合污一起喝酒"的人，是因为发不出工资而对我入职投反对票的创始团队成员。他也是团队中最清醒、最理智的人，是老师多次强调"学习做人"的榜样，是团队中最有才华的人。他与人的深度链接能力让我羡慕，他能写诗作文不断阅读是刺激我进步的人，更是充满社会理想和斗志的战友。从确立关系到结婚，这期间我忙于筹建"冷泉希望社区"，无暇恋爱，婚后才开始恋爱可能也是现实婚姻里奇葩的存在了。

好的婚姻能够支持彼此成长，我想我们的婚姻应该就是这种。我们一直能够从彼此身上得到支持和激励，一道成长。

战友般的情谊是我在团队里最宝贵的收获，我们拥有可以彼此交付后背的信任，是可以超越同事关系、超越亲人关系的存在。

追求公平正义的社会理想是我最获益的价值取向，我的工作、团队都与我的生命动能紧密结合，那么一致和自然，夯实了我的世界观、人生观和价值观，我自己也在这样的动力中快速成长起来。

我的强行动力是在团队里被培养起来的最优秀的能力，也是在后面长时间的工作中不断强化与重视的内容。困难并不能打倒我们，只有在不断的实践中，才能够找到更为清晰的方向。

不断学习和彼此支持共同成长，是我对团队最大的期待。"人间"团队有严格的学习制度，每周一次的学习惯例，一直保持到最后一个项目团队解散。我觉得，每个人可以有不同的起点，但起点并不会决定终点，学习是能够让我们走得更远走得更好的必要条件。

就这样，我活跃在一线的工作一直持续到2015年。这一年，我收到了资助方的工作邀请。一方面，此时的建筑工议题已经在建筑行业规模收缩的情况下逐渐收缩；另一方面，我的抽身，可能是希望社区工作团队更加独立的契机，我的身份从此调整为督导者和支持者；此外，尝试新的平台，或许可以在流动人口议题方面有更大的工作空间。所以，我在当年9月正式入职一家基金会，从一名被资助者，变为一名资助方代表。

三 理想经我而实现

如果说，"人间"团队提供了一个让我与我的底层关怀逻辑一致的实践平台，来到基金会后，我最大的挑战是找到一条再去承接实现公平正义社会理想的路径。

2015年9月，我来到基金会工作，成为一名资助方代表，这对我而言是一个非常大的转变，不仅转变了工作身份（一线工作者到资助工作者），更是转变了工作场域（从草根组织到基金会）。我有了一个完全不同的平台和视野，这里需我将一线实务中积累的经验转化到支持其他伙伴开展一线服务中去。经过短暂的适应后，我找到了自己的角色，与伙伴通力合作开展工作，支持伙伴的成长，在这个阶段，项目最多的时候有十多个，集中在云南和四川，虽然忙碌，却很充实。

2023年，我在基金会有了新的角色和分工。我从具体的项目负责人调整为项目总监，更多的是去支持同事开展工作。这一次角色的转变远没有上次调整那么容易。

理想与现实之间总是存在着巨大的拉扯。角色的调整，带来的是距离一线更远、工作内容不清晰、个人工作路径和方法不清楚、面对多重权威关系下的逃避和痛苦……这些问题的出现，让我循环往复地出现自我否定、不知所措，甚至一度想要辞职离开。十多年来所秉持的底层关怀在当下还能如何发挥作用？

（一）对环境的不适应是让我迷失方向的重要原因

底层关怀行动塑造出来的我，在这个阶段出现了极大的不适应——没有了梦想中激情燃烧的团队，社会理想鲜被谈及，更多的是一种工作的考量；一线社会组织提出的项目无法解决真问题，而只是流于活动；我们追求平等的资助关系，但在个人工作落下时却带着明显的权威关系；如何平衡项目监管与支持陪伴……所有这些问题，看似是在我目前工作岗位上呈现出来的不适应，但仔细分析，所有问题的呈现，反映出来的是公益环境普遍存在问题，是我对当下公益界的失望产生的连锁反应。

一是因公益从业人员职业化而带来的去社会理想化。职业化本身并非坏事，但是在职业化过程中，从业人员越来越看重收入与付出的比例，越来越抽离于社会底层，越来越将公益从业作为一个营生来做，不断弱化对社会理想的追求。如果没了社会理想，公益行业只会越来越没落，公益精神和解决真问题的经验在行业内得不到真正的传承。

二是公益行业充斥着一套看似科学、可评估的所谓有效公益的评价体系。可是这套评价体系，是否能够真正有效地支持一线行动者呢？相较于十多年前的公益行业，当前一线实务工作多数情况下并不是年轻人的优选；更多人愿意投身于支持性机构（或资助、或研究或协作机构治理/战略规划等）。尽管这些人具备了足够广的视野，但在开展支持性工作时，却很容易抽离现实，导致很多资源的走向、公益项目的管理等都趋向于一种不落地的、虚无的状态，而真正想要扎扎实实做工作的人，却得不到资源；或者声音太小，不被听到，不是资助方青睐的模样。

当下，我所在的基金会也在资助一些伙伴开展基层社区教育工作，收效却并不明显。基金会已尽最大能力做到可以连续长期资助，而一些一线伙伴的工作却总是落不下去、扎不下来。尽管请专家匹配了专业学习和培训，但从结果看来，问题并不出在是否掌握了知识，而是大家的底层逻辑出了问题——我们是否愿意真的投身进去，成为他们中的一员，而不是仅仅作为独立的第三方服务的提供者。当我们只是在外围，以一个所谓"专业"的身份进入社区，并不能融入社区，不能回应真实的社会问题，就很难撬动真实的改变。只有与社区民众建立了深厚的关系，才有可能激活社区内生力量，重塑社区合作精神，也才能够使自己和团队焕发勃勃生机。

像我一样困在理想与现实差距中的公益伙伴可能不止一人，这是我们这一代公益人共同面对的难题。我们每个人都被深卷其中，要么随波逐流，要么主动改造，我要如何在这样的公益环境下，在这样的角色位置上，重新依赖底层关怀继续前行？一个好的行动者要基于当下的环境找到改变和前进的动能，而不是被环境所束缚。

（二）从一线行动者到支持者

移动互联所带来的快节奏和知识碎片化的确在深刻影响着公益行业的业态与评价体系，经济下行所带来的资源短期化和不确定性也给公益事业的可持续性带来挑战，不断抬升的生活成本，也让公益从业者一定会将收入作为一个重要的考量指标，我们在进行社会问题干预时，都力求安全，而非深刻。

我基于过去一线的实务经验以及对"梦之队"的期待，对自己工作高要求的同时，也会对团队成员和伙伴有高期待。这样的高期待，反而给伙伴和同事造成了压力。当工作、团队的成长不能满足我的想象时，便成了一种束缚，出现周期性的困顿。

我清楚地知道，环境的改变导致"人间"的团队文化和"人间"的工作方法都难以复制。行动是当下情境的产物。当时的情境，形成了我们那样一个团队，形成了那样一种工作氛围。过去的工作与团队成就了我，同样，也成为我现在痛苦和纠结的来源。坚守固然没错，可是环境一直在变，身边的人在变，具体的工作场域和工作内容、工作方式和领导方式都在发生变化，而我却过于执着了。执着于过去的工作方式、执着于寻找过去那样的团队，脱离现实的执着就变成了盲目，当外界不能满足自己期待的时候，就会陷入一种不健康的状态。尤其在 2023 年，因工作调整，我的主要工作不再是面对伙伴一起回应某个社会问题，而是通过支持同事来实现社会理想，这是个人成长的一个重要契机。我需要在当下找到适宜的路径，让自己坦然融入当下，改造当下。这时候，行动仍是重要的方法。

2023 年，我用两个月的时间把基金会在甘肃资助的所有项目点都做了实地考察。这些项目由不同的同事负责，在走访中，我了解了甘肃的伙伴及项目执行情况，也看到了同事们的工作状态。当然，在一起走访的过程中，我与同事们建立起更为密切的关系，并能够基于自己的思考和过往实践，结合当时当地的具体情境，在一些关键点上给同事与伙伴支持。2024年初，我长期陪伴的云南项目同事将我在建筑工人服务活动中所发展出的工作手法，用于居家养老服务的活动中。

在团队内部，我主动拓展多层次的对话。首先是与基金会总干事的多次对话。总干事有纯粹的公益理想，我能够开诚布公地将自己的感受、看法及思考与她进行对话，彼此表达各自行动背后的思考。其次是与同事的对话，与同事一同出差、参与同事与伙伴的线上会议等，带动大家越来越朝向一致，用行动去创建自己理想中的团队。再次是开展与伙伴的对话，既能够满足基金会对项目管理的要求，又能够兼顾伙伴的实际情况，希望能达致团队内部的相互理解以及听得见不同声音，推动团队内部更多的集体沟通，创造更多在集体中表达的机会等。眼见着，改变已经在发生。

同时，我也在不断反思自己的行动。作为一名资助方代表，与合作方保持良好的资助关系是重要的工作内容之一。从一线成长起来，我更能理解一线行动者的行动位置与行动思考，我也愿意自己是一名同行者、支持者，能够给我机会深度参与项目的多个环节，此刻我们仍然可以建立另外一种战友关系，大家在不同位置发挥自己的作用，共同为推动某个议题、解决某个问题而努力，创设一种平等的、相互尊重的资助关系。在这样的关系里，我们可以打破团队界限，实现超越团队层面的情感呼应与链接，彼此能够在这个良好的关系里得到支持和滋养。不管这是不是一种超越现实的理想，我都希望在我这个位置，能够尽量去拓展这样的空间。

我想，不管时代怎么变，假若我们公益人都有了底层关怀的信念和定力，总能在自己的行动位置上做出对这个世界，也对自己有意义的事情来。在执着和变通之间辩证地来回，也是我要做的功课。

附录1 可持续社区行动研究学习研习营学习心得摘录

编者按：

　　关于学习心得的编辑考虑，编者的想法是尽量用生动活泼的方式，呈现我们这个行研网络的意义和格调，而非单纯输出行研知识点。所以，编者先是放了一篇2021年底杨静、刘源和李大君围绕《悄然而深刻的乡土变革》一书的对话整理稿，这次线上分享也是我们这个行研营的报名预热活动。接着放了一篇杨曙辉关于行动研究与反思的文章，体现了杨曙辉通过我们这个行研网络学习展现出的以小见大的功力。第三篇是才旺江才在大凉山的学习心得，有他在凉山与侯远高老师的共鸣，也有他作为对话者在反映对话场的复盘与反思，是行研学习者在身心灵上一次较为深刻的体验和呈现。再有就是杨旭伟（岩羊）、张杨分别就吾木工作坊发生的"翻车"与"近邻对话"展开的反思，既有两位的深刻体验，也能从中窥见我们这个网络通过具体事件把大家"拉下水"真学真干的特质，通过具体的事件带出了我们这个行研网络的味道和知识点。最后一篇，放了李大君对吾木工作坊的复盘，吾木工作坊是三次工作坊里活动最丰富、知识点多且大家感受最深的一次，借此呈现我们工作坊的形式和团体动能，也希望对和继先老师在纳西族村落卓有成效的工作予以呈现。

让行动者有力：实务工作者知识生产的重要性

对谈人：杨 静 刘 源 李大君[*]

整理：李文芬[**]

> "实践者是实践知识的创造者，因此也应该是他们所创造的实践知识的书写者。"
>
> ——摘自《悄然而深刻的乡土变革——本土性农村社会工作探索》

在可持续社区行动研究学习网络正式开营前，作为报名的预热活动，本书的三位编者杨静、刘源、李大君围绕我们这个行研学习网络的必读书——《悄然而深刻的乡土变革——本土性农村社会工作探索》展开了对谈。书中分篇梳理了国内实务项目中的四个典型案例，是实务工作者以及协同实务工作者开展行动研究的代表性成果。三位编者从不同角度分享了实务工作者生产实践知识的故事和经验。

杨静：行动研究帮助弥合中西方经验之间的鸿沟

我从20世纪90年代初开始持续参与妇女、农村发展等领域的社会实践，被老一辈妇女工作者和发展工作者强烈的使命感和灵活的工作方法所滋养。当2000年开始学习和实践源自西方的专业社会工作时，我强烈感受到本土经验和西方理论在我头脑里的碰撞。

---

[*] 李大君，毕业于云南大学社会工作系。从2003年开始在可持续发展的相关领域，从事一线实务与行业发展工作。现就职于北京合一绿色公益基金会，恒星伙伴计划项目执行负责人，行动研究的学习者和推广者。

[**] 李文芬，北京大学社会学硕士。2012年进入公益领域，主要围绕流动妇女、农村妇女、单亲母亲、多元性别等人群或议题开展项目评估、实务研究、共学培训等。现为北京鸿雁社工服务中心联合创办人、业务总监，关注家政工群体的生存与发展，负责机构业务统筹、实务知识生产、团队发展等工作。

举个例子，西方社会工作非常强调"专业关系"，一般是指比较理性的有明确边界的契约关系，但在中国乡村和老旧社区的实践中，我们必须跟群众建立"鱼水关系"，同吃同住同劳动，充分考虑人情和面子，否则，工作就会很难推动。另一个例子，20世纪90年代，国内NGO开始发展，想学习西方治理NGO的经验，其中一项是建理事会，这也是注册时必须要有的治理结构。但在国内NGO里，理事会往往由机构创办人聘请创建，而机构创办人往往是执行主任，所以执行主任大多并非由理事会聘任，因此理事会难以发挥法定的作用——这种状况延续至今。

西方经验与我们的日常实践之间存在很多错位，这样的例子不胜枚举。也就是说，完全用西方知识去解释、解决中国社会问题明显会水土不服。但那时，本土实践者行之有效的经验还很少被提炼成可供广泛分享的知识。

2006年至2008年，作为德国米苏尔基金会的顾问，我参与了中国妇女NGO二十年公益历程的经验梳理，深深震撼于她们在性别平等促进、团队带领等方面积累的丰富经验，明确感受到这些经验对其他社会组织及公益人的价值。于是，作为国内最早一批学习西方专业社会工作的高校教师，我萌生了一个强烈的愿望，即协助本土实践者去梳理、提炼、分享本土实践知识，从而传承老一辈的经验，培养理解本土情况、符合本土需要的社工人才和实务工作者。

2008年，在北京倍能等的支持下，我带领北京近邻组建农村发展工作者学习网络（也称为"老网"），梳理本土农村工作经验，整理出版了《在地人形——本土农村社区组织工作探索》一书（在地人形，名称取自夏林清老师的一篇文章），其中有梁军老师撰写的周山村妇女手工艺小组发展案例。出版之后，这本书在发展工作者中被广泛阅读。目前虽已绝版，但这些实践行动依然在继续，2016年，我们想重写一本书，在刘源的支持下，选了河南周山、玉树金巴、山西永济、丽江拉市海四个案例，用行动研究方法，历时两年，协助实务工作者合力完成了《悄然而深刻的乡土变革》，以此呈现一辈人抱着理想、带着使命、用生命探索出来的经验。

刘源：行动研究把实践知识提炼出来并共享出去

我长期在基金会工作，大多是以资助方的角色来参与推动行动研究。推动行动研究对我而言，不只是一项工作，也是我基于个人人生价值追求的一个选择。我之前在基金会工作了13年,其间支持编撰出版《悄然而深刻的乡土变革》这本书。作为一个致力于在社区中推进减贫和发展的资助型发展机构,为什么愿意支持这样一个由实务工作者进行知识生产的工作(我们通常称为"经验提炼"或"倡导")?这背后肯定是有相关思考的,这里主要分享三点。

第一,深度案例的价值。这本书撰写之时,国内有很多机构已经从多角度推动乡村扶贫和乡村发展工作,有些已经持续了很多年,但是,很少有人对这些工作进行扎实且饱满的梳理,因此我们能看到的深度案例很少。深度案例既能展现实务工作中的曲折与血泪,传递鲜活的生命力,这是感性的一面;又能展现相关方在行动过程中的深度探索和思考,这是理性的一面。《悄然而深刻的乡土变革》就是要紧密围绕这几个典型实务案例开展深度梳理,当时团队认为很有价值,应该支持。

深度案例的价值在于其有助于本土经验知识的提炼、传播和共享。经验知识源于对某个领域或社区有长期投入与深入探索,国内不少公益机构在这方面的回看、整理和呈现上,都还比较薄弱。《悄然而深刻的乡土变革》包含四个案例,分别发生在山西、河南、青海、云南的不同地区,涉及环保、性别、生计、文化、金融等不同议题,覆盖牧区、农区、山区等不同地理环境,但它们都基于实务工作者多年的扎实探索。显然,这些案例具备相当的宽度和深度,因此蕴含的本土经验知识的分量和厚度非比寻常。

第二,行动研究的作用。与一般的案例总结不同,行动研究凭借其分析框架、梳理方法以及书写视角,可以让这些案例蕴含的经验知识真正被提炼出来、传播出去。除四个厚重的案例之外,本书主编杨静教授深厚的"且行动且研究"两手都硬的行动研究功底也是当时基金会愿意资助本书出版的另一个重要原因。在杨静教授的协助下,书中实务工作者对自身案例做了饱满的互动分析和深度的脉络剖析,将深度案例蕴含的经验知识呈现出来,从而实现并可能在未来无限放大这些案例的价值。

第三,实践经验的推广。作为资助方,当思考某项工作值不值得资助、值不值得投入资金、心力、精力和智力时,我们很看重的一点是,这项工作的产出是否有推广点和推广的可能性,是否可以惠及更多人。之所以资助《悄然而深刻的乡土变革》这本书的编写和出版,就是因为团队也认为这本书能够承载这样的价值,即不仅能把这四家机构的实务案例经验知识呈现出来，还能让行业里更多的机构和实务工作者从书中有所习得。

行动研究对公益领域的从业人员（尤其是一线实务工作者）非常重要。

第一，行动研究是实践者发声的重要抓手。发声不仅是能力，也是权利和权力。在国内的社会格局中，小到一线公益机构，大到整个公益行业，我们的声音更多时候只能被我们自己听到，很难出圈。这里面的问题在于，我们很少把我们自己的实践行动转化成可以对外呈现的文本。行动研究能够帮助实现这种转化，从而助力实践者自我清晰发声。当年支持《悄然而深刻的乡土变革》这本书最基本的一个动因就是为了支持实践者发声。

第二，行动研究是实践者丰富知识的重要途径。当下的社会环境有它的特点，更多变也更难以预判，了解外部环境的同时，更重要的是要想我们能做什么。我认为，公益人最重要的是要有知识，包括理论知识和实践知识等。只有具备知识，才能在这个行业里立得住、走得远，以及在有需要的时候护住自己，如果欠缺必要的知识，则可能身处一圈一圈的漩涡中，任由雨打风吹兀自飘零。行动研究在帮助实践者学习、生产、积累各种知识方面非常有效。

李大君：行动研究帮助实践者探寻并解决真问题

作为实务工作者以及本书案例的书写者之一，我怎么看待实践者生产知识这件事？我做公益将近 20 年，最近几年，有很多不适应，感觉公益人在这个时代很难如鱼得水。中国公益领域的垄断格局正在形成，给公益新人留下的空间不比以前。另外，公益领域整体呈现较为浮躁的趋向，这些年反复强调科学公益，强调产品化，强调复制，但能够为了公共利益不断深入去推动改变的项目已经没那么多了。

在我公益生涯里的前 10 年，公益参与改变社会的力度还是蛮大的。举个例子，《南风窗》从 2003 年开始评选年度公益人物。从 2003 年到 2013 年，每年评选出来的公益人物几乎占到年度人物总数的半壁江山，但最近四五年，评出的公益人物加起来也不超过 5 个。也就是说，在公益不断强调复制、推广、产品化的时候，公益领域触及社会问题的深度以及回应社会问题的力度其实都在减弱。

《悄然而深刻的乡土变革》里的案例都不是当下的网红案例，如果按现在的公益套路和行业大趋势，它们甚至很不合时宜，因为它们虽然积累了丰富的经验，但很难产品化，无法从一个项目点快速复制到另一个项目点。此外，在移动互联网支撑的快餐文化时代，我们不停地接受碎片化知识，很难投入精力专心研读案例，也很难投入精力把自己的项目做深。那么，我们为什么还要书写这些案例？

这些案例因独特的地方文化、人文和自然环境等形成了不同的思考逻辑和行动框架，并在多年的扎实实践中磨砺出非常深厚的本土经验。通过书写这些案例，我们希望把其中蕴藏的经验提炼出来，让今天及未来的实践者能从中有所习得。我认为，这些案例都展现了一个相似且非常重要的经验，即实务工作者要在具体情境中，充分挖掘本土经验、找到真问题和元逻辑，基于此而形成项目逻辑。

学习社会工作的时候，经常看到"人在情境中"这五个字，但我真正开始理解这五个字，则是在进入具体的实务工作之后。在书写案例的过程中，我看到，实务工作者与外来协同陪伴者的书写逻辑是有差别的。如果不在具体情境中，很难设想情境中的人是如何构思和行动的；如果真正参与实务，作为情境中的一名实践者，则比较容易把握实践者们是在怎样的具体情境里如何行动以及形成了什么样的思考。

《悄然而深刻的乡土变革》这本书对如何找出真问题也有特别实用的启发。毛泽东主席说，没有调查没有发言权。但调查也还涉及调查深度的问题，这个调查有没有真正触及问题的原点？书中丽江拉市海的案例显示，不同利益方都依据自己的调查结果、专业理论和美好想象而形成自己的逻辑，比如为了保护水鸟，政府的逻辑是设保护区，科学家的逻辑是冬季禁渔，但最终，问题不但没解决，反而变得更错综复杂。

要探寻真问题，就真的要浸到具体情境中。不仅实务工作者要在具体情境里思考问题，作为生活在情境里的最大相关利益方——当地村民也要深度参与，要有空间和相应的话语权参与到问题的分析和解决过程中。行动研究所说的实践者不只是我们这些实务工作者，还包括当地村民，因此，"实践者的知识生产"要考虑当地村民的实践知识如何被生产出来，如何被看到和听到，以及如何用于实际问题的解决。

总结来说，做项目设计前，要找到真问题；为了找到真问题，要在具体情境中思考、做工作；找到真问题后，要从这个逻辑原点开始构思项目，形成一套自洽的项目逻辑。就拉市海案例来说，当时有几个工作非常重要。第一，做口述史。通过口述史，我们了解了情境中的人如何面对、如何思考这个问题。第二，做参与式农村评估。邀请本地村民参与评估和对话，一起构建项目规划，形成最终的行动逻辑框架。此后，就是我们动员和推动各利益相关方尤其是在地村民发挥能动性，将我们共同制定的这套逻辑框架付诸实践。经过十八年的时间，我们当初画在大白纸上的图景和梦想全部变成现实。

刘源：行动研究产出的文本到底是给谁看的

刚刚大君提到的丽江拉市海案例，我们选择了绿色流域在拉市海波多罗村的案例进行书写。关于这个案例，当时我在的基金会团队支持产出了两个文本。一个是2014年绿色流域孙敏老师执笔的《波多罗：大山深处的发展故事》，另一个就是2018年《悄然而深刻的乡土变革》，孙敏和大君两位联手撰写的《基于生态修复的反贫困实践——以丽江拉市海流域彝族山区减贫实践为例》。前者侧重展示一个案例故事，后者则使用行动研究方法重新编排了分析框架、采用了不同的书写视角，所以呈现效果、阅读感受都很不一样。当然，这两个文本本身定位追求的目标也不一样。

前一个文本用文字和大量图片对基金会和绿色流域在这个彝族小山村的项目做了深度梳理，清晰地向各界展示了我们绿色流域作为一家发展机构怎样来到村庄、怎样和当地村民一起工作、走过了哪些历程、取得了哪些成果、变化的轨迹是怎样的、又留下了哪些遗憾等。作者孙敏老师类似于一位专门受邀请的撰写专家，但比一般学者和作家好的是，孙敏老师不仅曾是职业作家，而且长期跟绿色流域在社区工作中密切合作，当然，我想这个介入程度与大君参与一线行动还是不一样的。基于孙敏老师强大的写作能力和对社区与机构的深入介入，这个文本有很强的可读性，能令读者津津有味地阅读全文，了解到希望传递出的各类信息。

在后一个文本里，因为有行动研究这条脉络，所以大君更多地从问题分析角度进行波多罗案例叙事。行动研究很有用，它像拐杖，帮助实务工作者梳理走过的脉络，如果把行动研究内化成习惯，它就不再只是一个工具，它会影响实务工作者如何看待社区、看待行动、看待团队、看待自己的理念和价值观。当然，在从问题出发的叙事角度下，产出的文本少了很多漂亮图片（与前一本案例报告相比），多了很多深度思考，可能会让一部分读者缺乏阅读兴趣。那么问题来了，行动研究产出的文本到底是给谁看的？

李大君：实践者可以从别人的文本里照见自己

对于我而言，书写这个行为研究文本，首先是让我去回溯自己多年来的行动脉络。通过回溯，我发现，早在2006年我对拉市海项目做梳理的时候，我已经无形中用了行动研究的一些手法，尽管那时我对"行动研究"还没有系统了解。当实践者回溯自己过往的行动逻辑时，会发现很多外来研究者所难以发现的东西。

最令我触动的是，通过回溯我们进入社区做参与式农村评估、做项目规划的整个过程，我发现，我们那时已找出了一个真问题，形成了一套社会学意义上的集体行动框架，也找到了我们的同盟军。我还发现，当我们以行动者的角色卷入更多利益相关方在地化地做事情之后，我们获得的信息不再受限于某个或某些人的专业，而是把各种信息汇聚起来，把更多资源调动起来，去服务于真问题的解决。

除了让自己获益之外，我写这个文本是给谁看的？我觉得，最重要的不是给研究者看，也不是给资助方看（当然，一些优秀的资助方会愿意看），而是给一线的实务工作者看。以我为例，为了写波多罗案例，我认真且反复阅读了梁军老师书写的周山村案例。在阅读过程中，通过不断拿周山的行动脉络和行动经验跟我自己的实践脉络和实践经验做对照，我逐渐理清了自己当初的思考逻辑和做事路径。

阅读别人的行动研究文本并在阅读过程中相互映照，不仅能让实务工作者从别人的经历中更清晰地看见自己的行动脉络，还能学到一些方法以及价值观。比如，如何看待社区和社区居民。社区是问题的制造者吗？是我们解决问题所要针对的对象吗？社区居民是我们解决问题的工具吗？他们为什么不理解我们？我们了解这些活生生的人的想法吗？当我们认识到问题都是相关方共构的，当我们转变看待及对待他们的角度，他们会成为我们的同盟军，跟我们一起共构、共益。

杨静：实践及行动研究都无法用理论框出来

按照一般研究者的书写习惯，文本开篇一定要有文献和理论框架，然后用这个框架去分析案例。实务工作者普遍很难这么做或者反感这种做法，包括梁军老师，因为经常有学者拿着既有框架去框她的实务案例，还说根据理论，你还可以这样那样做，还可以怎样做得更好。其实，实践是在复杂的场域中一点点尝试、摸索出来的，实践现场也远比我们透过理论看到的要丰富和复杂得多。很难说哪个实践是某个具体理论指导下的产物。

一开始进入周山村，梁军老师是带着对性别平等的关怀的。这跟梁老师的经历有关。她曾是河南妇干校的副校长，是中国最早的一批从事妇女学研究的学者之一，对性别问题一直特别关注。河南的重男轻女现象特别突出，梁老师她们就想推动当地妇女成立自组织，依靠在地力量促进性别平等。进入之后，她们很快发现西方的社会性别理论根本解释不了中国为什么有那么强的男孩偏好，于是，就转头从我们老祖宗传下来的制度中去找原因，并结合社会性别理论，改变性别不平等的框架（也是在实践中发展出来，不能完全照抄），这才抓住了重男轻女现象背后的真问题，对周山村后来改变重男轻女现象发挥了根本性的作用。这是将中西方的性别理论结合解释中国问题的一个案例。

玉树金巴案例的实践更没有什么理论的指引，而是他们凭着信仰，带着一颗大慈悲的心，发现问题之后就找办法去解决问题。他们压根没有学过什么理论。后来，我们在整理金巴实践经验的过程中发现，他们做的工作能够跟反贫困工作对照起来，而且，从反贫困视角出发，能够清晰地看到他们怎样从关注物质贫困，慢慢深入关注生命健康，后来还开始关注妇女赋权等。他们的实践某种程度上是对反贫困理论的发展和延伸，所以，在书写金巴案例时，我们就借用了反贫困理论去做总结和反思。这是借用西方的理论来解释中国实践的一个案例。

周山村和金巴的案例都说明，实践者不是拿固定的理论去规划实践，而是边实践边学习那些能够解决实践问题的理论，不断地在实践和理论中来回对话，实践和理论相互支撑、一体促进改变。同样地，在书写行动研究案例时，我们既无法用某个理论框架去框定既有的案例，也很难用案例来证明某个理论，而是用摸索出来的视角来梳理案例。这是研读行动研究文本以及做行动研究时要注意的一点。正因为实践和行动研究都无法用理论框出来，所以，做行动研究还要重视另外一点，即学习提问和对话的方法。

与项目报告不同，行动研究要深入梳理行动逻辑是什么以及是怎么产生的，其重点和难点在于呈现实践中的一些默会知识或者一些只能意会难以言说的知识，还要把说出来的经验知识提升成反思性/反身性知识。为此，在研究过程中，实务工作者必须不断地自我反问，或者由别人提问，进行深度对话。也就是说，做行动研究的确需要一些方法，尤其是提问和对话的方法。所以，当我们进到一个案例的现实场域，我认为最核心的不是看实践者们做了什么，而是去问他们为什么这样做，以及他们背后的行动逻辑是什么。

不管文本写得如何深入，书写总是有限度的，能付诸文字的始终只是浩瀚实践中很小的一部分，因此我认为，读文本只是一个指引，对案例的深度研习还是需要进到案例的现实场域中去，同时，也把我们可以借鉴的理念和方法放到自己的实务场中去转化与检验。

行动研究，让我学会反思

杨曙辉

反思，是分析行动的前因后果，寻找其背后的逻辑、观念以至思想，梳理行动与思想的关系，并通过行动的改变实现对自我的超越。它既是态度，也是方法。当你真正开始反思的时候，就能感受到它的巨大力量。

反思的核心是批判性思维，批判性思维不是简单地否定和批评，而是独立思考，简单说就是过过脑子，至少经过自己的常识筛选，不人云亦云照单全收，不根据事物的表象做出评判和得出结论。

行动发生后，当我们开始问自己"为什么"的时候，反思就开始了。请注意，是反问自己，不是质疑对方。例如我听到别人说的一句话不舒服，反思是要问自己"为什么我会不舒服"，而不是反击对方"为什么他要这么说"。当我连续追问自己"为什么"的时候，自我剖析就开始了，从而掘进反思的深度。

大多数时候，反思容易演变为一种对其他人的否定和质疑，大概因为在别人身上找原因更容易，却难以对自己进行严格的审视。坦诚面对自己并不容易，把"我"从"我们"中找出来，让我看到"我"，擦净所有粉饰，卸掉所有包装，像照镜子一样打量自己，仔细观察自己，审视自己的目的、逻辑、态度、能力，直面自己的选择、欲望、无知、懦弱，与自己的过往对话，与内在的自我交谈，所谓灵魂深处闹革命。

然而，大多数人还是缺少自我解剖的胆量，也缺乏足够的理性，似乎本能地就心疼自己、宽容自己、保护自己，更多地看到行动中自己的不得已。因此，我们口头上说反思，其实大多数时候是在反思别人，解剖自己的力度和范围非常有限，不疼不痒。而且，大多数反思还停留在对信息分析的层面上，没有到概念的领域，更没有达到观念的程度。那些不擅长自我反思的人，可能需要别人的支持和帮助，这大概就是反映对话的作用，让他人帮助自己看到自己未看到的，深化自己对行动的理解。

敢于自我批判是内心强大的表现，但敢不敢自我批判还只是前提，能不能实现自我的改变才是关键，这才是行动者追求反思的结果。改变一定是反思之后的痛定思痛，没有深刻的反思，就没有足够的发自内心意愿的改变，真正的改变也不会有发生的可能。

诚然，反思不仅仅是对自我，也包括对环境、文化、社会、历史等的反思。但对自我的反思仍然很关键，反思终究要回到自己，看到自己行动背后的思想以及思想带来的行动。让自己在思想上成长，进而在行动上进步，从而能不断超越自己。

对行动进行反思，是不是在否定我们做过的事情呢？当然不是。如果只是简单地否定，那过去的一切就无法形成我们称之为经验的东西，这样的过去就是浪费，不能促进成长。那些因我们的行动而产生的结果，无论好的还是不好的，我们都应该认真反思，汲取经验，不断完善自己的行动。

但反思毕竟不是回忆、复盘，而是"通过对指向自己行动改变的目标进行系统思考来完成"。如果只是思考已经发生的行动，只能说还只是停留在个人经验总结的层面上，思考的深度极其有限。这时，理论阅读就成为一个借助外力思考的契机，让我们能得到人类历史上那些智慧头脑的帮助。比如保罗·弗莱雷《被压迫者的教育学》让我理解了什么是压迫，谁是压迫者和被压迫者，他们怎样影响了我们的思想，多年的教育给我们的思想方式带来的影响。当然，阅读的面可以很宽，对我来说，刘慈欣的《三体》、木心的《文学回忆录》等都可以达到拓展思考深度和广度的作用。

反思的越多，我们越会发现自我的局限和行动转化能力的欠缺。但在有限的自我和能力范围内做出改变，也是值得的。就像早在 2017 年，就有老师给我们的工作做过提醒，黑肥皂项目不是卖肥皂，但当时的我们对这样的建议无感，四年后经历了很多，才认识到这个建议的价值。所以，人要有足够的经历、阅历和自我认知，才能提升反思的质量。对行动者来说，只有指向行动的改变，反思才有价值。只有通过长期批判性思考的锻炼，才能逐渐养成批判性思维的素养，这时，行动者的力量才能显现出来。

大凉山线下工作坊的学与思

才旺江才[*]

印象中的大凉山

侯远高老师的分享令我产生了巨大的共鸣，震撼人心。大凉山彝族社会在发展中存在一系列矛盾与现实困境。这里有着与藏地社会发展很相似的问题和矛盾，有些甚至是一模一样，如藏地（玉树）重大传染病流行与困境儿童的社会问题初步凸显，民族语言文化的衰落，自然环境的退化日益加剧，游牧生产生活的遗弃等。

关于行动研究理解与反思

杨静老师讲解的"脉络中行动者要梳理脉络""处境中行动者要清晰行动""关系中行动者要对待关系""过程中行动者持续行动""结果中行动者要负责结果"，感觉懂了，但践行时就比较难。首先要放下自身一些固执的思想观念和思维模式，对自身的思维模式要映照、更新与提炼，但自身行动脉络的复杂，处境的不断变化导致难以践行，这是我个人学习行动研究过程的一种经验吧。梳理自身的脉络，清晰自身的处境，需要不断地自我学习、自我反思以及老师的引导。

关于反映对话的思考

我对反映对话很感兴趣，它是生命经历或行动脉络梳理的最好方法和有效途径，前几次的反映对话让我印象特别深刻，深入对话真的可以看到人性的很多东西，这种东西会帮助行动者认识自我。

---

[*] 才旺江才，藏族，青海玉树囊谦人。读高中期间，加入地方环保协会从事社区环境公益事业。从大学起，志愿参与生态保护、困境学生陪伴和牧区可持续发展工作至今。现任职于玉树州金巴慈善会，推动以社区保护为核心的社会服务工作。

附录1 可持续社区行动研究学习研习营学习心得摘录

这次跟老师对话的目的是通过反映对话梳理自己的行动脉络与现实的困局，对话之前本来真的是有点紧张的，因为之前几次的反映对话情境令我印象深刻。对话开始之前，我放松自己，梳理一下自己的逻辑。进入对话之后，没有什么可紧张的情境，当时我也意识到对话直接绕开了我的成长环境与生命经历，在对话的过程中我只想回答解释更多的信息，在老师的协助或追问的过程中，我不断地深化自己对参与过的社区保护和其他行动的思考。学习行动研究之后，我一直在思考，之前为何采取这样的行动，有时候觉得答案有很多种，没有什么单一的答案。

对话为我澄清了很多现实困境，也制造出了新的问题，有可能这些新问题本来就存在，只是隐含的状态，通过对话澄清或体现了出来，这可以视为对话的收益吧。

对话结束后，大家从观察员的角度跟我反馈的时候，我的脑海当中一下子出现了很多问题，甚至在想为什么反馈出来这种东西，自己怀疑对话的时候说了什么，有很多想解释的问题，当时脑子是混乱复杂的状态。有幸当晚参与了质兰伙伴的学习总结，再次让我消化和澄清了很多问题，认识到他者视框的严重问题，今后我个人对他者的理解尽量做到不以自己的视框解读他者的问题。这真是感同身受，对话者本身反映出来的问题也有问题。

一次团队的冒险

杨旭伟（岩羊）[*]

2023年4月9日，我们这次丽江吾木工作坊进入最后一天的议程。在正式议程开始前，由我所在的行研网络一组负责对前一天的学习内容进行复盘。

在前一天学习结束后，作为新任组长，我召集行研网络一组的伙伴们，对当天学习的内容进行复盘。当我向伙伴们提出，需要选出第二天向大家复盘汇报的小组代表时，一组的伙伴们几乎一致认定，由我代表小组进行汇报，看到大家对复盘汇报表现出避之唯恐不及的态度，此时我选择了"沉默"并不再推托。

在此之后，大家开始讨论复盘的内容。此时，有伙伴提出在复盘时只陈述当天的学习内容，不必反馈小组成员的学习心得和看法，这一提议得到几位伙伴的认同和附和，其他伙伴未提出反对意见。当时我对此建议提出补充，希望在自己汇报完主要学习内容以后，由其他伙伴补充各自的学习心得和想法，但我的建议未被采纳。一组的伙伴们用了大概二十分钟的时间，讨论和"确定"了第二天的复盘人选和内容，接着大家用了一个多小时，针对当天学习的内容和近邻团队的对话，展开激烈的讨论，每个人都轮流发表意见。在一组激烈的讨论过程中，不时有其他小组的伙伴参与围观，这让项目组和一些伙伴对于第二天的复盘充满期待。

一组伙伴们的讨论结束以后，我对小组内给我"安排"的任务和复盘的内容，一直感到有些不安，因此我端着酒杯在人群中游走，和包括近邻团队人员在内的多位伙伴、老师交流讨论，反馈自己和一组伙伴们讨论过的一些想法和观点。通过交流，我的不安似乎消失了，并决定按照一组伙伴们的

---

[*] 杨旭伟，自然名"岩羊"，国家一级注册建筑师。2017年正式进入公益领域工作。2021年返乡创办澪碳社会咨询服务（常州）有限公司，以"重塑社会生态和构建生态社区"为理想，创新融合生态视角和社会工作方法，深入城乡社区开展生态营造实践，持续推动社区可持续发展。

"共同"安排，代表小组进行第二天的复盘汇报，但我对复盘结果可能导致杨静老师的批评，以及可能辜负其他伙伴的期待，却产生了一种莫名的"期待"。这种莫名的"期待"，有来自对一组伙伴们"安排"的不认同，也有来自自身的想法——希望陈述式复盘引发批评和思考，激发行研学习网络一贯以来相对不足的团体动力。

4月9日下午，在开始复盘之前，我仍在犹豫是否需要主动补位，以避免接下来陈述式复盘可能引发的批评和思考，也就是前一天晚上的"期待"可能导致的"翻车"。因此，我在下午学习开始之前，再次找到一组的其他几位伙伴，告诉大家在我汇报完前一天的学习内容以后，请伙伴们补充各自的学习心得和想法，但大家依然是逃避的态度。下午的学习正式开始以后，我完成汇报后，再次邀请一组的其他伙伴进行补充，但未得到回应。此时，作为主持人的项目组老师李大君也再次邀约一组组员进行补充，得到的仍然是沉默。

此时前一天晚上的莫名"期待"，在我心中再次升起，我默默坐下静待其变。气氛开始变得紧张起来。这时，杨静老师提出何为复盘、如何复盘的相关疑问时，现场一片寂静，整个学习氛围异常紧张，我却有一丝"如释重负"的感觉，心想这下终于"翻车"了。"翻车"以后，大家开始对于如何复盘展开深入讨论，并由此讨论到行研共学网络的团队动能和相互关系。工作坊的既定安排已经被打破，但伙伴们在现场的学习氛围和相互关系，以及对团队共学的认知，均提高到一个新的水平。当天晚上回到宾馆以后，一组的几位伙伴就如何提高团队学习动力、如何改善小组伙伴的相互关系，进行了团体对话和总结反思，伙伴们对各自的工作状况、参与学习的困难都有了更深的了解，对下一步的小组共学有了一些新的共识。

此次因我而起的"翻车"事件，虽然谈不上是我的精心设计，但想借此激发行研网络的团体动力，以及改善共学团队的相互关系，却是我的一个"期待"。正如前一日近邻团队在对话过程中，提到改善团队关系需要"冒险"，不然就会陷入"你好我好大家好"的人际陷阱，此次工作坊的"翻车"事件，实现了我的"期待"，实际也是一种团队关系的"冒险"。"翻车"事件出现以后，当我告诉大家，这个结果虽然不是我的精心设计，却是我"期待"发生的，很多伙伴都无法相信，这是我的真实想法和行为，并多次提出质疑，项目组的李大君老师甚至感到些许"愤怒"。之后我再回看这样一次"翻车"过程，深感这是一次改善团队关系的冒险，这样的冒险很有可能导致我们一组的伙伴，对我的人品和做事方法产生怀疑，也可能导致伙伴关系和后续的学习无法继续。所幸在杨静老师的引导下，在行研共学团体各位伙伴的坦诚和包容之中，虽然经历了共学"翻车"的冒险事件，但我感觉行研学习网络的学习氛围变得更踏实了，伙伴们的关系也更近更融洽了。

团体动力与团体对话

张 杨

行动研究很重要的一个作用是弄清人的行动逻辑，探寻人的行动动能。而当人置于团体当中，情境会变得复杂，不仅涉及个人的行动逻辑和动能，个人与团体之间也有双向影响的作用，并建构起团体特有的结构，包括与更大的外在系统互动。团体本身几乎是无处不在的，有固定的、明确的团体结构。广义来看，只要构成人际互动，就可以视为已经在团体结构中，行动者无时无刻不存在于或者受限于各种团体结构，行动者的行动与改变都发生在与团体的互动中。由此从行研角度讨论团体动力，并不是对一个特定问题进行讨论，而是有普遍意义。

在团体议题上，我会关心两个问题，第一，团体中会有一些常见问题，或者说个人在一个团体中会遇到问题，怎样才能构建一个理想的团体；第二，我们到底能不能找到借助团体动能，促使团体成员积极改变的方法。

分析和理解团体现象，将团体中的成员行动、与团体的关系、相互作用等采用四个系统来分析，这四个系统分别从个人因素、个体在团体影响下的互动、团体在个体行动中的共构，以及外部社会系统影响等多个方面，辨析影响团体行动的要素。

但这个分析还不够，有什么具体方法，回应团体困境，激发团体动力，打破和共构团体结构，可能还需要进一步通过案例和更深入的讨论去分析行动研究方法在团体工作中的应用。

近邻团队的对话是一个很特别的过程。此前讨论了几次，虽然早早确定了一个工作对话的主题和大致方向，但对于现场对话究竟如何展开，以及对话能否在现场对大家的学习有启发作用，我们是完全不确定的。我们有一个原则，就是真实，至少将团体协同中真实遇到的问题，以及我们日常工作中会使用的对话方法呈现在大家面前。

回顾对话中的几个问题。

第一，关系中的直接、挑战、冒险。

清香的直接对话，甚至有一点咄咄逼人的追问，给大家的印象比较深刻。确实在一般的工作情境中，能够这样开展工作对峙的并不常见，这也是推动问题逐步暴露，引向深入对话的关键点。这个力度清香展示得够强，当然在现场看，不仅仅是问题抓得够准，追问气势够强，重要的一点是能够还原情境，能够还原当时协作中的感受。自己对于团体的认知和感受都应该讲得出来，行动者可以有意识地回溯行动过程。这是对自己负责，对伙伴负责，也是对改进团体行动负责。现场协作者也发挥了通过反映对话厘清情境和过程的协同作用。充分厘清之后才能够看清彼此，意识到自己的盲区。

第二，关系中看到（伙伴）、贴近（伙伴）、放下自己。

行动研究反映对话，对话力道够强，好像用猛药，以毒攻毒；好像高手对决，招式刚猛一剑到底。用药之法、招式选用本身没有好坏，对症适用就好。但确实有时候过于刚猛，容易一招下去看不到杀到了哪里。特别是杀得兴起，更容易忘记为何而杀。那么到底为何而杀呢？

行动研究反映对话是帮助我们对行动过程精准回溯，对行动者和行动本身有更准确的认识。看到问题背后的来龙去脉。但行研不是停留于看到和精准认识，行研的目标是改变，是解决问题。看清当然是改变的第一步，但绝不是唯一条件，行动研究还要在关系构建中促成改变。

因此，反映对话不是法庭辩论，判定对错绝不是这个过程最重要的目的。特别是在协同关系中，要突破困境，不是谁对谁错，不是谁说服谁，最终还是要回到关系中，在关系中找条件和机缘。在对话中，每一个行动者都可能会犯错，错是一个要面对的表象，而背后是每一个行动者面对的难题。如何协作共同破解，这才是团体的责任。

在现场对话时，单就事情来看，似乎已经清晰可判，但在对话中反而是要清香停下来，换一个角度，究竟怎么看对面伙伴的状态，能否尝试理解他的沉默及背后的困难。这样做是从事情出发，也是从关系出发。

第三，关系的承载力，承得住"真"。

这样的对话到底有什么意义？从工作上看，团队工作面对的是"一地鸡毛"，对话也未必是解决问题的灵药；从现场来看，仓促之下，也未必能特别清晰地铺陈出协同前进的方向。那么这样的对话如何看其作用和所谓成败。以近邻团队来说，行动研究给团队的一个最重要的影响，是在团队对话中，伙伴能够发展出一定的信任关系。这其中的核心就是我们所讲的关系的承载力，伙伴在关系中有机会看到彼此，在实践中有共同的方向，团队拥有包容伙伴独特性的共识。最后团队愿意花时间努力，以团队全部的力量共同面对问题的解决。这些就是关系承载力的基础。

第四，情绪外露，"眼泪行研"。

2012年，北京近邻负责召开了一场海峡两岸暨香港的行动研究讨论会，会上，大陆的社工伙伴惊讶和困惑于，为什么台湾和香港的伙伴在分享中的眼泪如此之多，这样难过痛苦又为何要做？这当然不只是关乎行研，更是关乎实践、实践者本身。情绪里面带着生命的状态，不仅面临客观外在的难题，更多的是自我内在的难题。有情感、有期望、有失望，情绪中有自己的防御机制和与自我的对峙。

在反映对话推进的过程中，会特别容易触碰到实践者的情绪，但或许在这个时代情绪就是特别容易被压住，现实中也越来越少有空间可以承载人的情绪，有机会、有方法通过对话场去认识情绪，看到情绪的背后是什么，是对伙伴的贴近和陪伴。而对于工作者自身来说，往往也没有机会看到、意识到、读懂自己的情绪，在对话过程中，这是一种机会，是与自己相遇和对峙的机会。

第五，来自学习团体的反馈。

近邻的现场对话，激起了学习伙伴激烈的反响，当天晚上及随后，小组内大家都在讨论和积极反馈，对于一个理想团队，大家也在畅想思考。对于人与人之间的关系，大家也认可这种可以直面、彼此对待的形式。但对于方法，可能大家还是有很多困惑，也有很多伙伴私下给了一些很好的反馈和建议，当然也存在着从自己角度理解对话本身，并且没有机会特别细致地去讨论。这可能还是工作坊时间形式有限所带来的局限吧。

从历史脉络中回望，在现实关系中安放
——可持续社区议题行动研究研习营吾木工作坊纪实

李大君

根据项目计划，我们要进行三次线下工作坊。

2022年8月，有赖于人类学家侯远高老师和玛薇社工的协助，我们在四川大凉山实地学习场举行了第一次线下行动研究工作坊。在这次工作坊中，我们感受到行动的有效发生，必须要做到对身处的地方性知识的理解、辨识和转承；我们学习到那些日常实务工作中不断"琢磨"和"推动"，通过行动研究形成实务工作者的认识论和实践论的知识；而实务工作者基于对于底层的深切关怀、对于问题的敏锐捕捉和基于创变冲动而形成的"生命动能"更是实务工作者开展行动研究的魂儿。

凉山工作坊后，我们行研网络学员启动了行动研究报告的书写，在2023年3月，大部分学员完成了行动研究报告的初稿。为了通过团体力量更好地回望我们的行动脉络并基于在地知识进行新的意义建构，实现可持续社区议题的地方性落地深耕，2023年4月5日，我们在丽江市宝山乡吾木村启动了第二次行研线下工作坊，简称"吾木工作坊"。

来自云南、广西、广东、湖南、江苏、山东、北京、河北、吉林、四川、甘肃、青海和新疆的24位公益伙伴，在落地丽江后，从城区出发，分组乘车沿八十弯的山路历经四个小时到达吾木，参与此次线下工作坊。

一 为什么是吾木？

吾木村是玉龙耕心社工负责人和继先的家乡，是历史悠久的纳西族聚居村落，具有独具特色的东巴祭祀、象形文字等东巴文化和信仰。十几年来，在东巴和继先的参与推动下，村庄通过探索和挖掘本民族的古老智慧，活化和传承传统的东巴文明，依托当地的传统习俗和信仰，以东巴文化为切入点，挖掘社区能人，培育各类东巴文化自组织，凝聚社区精神，通过持续的文化行动保护村庄的环境和资源，对促进村庄的可持续发展与文化保护有自己独特的实践路径，杨静老师在2018年、2022年先后两次考察过吾木村，认为其是可持续社区行动研究学习营的学习目标。

吾木村临近的石头城、油米村都是偏居金沙江一隅的纳西山村，也都饱含独具特色的活态资源和丰富多样的地方生存智慧。近年来恒星伙伴计划另外一家学员组织——农民种子网络在宝山乡金沙江沿线一带推动"藏种于民"的生物多样性保护与可持续社区建设。

以在地的生物多样性和文化多样性为根基，激发社区内生动力，促进村庄的可持续建设和发展，这种难能可贵的优秀实践经验对于研习营伙伴的能力提升、实践路径选择具有学习和经验参照的意义。

此外，云南深厚的公益传统、丰富的公益实践资源和来自公益前辈的智慧与精神照耀，能够为参与者带来身心灵的滋养。

二　活化在地传统智慧，回应时代紧迫议题

2023年4月6日，在和继先、杨凤两位老师的讲解和导引下，行研线下营的学习者们在真实的行动场景中，在历史与现实中，在重拾与活化中，启动了第一天的行动研究学习，从历史照进现实，从地方看到远方。

在这里，我们聆听了东巴文化如何在山川河谷中形成。与多民族的农耕经验、气候经验、地方知识相结合，这里不仅形成了基于生存的山地智慧，也形塑了多民族的精神与文化世界，更形成了相较于其他地区更为平等的现实世界——女娶男嫁从来都不是问题和稀罕事，鳏寡孤独也不需要担心自己无人照料——婚姻与终老，这些迫使无数人"内卷"的话题，在这里都不是个事儿。

在这里，人们通过祭祀仪式和东巴文化的传承，让文化凝聚了人心和形成共同的价值观；通过把种子放进土里，使文化自信建立在生态自信上，让村庄有了抵御市场和气候风险、保障基本生存的韧性；通过每户人家对自家院落的精心打扮与布置，让自己的日常融入随意便可撷取的美好，也让走出大山的亲人心底有着温暖的念想。

在这里，我们看到了一个至今仍在惠泽众多生民和田地生灵、传统而又

先进的灌溉管理制度和集约利用水资源的山地"海绵"系统，以及修建于明清时期具备防潮、防鼠和防盗等基本功能的传统粮仓。还有历史上曾经存在而今也准备恢复信仰与实用功能的三多庙——集村庄传统慈善与防灾减灾赈灾于一体的公共储备粮仓。

在这里，我们还看到了一个村庄和一群人在时代巨变中，守先待后、承前启后的使命感，无论男女、老幼，大家都在做能量的累积和实践探索的努力。一棵树夏令营，让孩子找回与自然和乡土隔离的童年，并通过在村庄祭天场的结营仪式上种下一棵树，让生命扎根；自建自管自我服务的老年协会汇聚了在地的智慧，有精通中草药的乡村医生，有当地赫赫有名的东巴画师，更有普通人在点滴中的润物无声。疫情三年，因由着这些智慧与努力，没有一个人因感染病毒而去世。

在这里，我们还看到了"村庄追梦人"对本地人和外乡人的感召，通过寻找与村庄最有连接的人、寻找超越世俗评价体系的人、寻找最需要村庄滋养生命的人、寻找有一技之长和服务意识的人、寻找有志在村庄体现自己生命价值的人，祖辈居于此的本地人和有志于将自己生命融于此的外乡人走到了一起。

4月7日，行研学习网络的成员由吾木出发，或翻山过江或舟车所至，到访石头城。在这个积淀着千年历史的古村落中，我们与农民种子网络在石头城合作的选育种团队带头人木文川做了交流。

改革开放后，中国农村经历了一个逐渐卷入资本化生产体系的过程。先是生产资料和产品的市场化，农药化肥和粮食作物"两头在外"，一个持续走高，一个晴雨不定。然后是人的商品化，在市场大潮和教育撤点并校的合力冲击下，很多青壮年劳动力因着赚钱和进城陪读成了尴尬的"农民工"。一边是大力推行的乡村振兴政策，期待营造诗意的故乡，一边是外出的农民工仍在逐年攀升，带着乡愁奔赴异地或异国他乡。但不管我们有着怎样强烈的乡愁与对回归田园的渴望，也不管这个过程对个人和共同体而言意味着多么大的动荡，农村逐渐走向空心化是现实。

在人的生存方式和生态环境发生巨大变化的情况下，我们再谈及地方性可持续，我们应该谈什么？当越来越多的人无法从眼下正在做的事情中得到滋养时，什么才是我们要追求的终极可持续？包括吾木村在内的宝山乡，既比不得长江第一湾流域土壤肥沃、交通便利，又比不得老君山一带生物具有多样性，这样一个已经遭受过生态破坏和空心化的村庄，如何走出自己的可持续道路，让留下的人和流出去的人仍然保有自己的根性。和继先老师提出了"以文化凝聚人心"的理念，可持续是人的可持续，是人心和文化的可持续。

由此，我们有了更广阔的视野看到了高山峡谷中人们的生存智慧，一个个活态乡村博物馆进入我们的视界。我们看到生活与产业的连接，看到了对传统的坚守，看到了适应演进变化的机制，也看到了迎接变化与挑战的智慧。

哲学家赵汀阳说，"历史的当代性不仅在于往事符合现实的兴趣，更因为历史所定义的精神世界与时同在而具有从未消退的当代性"。因此，我们都有理由相信，即便面临种种眼前可见的挑战和未可知的不确定性，千百年来自力更生的基因仍旧在这个地区传承。也许他们面对的问题不会比祖先生存的时代更容易。但是，这些年的实践与学习，他们多了些不同选择，并学会甄别得失。他们也还将继续守护着美丽的大山大河，在中国西南的崇山峻岭中，用自己的智慧与努力继续书写属于他们的历史。

而这就是我们珍视的、马克思所言的"历史的主动性和自觉性"，一种承接了历史、活化于当下、衔接着未来的生命动能。

三 团体动力——从"局外"看"局内"
好像觉得自己懂了

按照预先的行程安排，从4月8日开始，我们将进入为期两天的行动研究与团体动力学习和练习，这将带我们认识一种新的生命动能——关系对待。

每个行动者都有自己的行动逻辑，而这种逻辑并非单纯的利害考量，还有行动者的直觉性知识或默会知识、惯习和秉性对行动者的影响。所以，才有了即便面对同样或相似的外部环境，不同的行动者也会出现不同的样态。这也就有了我国台湾行动研究者陶蕃瀛提出的"行动研究是行动者对自我、自我所处之社会位置、情境、关系脉络、社会政治经济的环境结构，对自己在某一社会情境下的行动，以及/或对自己行动产生之影响所进行的自主研究"。

社区实践者的行动研究

行动者是脉络中的行动者，处境中的行动者，还是关系中的行动者，而且涉及的关系一定是有一组或几组。中国人是很看重关系的，关系是行动者必须要处理和面对的。在关系对待中难得的是将冲突和张力呈现出来——中国人面对冲突习惯于闪转腾挪，但关系一定是要处理和对待的。提高我们这个行动研究网络的学习成效，督促大家书写行动研究报告，不仅是工作组的责任，也是大家在所处的行动脉络中共构的。这个过程发生的动力机制，就是行动者的团体动力。

团体动力的假设源于勒温的"场动力论"。"场"的概念就像中国人说的气场，是一种能量场，是一群人分享产生一种场的动力。做行研学习网，也是在构建气场。每次活动结束，用一个半小时做参与者的分享。一个人的行为动机是由其心理成长空间决定的，这个心理空间持续地进入一个场域之后，人会根据一个场的气氛来决定自己说什么话，这或许跟物理学上的量子纠缠等有关。

每个人都不只是自己，人在成长的过程中，会进到自己所处的团体中，形成一些群体的经验，这些经验会内化为未来处理团队关系的经验，所以，人的部分问题需要在团体中寻求解决，有一句话叫"群策群力"。所以，从2005年起，我们这个行研网络的牵头人杨静老师就开始汲取团体动力学的力量做学习网络，用群体的力量来解决问题。

每个人对场都有个基本假设，比如说话是否安全，我说出话来是否让人觉得我傻，然后基于假设形成行动策略，最后你的行动策略就对场产生了扰动。任何一个团队都包含着一个人际互动的行动世界，这个世界建立于行动双方如何认识外部世界的基础上，所以，我们如果想认识团体动能，必须对人际互动模式与思维进行探究。任何一个团体都是镶嵌于某个社会脉络中的，任何一个团体的互动都是社会关系的再现，一个人的假设和做法，构建了"我"对这个"事实"的认定——我认为我看到的现实。我们要触碰的是，你定义的事实是什么？你为什么会有这样的认定和假设？我们的认定和假设根植于过去的经验，却决定了我们当下的行动。

接着，本次行研学习网的联合发起方北京近邻贡献了自己的团队案例，来强化学习者对团体动能的认知。

4月8日下午，由北京近邻现任总干事张杨协作、北京近邻前任总干事黄美华作为内圈观察员、机构中层骨干崔泽峰与机构年轻工作者鲁清香作为团队关系张力中的直接当事人，四人共同展开了一场反映对话。行研学习网的其他参与者作为外圈观察员，观察学习了这场虽有预设但未经演练的真实对话。

这场对话起于北京近邻年轻工作者鲁清香的个人经历，清香在大学毕业进入北京近邻工作时，还未来得及与机构其他成员达成团队成员间的默契时，就被派往社区独立工作，因缺乏足够的支持，而需求又未获得细致对待，从而产生了被机构排斥的感觉。这场对话主要围绕清香与直接主管崔泽峰就几个具体事件中双方的处理方式和行动后果来展开。

讲者有意，听者动容。这些发生在别人身上的事件，也映照到了我们自己工作和生活中的关系对待。作为外围的观察员，大家纷纷表达和确认在这场对话中自己观察和体验到的，以及想进一步确认和推动的事情，比如在团队中如何支持年轻的一线成员，为何团队一旦进入关系之中就能看到一地鸡毛？但大家更好奇的是，缘何北京近邻可以在"一地鸡毛"中继续向前发展，同事们还能继续全情投入，甚至选择离开的同事依然对近邻有强烈的归属感而非形同陌路或反目成仇？

张杨讲到，北京近邻早在十多年前，就将台湾夏林清老师通过反映对话的行动研究引入机构的管理中。从团体动能上讲，关键的一点是看到彼此的差异，差异看起来是人与人的差异，也是具体情境中脉络的差异，每个人的具体认知是不一样的。差异是团体面对关系的基础，但是如果我们只看差异，差异永远存在。所以，这就涉及一个团队的共构，在团体共构中，既有可能共构一个团体安全防卫机制，也有可能共构一个共同的行动方向，让团体成为自己期望的样子。所以，团队管理一定要面对"关系对待"，彼此对决定负责，对关系负责。当团体进入关系彼此负责的状态时，团体就良性发展。很多冲突表现为情绪和张力，这在团体中很正常，是团体问题的反映。怎么看这种情绪和张力？我们要明白，在看到情绪张力时，是团体动能在发挥作用。我们要进一步的是，如何选择在关系中冒险？近邻曾习惯于"你好我好大家好"，但事实上导致了"大家都感觉不够好"。所以，团队是需要冒险的。有时近邻开会，实习生都害怕，剑拔弩张的，但恰恰是这种冒险对团队有帮助。团体中也有伙伴不会让所有人舒服，但恰好是让你不舒服的伙伴，是你的一面镜子，让你不断照见和检视自己。

这一天，基于团体动能的反映对话，将本次工作坊的能量推到了一个新的高点，大家在当天正式议程结束后，还三五成群就这场对话讨论到了深夜。

四 团体动力——"翻车"事件，转眼已是局中人

由于突然被通知从 4 月 9 日起，正在修建中的吾木到丽江的公路要封路三天进行爆破，我们的线下工作坊临时转移到丽江城区进行，感谢质兰基金会秘书长张颖溢博士牵线、著名公益人邓仪老师出手相助，紧急为我们这次工作坊提供了丽江健康与环境研究中心的免费场地，并增加了一场该中心在丽江地区开展的"内生式社区发展与社区保护地"工作的学习交流活动。

按照工作坊的安排，行研学习网的一个小组应就前一天的活动向大组进行复盘。此前这个小组在自己组内做了长达 80 分钟的讨论，但小组代表在向大组汇报时如同流水账，而其他小组成员也确认这种汇报达到了向大组做复盘的目标，该组组长事后认为这是有意"翻车"，目的引发大家对"共学"的思考。由此引发的讨论是，复盘的目的是什么？为何不同的场，会造成汇报人和参与者不同的风格？以及汇报人是甘愿的吗？为什么不甘愿？在推举汇报人时，这个小组又发生了什么样的关系对待？这个大组的场对于小组成员又意味着什么？更重要的是，假如每个人都像前一天团体动力对话环节中北京近邻的同事那样，讲述了自己生命中的重要事情，听的人三五成群私下讨论很热烈，却没在大组呈现，当事人也无法有效接收到他人私下的讨论，这对于当事人是一种什么样的感受？这就是摆在我们面前的、真实的彼此之间的对待。

最初设计的工作坊流程至此发生改变，前一日在团体动力的示范演练中，绝大多数人还是看客与局外人，转眼间，所有人都成为这个行研网络团体动力中的局内人——我们这个行研网络，接下来还可以怎么走？于是，我们行研网络的参与者先后通过小组讨论汇报和个人逐一反思汇报的方式，对于我们过去一年行动研究的学习动能做了复盘。

每个人都处在团体与关系中，什么情况下我们会选择沉默？是因为觉得自己说话不重要，没人听，还是因为关系不到，少说为妙？与此相对应的，就是"什么是共学"？"共学的场域"如何进一步深入推进？在这个共学推进的过程中，我们如何辨识自己的位置以及与他人间的关系？我们要不要通

过在关系上的冒险或主动，来完成对一种团体动能的增益？

杨静老师在对大家的讨论进行反馈总结时，提到我们这个行研学习网络知识背景差异相较于此前所带领的行研学习网络是最大的，找到能让所有人都有效参与进来的撬动点也是不容易的，所以，这就涉及对"共学"的理解。什么是共学？共学要先理解"共"，"共"就需要有贡献，就是不做局外人，从每个人贡献的工作经验、经历、困扰和解决问题的方法中得到大家共学的资料，每个人置身其中才能了解和觉察到改变，是共创的过程。当下，每个人在共学网中的参与态度和行为，恰好是过往人际互动以及"拿来主义"经验的呈现，而在这个过程中，我们悦纳并直面冲突和翻车现象，因为这给到我们改变的契机。

因此，作为共学网的项目组首先就要给到不同知识和职业背景的学习者足够的时间和空间，让大家来熟悉和理解行动研究的话语体系、对话方式，比如通过读书会、观影对话会、行研报告的书写，了解大家的价值观和知识体系，再进一步由着互动的增强和关系厚度的增加，可以进入成员更深层的生命脉络中。

对于参与其中的学习者，我们也要在这个共学中，打开自己，看到自己此前没有意识到或有意避开的东西，你是否可以在关系对待中成为主动踏出的那一方？

作为脉络中的行动者，我们关注关系，但我们又不囿于关系。我们在行动中的关系对待一定是社会改变取向的，是为了将建设自己作为建设社会的开始。如学者莫艾在她的一篇名为《为何与如何抵达历史巨变中人的生命、身心》的文章中所言，应首先尊重并深刻认识把握现实中人所身处的社会、历史脉络，进而寻求发掘社会历史机体所蕴含的内在生机、脉络、能量，并以"更具建设性、更少破坏性"的意识自觉，思考、探索如何有效调动社会历史中的人的"向上冲动和蕴蓄潜能"。

附录2　残障领域需要什么样的研究？

时间：2024年7月28日 19：00~21：00
对谈人：杨静　解岩[*]
整理：解岩

解岩：杨老师好！我是一个很少会紧张的人，而且我自己也认为自己是一名行动研究者，但今天面对众多的学者，也不知道为什么会有这样紧张的状态。作为一名自认为的残障研究者，我提三个困惑。

我特别喜欢做残障研究。有人说我自从成为残障者以后，就对残障的事儿很痴迷，平时很喜欢看关于残障的研究文章，但我发现这些研究结论好像跟残障社群的关系不大。这是我的第一个困惑。

第二个困惑，我创建"一加一"（残障自组织，2006）之后，一直没有让行业里的专家去研究"一加一"，因为我自己觉得他们不太懂，当然这里的"懂"是多方面的——最主要的是组织层面和残障专业，尤其当二者加在一起时，我觉得专家们就是那种模模糊糊的不懂的状态。如果不懂，那不如我自己来写，也就有了我主写的三本书。

平时经常有一些老师联系到我，想让我帮着在残障社群中发一些问卷或者组织残障者做访谈，碍于各种面子，我带着抵触的情绪做过几次。我也在反思，我不是一个不懂人情世故的人，但是为什么我不愿意随随便便把问卷

---

[*] 解岩，一加一残障公益集团创始人，上海有人公益基金会创始人、理事长，中国残疾人事业发展研究会常务理事。长期致力于推动中国残障事业的可持续发展，曾主持多项国际和国内残障发展项目，出版《中国残障观察报告》等著作，在残障社群赋能、组织培育、残障融合和社会创新等方面有相当深入的探索和研究。

丢在社群里，对于这一点，我有很大的困惑，以至于别人会说，"你看，你这个人怎么连这点忙都不帮"。

第三点困惑源于2012年我写过的《联合国〈残疾人权利公约〉中国履约的民间报告》，之后我开始自己写东西。从我去学术体系里攻读学位，到培养残障者加入研究队伍，再到推动一些残障精英逐步加入学术体系，我又困惑了。这个困惑来自残障者进入学术体系后，立刻会被那套体系所限制，成为一名研究者。作为"一名研究者兼残障者"，他的残障味道没那么重了，完全是按照那个体系在做我前述两个困惑中的工作。这样的精英残障者进入学界和政府相关部门的体系里，似乎变成了残障者代言人。他跟我这样的一个实务工作者或者说行动者脱节了，他既是我们内部的人，一个有着残障身份的内部人，又是一个外部人，因为他的研究成果似乎又跟我们（残障人）没什么关系。

杨静：谢谢解岩！我来大致总结一下你的几点困惑。

第一，在多年的残障研究经历中，你感觉到很多不是自己群体内部的外来研究者，做了很多研究，出版、发表、传播，让很多人知道残障领域的一些状况，也提出了诸多基于研究的建议。但回过头来，你发现这些研究好像并没有完全懂你们，或者更确切地说，这些研究成果没有帮助你们的实践者提升能力。研究和实务变成两样东西，没有对残障社群发挥你们所希望的，或者是想象中的作用。这种情况使你在遇到一些研究的需求时，不想再配合将调查问卷发到社群中。

其实，破解上述问题，也是我推动实务工作者开展行动研究的初衷。你的困惑也是这些实务工作者们多年来抱怨却无奈的话题，"我们变成了给学者提供研究资料的人，研究报告的结论却不与我们讨论，报告中不提资料是谁提供的，甚至让人觉得我们开展的工作都是研究者参与或者研究者自己做的"。所以实务工作者觉得在研究关系上，自己是被研究者和资料提供者，有权利不对等的感受，这个感受让你产生了想要改变的想法。

第二个问题，就是基于上述问题产生的行动改变，即开始自己或培养自己的人去做研究。这样残障领域的研究就有了残障人自己的学者，有了内部视角（也就是你们经常讲的残障者的主体视角）。这些学者好像是懂残障的，但你发现他们仍然需要遵循一套学术研究的范式，他的研究与外部视角的学者所研究的没有多大差别。关于内部视角就一定能研究出真问题，外部视角

社区实践者的行动研究

就一定研究不出什么真问题的争论,其实早已有之。所以你的解决方法仍然没有达成你的目的。

我多年来致力于推动实务工作者做行动研究,其实恰好就是回应你的这些困惑。这样的困惑不是只存在于残障领域,在很多实务领域都存在,在近100年的学术历程中,这样的困惑不断出现,不断被提及。研究范式的演变以及它所推动的发展过程,就是期待学术研究和社会改变产生关联,真正地解决问题。

20世纪40年代,一些学者不满意学术研究只停留在揭示、解释社会问题却没法真正有效地解决社会问题上,提出研究者们能不能生产一些能解决社会问题、能够产生改变的知识呢?这也是行动研究提出的背景。回应刚才解岩提的问题,就是一百多年来,这样的困惑一直在发生,一直在提醒研究者,也一直在寻找解决的办法。

我今天跟大家谈的实务工作者的行动研究,源于20世纪40年代提出的行动研究。从提出至今,经历了一个较长的范式转变过程,到参与式行动研究的提出,已经算是找到了通过研究寻找改变之道的路径了。学者进入实践场域里,跟实践者一起参与,成为共同的研究者,一方面找到真正解决问题的方法,另一方面产生基于改变的实践知识。

这个参与可分为最大限度和最小限度的参与。最大限度指的是实践者参与到学者的理论构建中去,这是一个理想。最小限度的参与是颠覆或改变之前研究者与实践者的关系,让我们的实践者参与到资料分析或设计中。一个实务工作者能跟学者更好地在一起完成研究工作,是推崇实践、想扎根或者紧跟实践的学者们比较倡导的一种研究范式,叫做"参与式行动研究"。

今天我跟你说的这个行动研究,是夏林清老师推动的"改变取向的行动研究",为了区别于学者做的行动研究,我称之为"实务工作者的行动研究"。我谈的这个行动研究基本上就在解答你刚才提到的这几个困惑,这是实务工作者基于自己的行动展开的研究,行动者即研究者。这个行动研究跟学术的行动研究,乃至参与式的行动研究有本质上的不同。参与式行动研究的主导者仍然是遵循学术规范的学者,只不过让研究对象或者服务对象参与进来了。这种参与最小限度是资料收集,最大限度可能是参与到书写或者理论建构中。但实务工作者的行动研究,行动者即研究者,也就是说实务工作者本身已经是研究者了,正如《反映的实践者》的作者舍恩和《行动科学》

的作者阿基里斯认为，实务工作者有自己的方法论。

解岩：杨老师，我可不可以这样理解，行动+研究，这两个词，研究者和行动者或实务工作者的侧重不同。研究者侧重于研究，加入行动也是为了研究，或许从一开始就不是为了行动；而实务工作者侧重于行动，加入研究是为了行动，从一开始就是为了给自己的行动找个符合标准的理由，他们的研究成果就是为行动背书，去印证我的行动是对的，"看人家研究者都这么说，我们做对了吧"。即便是我们也称自己在做研究，那也许是研究行动，我们还是要去行动，无非显得行动更高级。

杨静：刚才你在说这段话的时候，我认为你是在说"研究者的行动研究在残障领域的研究中发挥的作用是什么？"你谈到第一个作用是印证，研究者通过研究印证了"我的行动是这样"。那么我的问题是，这样的验证对你来说有什么作用呢？难道你对你的行动不自信吗？为什么要有一个验证呢？

解岩：关于中国残障研究的新范式，大概是随着我们率先推动《残疾人权利公约》在中国的普及逐步建立起来的。经过多年发展，我认为残障领域的行动先于、快于研究，儿童、性别或教育领域的研究者人数远比我们多，或许这与对残障的偏见和歧视有关。

我们确实有如你所说的不自信。直接的反应就是我要去找行动的理由。一方面我们建立了一套自己的行动逻辑，包括社群培养、残障组织发展、残障议题设置等；另一方面我们也想从学者们的残障研究或者类似领域的研究中找到一些解释和指导我们的理论依据和框架，重要的是我们自认为很了解自己，对自身的行动逻辑很有自信，但又觉得没有行动理论和框架，自己写的东西不像研究者的文章，因此产生不自信。这种不自信是多方面带来的，所以很是困惑。

杨静：你是说你们自己在行动中没有学者文章中那种清晰的理论做指导，阅读学者的研究，能找到证明你们的行动是有效的、有价值的依据，是这样吗？

解岩：对。另外，有一些学者也帮我们整理了一些素材，总结了国外残障研究的发展历程。我发现残障是无国界的，其实这是学术研究的一种逻辑，也就是说学术研究最终是要生产一些理论，对残障领域产生价值。

杨静：你刚才说到了三层，一层是很自信自己的行动有效，但又不自信，需要从学者的研究中找到理论依据，以此增加你们对行动的信心；另一层是学者们给你们提供了世界各国残障领域的研究，拓展了你们的视野，这是学者对残障领域的贡献。第三层表达了你的困惑，即学者们的残障领域研究是非常有价值的，如他们建构残障的理论，提出残障的价值，最终的目的也是想让更多的人看到这些研究报告以后，重视残障领域，但是其中的直接目的不是用研究的结论来服务于残障者，在残障领域的作用不突显，更多的是一种方向、指引，这是理论的价值。

所以你们非常重视这些研究者，是吗？你们是不是觉得自己作为残障者没有办法去书写，也没有权利发声，因此期待着越来越多的研究者来研究，通过这样一种研究发声，是这样吗？

解岩：我们确实做了书写自己的工作，更紧迫地想找到一种研究方法，既可以让残障者成为研究主体，又能直接指导我们的残障实践。

近十几年来，关于残障的研究，包括我们自己对残障的研究是比较多的，但没有特别真切地看到我们所期待的变化。我在思考是不是我对变化的要求过高。大家都说"一加一"有了很大的成绩，我们也说做了很大的贡献，但这些"成绩"如何让我们切实感受到，这和别人所说的"成绩"还是有一定区别的。此外，我们看到了太多人说成绩，但总觉得研究需要先找到一个真问题，即使有了很大的成绩，发生了质的飞跃，但在不同阶段也会遇到不同的新问题。我发现很多研究主题都非常大，比如"残疾人社会保障、教育、就业"等，且不说这些议题还需要细分，就是不同类别的残疾，在具体议题里都有不同的表现。学者们能在较短的时间内将这内容写成报告，我就有点怀疑，更怀疑行动者的行动，"我们的行动到底有没有效"？这就产生了对自我的怀疑和迷失，显得我们不识趣，不听话。

杨静：你觉得不满意的是什么呢？或者期待的变化是什么？

解岩：残障领域的研究视角、研究范式没有统一。比如提到"妇女"和"性别"两个词，大家就知道二者是不同的分析视角。作为残障自组织，我们期待推广的社会模式、权利模式等分析视角在其他国家和地区都很普遍，但国内大多是"助残"的医疗模式视角，也就是残障人只能成为被帮助的对象，只能说好，不能说坏。如果不能说坏，意味着我们已经被定义、定型，那我们的研究只能在这个视角下进行，研究的意义在哪？我们只用"好"的东西去表达我们现在的事就行了。我在2018年写过一篇文章，谈到残障研究存在价值脱节、社群脱节、理念脱节、学科脱节的问题，我们残障社群自己来做，就是要突破这种"助残"研究范式。

杨静：我回应刚才解岩说的这些困惑，也带出今天要谈的主题——残障领域需要什么样的研究？不是只把残障者当成一个被研究者、访谈对象或者资料提供者，而是把他们作为社群的主体，让他们参与到自己的研究中，或者自己来定义残障领域是个什么样的领域，该解决什么样的问题。我今天要谈的实务工作者的行动研究，就是回应像解岩一样在残障以及其他领域中的实务工作者的困惑。

美国有一本书叫《反映的实践者》（The Reflective Practitioner: How Professionals Think in Action），作者舍恩（Donald A. Schön）从建筑学、教育学、心理学等领域中的实务工作出发，看到在美国专业主义无效，提出了"在实践中认识"的行动认识论。另一位美国学者阿吉里斯（Chris Argyris）在舍恩理论的基础上，创建了"行动科学"这个学派，认为行动者就是其行动的研究者，创建了实务工作者的研究范式。经过夏林清老师在我国台湾地区几十年的实践，变成社会改变取向的行动研究。2005年，我初遇夏林清老师，开始了边学习、边推动、边研究行动研究的历程。

我为什么要推动实务工作者去做行动研究，也是因为我个人的一些经历。20世纪90年代，我的单位是做成人教育的，为一些在职的妇联干部进行岗位和学历培训，那时我刚大学毕业没有什么社会实践经验，却要教那些已经有二三十年社会实践经验的妇联干部，只能从书本到书本，让我很是尴尬和痛苦。这种紧迫性逼迫着我不得不进入社会实践领域。一方面到妇联去挂职锻炼，另一方面就是与当时在中国最早得到蓬勃发展的中国妇女领域的NGO取得连接。

在实践的过程中，我自己作为志愿者在多家妇女组织服务，如王行娟等老师创办的红枫妇女热线、陈一筠老师创办的京伦婚姻家庭研究中心、皮小明律师创办的妇女法律援助中心。2000年初，我主要参与京津社会性别小组、中国法学会反家庭暴力网络等。作为大学老师，我很早就开始把一只脚踩到实践里面，一边参与实践，一边教学，这使得我的教学能够更多地跟实践结合。后来学校有了社会工作专业，我从事社会工作专业教学工作，在带学生实践和督导一线实务工作者的过程中，我发现，我督导学生实习很容易，却很难督导一线实务工作者。在这个痛苦的过程中，恰逢夏林清老师到北师大推动行动研究。从那时开始，我一边学，一边推广行动研究，到现在

社区实践者的行动研究

将近20年。在带学生和带一线团队的实践历程中，我切身体会到大学所教授的理论知识，和实务场域中实践者所需的是"两张皮"，书本上的理论是无法直接指导实践的，但各种培训照样展开，尽管实践者并未依据培训得来的理论（可能有参考和启发）开展工作而是依据经验，两者似乎井水不犯河水。这样的困惑让我开始思考如何解决理论和实践"两张皮"的问题。

学习了行动研究，才解答了我的困惑。实践者每天面对复杂、不确定且独特的问题情境，需要有特定的、立即的、可实施的解决之法，解决问题的方法只有在当下的实践中才能发展出来。这些问题解决之道不可能去复制，只能参看和借鉴，因为产生经验的情境不一样，解决问题的人不一样，当然经验就不可能复制。

面对复杂的情境，实践者需要具备一种反映能力，系统性、整体性地去看待事件，在行动过程中要具有处理各方关系的能力。这就决定了实践者必须要有"琢磨"的能力。我们必须边行动、边琢磨、边思考、边反省、边改变。

对实践者来说，还需要能够生产直接推动改变的知识，这是非常重要的。今天从这个项目中总结出来的经验，马上要用到下一个项目的推动中。从上一件事情得出来的经验教训马上就要用到下一件事情的推动中去，这才是实践者的行动逻辑。

刚才解岩说，学者们研究出来的东西跟社群的关系不大，我认为直接原因是学术研究有自己的一套逻辑，即社会问题有通用的解决之道，解决的方法通常可以在实务场景外发展出来，如可以通过进入实务场景中，或者去研究别人的经验，或者从过往研究的成果中加以总结。

所以学术研究一般都是先确定一个问题，然后再找到合适的研究方法，解释问题的理论框架，通过分析资料找到问题的答案。这套研究逻辑需要问题是事先确定的，要考虑问题有效吗？资料收集有效吗？如何保证资料的信度效度、说服力等等，只有受过学术训练的学者才能做这样的研究。

学术研究中的问题是事先确定的，但实务场景中的问题是常常变化的。因此学术研究只是对过去的行动做研究，对问题的解决很难有时效性。当然研究也不是冲着时效性去的。学者最终关心的问题是要生产理论，无论这个理论是大理论，还是小理论。

上述研究需要严格的学术训练，这也是推动残障者进入大学等研究机构通过学术训练去做研究的原因。一旦进入学术领域，任何人都要遵从一套严谨的学术规范要求。因此，外部人研究视角和内部人研究视角究竟能有多大的差别呢？

我今天要重点谈的是，实务工作者需要什么样的研究？实务工作者真的不会做研究吗？

实务工作者每天都在琢磨为何产生问题，如何解决问题，边工作，边反思，再改进工作方法，不断解决问题，不断积累经验和教训，再开展工作，循环往复。大家认为这不叫研究，但舍恩和阿基里斯建立的"行动中认识的反映实践论"及其行动研究，则是立即的、有时效性的，解决当下工作中问题的研究。就这一点而言，所有外来学者（即便内部视角的学者，若不在当下）都无法做到以研究指导行动，只有实务工作者具备当下反映、思考并有效解决问题的能力才行，这是关键。解决问题的经验掌握在实务工作者手里，只有他们有意识反映、说出来并加以体验，才是解决问题的有效知识。

撰写项目报告、项目总结，对外去宣讲自己的项目，是实务工作者的看家本领，它本身就是对行动的研究，通过此，反思、总结、提炼经验，成为未来行动的依据和指导。但是通常，实务工作者多半把它当成一种向各种资方交代和完成任务的差事，并没有把它视为一种研究和经验的梳理。因为不同的资方对项目汇报有固定的格式，字数的限制，无法看到实践的丰富性，提炼总结的经验变成千篇一律的东西；通常只说成功的经验，不足和局限变成一种说辞，根本不会变成下一次工作中改进的目标。长期以来完成任务式的项目总结训练，让实务工作者缺少提升自己研究能力的机会。这种对行动的研究，也是一般学者替代不了的工作，因为它紧贴着实务工作进行。实务工作者的这种行动研究是为了改善实务工作品质，全面提升行动力而产生的。学者们对已经发生的实践进行的研究，似乎和这个类似，但在研究方法、用途和目的方面有很大的差异。

上述所表达的核心意思是为了提升自己工作能力的"在行动中研究"和"对行动研究"，必须由实务工作者自己发起和参与，别人完成不了。别人无法时刻在实践上及时应对复杂多变的实务问题，即便作为督导，也只能对行动进行反映。抽离实践场的行动研究是过去式的研究，即便在当下是观察者，也不会干预。只有实践者自主开展的研究和协同实践者的研究，才能达到改变实务、提升实务品质的目的。

社区实践者的行动研究

　　大家可以看看美国组织行为学派的阿吉里斯所著的《行动科学》(Action Science: Concepts, Methods, and Skills for Research and Intervention) 和前面提到的《反映的实践者》这两本书，尤其是后一本，揭示了实务工作者和实践者的认识论，也就是在行动中反映和认识的认识论，它本身就具备严谨的科学研究品质。实务工作者的行动研究就是要揭示实务工作者不应该觉得自己只是做实践不懂研究，实践处于低位、理论处于高位，而是实践中蕴含着研究，实践本身能够推进、完成研究。当然，因为不自信，我们确实也忽略了研究，让实践失去了它的严谨、科学、逻辑、系统、整体等特性，主动或者被动落入低位的局面。

　　《行动科学》这本书提到，影响人的行动的因素可能是默会知识，即只可意会不可言传的知识，比如"姜还是老的辣"，说的是一种经验、智慧，这样的常识就是默会知识。很多实践者有一套默会知识，它们影响着我们每天的行动。

　　可能是生命动能。比如说，解岩，虽然病痛使你成为一个残障者，但你完全可以继续回到原来的行业工作，你为什么到现在为止，坚定地投身残障领域？这是因为你想要为了残障社群努力争得与其他人一样在社会上生存、生活的空间，为他们争取作为人的权利，这是因为你生命中有一种动能。靠着这种生命动能，你们认为这是我在生命中要为之付出、为之献身的事业。

　　可能受行动者视框的影响。每个人看问题有自己的视框，在不同的视框之下，我们对问题的定义不一样，解决问题的方法、采取的行动不一样。比如说在残障领域，病理学的视框导致残障人都是"残废""残疾"，"医疗模式"出现了。而视框发生变化后，医疗模式变成社会模式，那么残障者就开始去争取社会中的空间，让社会认识到对待残障人不能只是救助，而是应该让每个人得到同样平等的机会。等到视框变成权利视角的时候，作为弱势群体的残障者权利要受到保障。所以，看问题的视框一变，对问题的界定就会变，解决问题的方法就会变。

　　行动受行动者对人际关系的假设的影响。所有的行动都是关系中的行动，影响行动的常常是对相关关系的处理。比如今天对谈一开场，解岩就跟我说，"我今天有点紧张"，你紧张是你觉得面对一群研究残障的学者，一群对残障事业比较热心的人，你要抛出这么多问题，担心你的看法得罪他们，这就是你对人际关系的假设。我们每个人对什么样的关系中要得罪人或者不得罪人都有一套经验判断。今天好在你把自己想说的问题都表达了，但是有一些人可能因为紧张，选择说一部分，不说一部分，这些都是对人际关系的假设，而这些假设会影响我们的行动选择。

受信奉理论和使用理论的影响。比如说，在残障领域，大家信奉的理论就是赋权和赋能。但实践的时候，我们真正能赋能吗？比如今天的这场对谈，解岩说："杨老师，我就是等你讲完了以后发表点自己的感受。"我说解岩你错了，不是我全讲，是我俩对谈。我根本不懂残障研究，也没有做过残障研究，而你是一路做过来的。如果今天你变成我讲座的注脚，我讲完了你只是谈个感受，岂不又验证了理论高位实践低位的观点吗？赋能体现在哪里？如有些社会组织，尤其是为弱势人群维权的组织，信奉民主平等的理论，使用的却是专制一言堂的理论。现实生活中这样的例子比比皆是。

那请问哪些研究能够通过资料收集、看报告、做几个简单的访谈，就把影响我们残障领域的行动背后的动能揭示出来呢？外来人的研究很难呈现这些影响行动者内在的行动因素。

这就是为什么我们实务工作者的行动研究核心是在行动中研究，还有对行动研究。因为我们每个人要成为自己行动的研究者，目的是揭示隐藏在行动中的内隐知识、人际假设、行动视框、行动动能等，进而因着察觉、反省而提升实务能力，提升自己，改变自己。这个能力需要不断提高，需要从我们对自己行动的研究中培养。这也是保罗·弗莱雷（Paulo Freire）在《受压迫者教育学》中谈到的，我们要有主体性，我们要自己掌握权力。当然，如何提高实务工作者反映实践的研究能力，今天估计没有时间谈了。

解岩：杨老师，您讲的这些内容解答了我对于"为什么现在的研究问题都太大了"的困惑，因为传统的学术研究确实要把问题先确定好，没办法应对我们所说的"以小见大"。大问题相对确定，相对安全，大家也好理解，特别是对于残障研究这样一个陌生的领域。另外，他们老说"你好像很懂"，我说我不是很懂，只是说我们在行动中发现了一些新的情况，我们都会时刻关注，反思，这就是在行动中研究。我们再通过那些论文来印证，这是我的理解，也找到了我们做行动研究"何为"和"为何"的问题。

从《公约》通过到现在，我们推动残障意识的启蒙和工作范式的转变，最终就是主体性的问题。在国际残障运动中有句口号："没有我们的参与，不要做与我们有关的决定。"（Nothing about us without us.）我们怎么去践行？

特别是在残障研究领域。实际上，我们明明知道我们是主体，但就是没在某个议题下或者某个场域里把自己作为一个主体，以至于我们的这种不自信是随时随地都可能出现的。

您还引发了我的一些新思考。此时，我觉得这个探讨不是没有自信，是作为一个学生对老师的尊重。我的思考是，我们这个行动研究是不是一种生活的，或者生命的智慧？要怎么区分行动研究和生活智慧？是不是只有像解岩、蔡聪、王玄这样的残障者才能做研究？一个普通的残障者跟行动研究能有什么关系？是否变成了只有我们能代言，而普通的残障者就不行？

杨静：从行动研究的行动者及研究者的定义来看，并没有界定谁是精英，谁就是"学会了的"实务工作者及研究者。也就是说，每一个从事实务工作的人，残障领域中的每一个人——用夏林清老师的话，就算是一个不识字的剪花纸的老人家——都是他自己行动的研究者。也就是说，我们每一个实务工作者都是研究者，他会有自己的研究方式、研究层次、研究内容和结果，彼此不一样。

比如一个会剪纸的老人家，他的"琢磨"完全靠他的直觉、经验和智慧，也就是一种默会知识。虽然他可能不识字，也没有学过画，但他看到什么就能剪出什么，你不能说他不琢磨，不研究，他当然研究，但是他研究的产品是什么？就是那些剪纸，那就是他的研究成果。如果你要向他学习，那你怎么把这些剪出来呢？就需要问他，坐下来跟他聊，他好像也说不出什么理论，只能手把手地教。于是这就可能变成一种心法、一种智慧，这样的智慧也叫研究。只是"研究"的概念比较宽泛一点。

还有另外一种，比如每天从事残障工作的实务者，每个人都是自己行动的研究者，每个人都有自己的实务领域，需要考虑"对于我的这个领域来说，我们面对的问题是什么？我们如何去解决问题"？可能用到的并不是书写的方式，但每天都在琢磨要解决什么样的困境，这个群体需要什么样的无障碍设施，需要社会给予什么样的资源、条件和空间等。

可能你们并没有写出学者那样的研究报告，但是你们每天做的工作，比如说给残障者和家长做的培训，这些知识并不是从学者研究中学来的，而是源于你们多年来跟这个群体打交道的认知，你们知道他们需要什么，知道应该如何去帮助他们。这些经验知识就是你们的实践知识，你们已经总结、提炼出来了，做成培训内容和课件，甚至手册，这些都是你们对实践知识的凝炼，这是实践者研究的一种成果。

还有一层研究，如果你们将这些经验提炼总结，跟社会中其他领域，比如性别领域的研究，进行对照和对话，让实践经验回到一个更广泛的领域中，生产出能够指导你们实践的知识，就需要更多有能力的人来做。这个工作可能是跟学者一起完成的，也可能是你们中熟悉政策书写、学术对话的人完成的。

面对不同的领域，说话需要被转换成不同的话语体系，我认为那是另外的一种对话。实务工作者的研究可能因着不同的研究目的，需要不同的能力。所以，像你和王玄等人，你们能写并不意味着只有你们能做行动研究。

今天所说的实务工作者做改变取向的行动研究，强调的就是行动者即研究者。但如果行动者盲目地行动，没有反思性，行动不朝向改变，不去研究和解决真问题，浮在表面做文章，就不能称之为行动研究。我说的这个研究指的是研究者对自己的行动开始琢磨、对话、提炼、提升，带着批判反思的精神和意识开展行动，这个过程就是研究了。所以，行动研究必须是有意识地研究，是行动者自主的研究，研究必须是从行动者真实的处境出发。所谓真实就是在当下的那个社会位置对其环境、处境、关系如何改变进行研究。

解岩：谢谢杨老师。您这一段话又让我解惑了。您一直在说每一个人都是行动者，但是您又特别强调说没有反思，盲目重复行动的不算。刚刚我问的问题，就是我们作为自认为有行动、有反思的所谓的"残障精英"，跟普通残障者之间的区别。如果只有行动，没有反思，并不是一个行动研究者。有时候我们对社群"恨铁不成钢"——天天在行动，但是没有反思。我们要从所谓的恨铁不成钢到慢慢促进他们通过行动有反思，培养社群成为行动研究者，这就是我想要的让社群找到一种能够反思成长的研究。

杨老师，我想抓紧时间再向您提几个问题。从研究者的角度来说，如果是刚入行或刚刚进大学，没有发过稿的人如何参与残障的行动研究？大家都认为行动研究不错，是不是我必须要在评上职称以后才去选择？这是我觉得很现实的问题。另外，是不是不了解残障就不能做行动研究？

杨静：这几个问题都比较直逼灵魂。首先，我说说"实务工作者的行动研究应该怎么做"。

行动中认识、行动中反映，就是谁在什么地方做了什么事，这都是我们研究的，行动研究要去描述这些，即"我是一个什么样的人，我在什么地方为了什么做事"。比如，解岩是一个什么样的人，是因为得病之后成为一个残障者，然后靠着什么样的动机进入残障领域，之后为什么做这些事？是谁推着我做的这些事情，我的行动视角决定了我的认知，又是如何改变……这就是你的行动研究。我想说我们的行动研究可以针对行动者做研究。

那天，王玄跟我说要讲叙事，叙事是做什么的？叙事不仅仅是叙述生命故事，不是在讲残障人有多么不容易、有多惨，行动必然要叙事，但叙事不是我们的目的，我们是要通过叙事了解行动视框。

所以行动研究比一般的学术研究可能要细致得多，要讲的事情更多，研究者要把自己代进去，所以必然是价值介入，而且是强价值介入。那么怎么去验证行动的效果？需要在关系中检验，你的行动效果到底有没有，在相关的人群中，在行动的后果中检验，而不是用信度、效度、说服力、饱和度这些检验。所以行动研究也有自己的方法论、认识论。

至于不了解残障能不能做行动研究，一般来说，学者都有自己感兴趣甚至职业所需的研究领域，他们也未必擅长某个领域就做某个领域的研究。他们只要掌握研究的方法论和方法，就可以做很多领域的研究。我认为，不了解残障领域，也能做研究。我要强调的是，如果这个学者掌握了实务工作者行动研究中反映对话的能力，他可以作为协同探究者，协助残障者做研究。但是他作为学者要协助残障领域的人做研究，就必须认可行动研究的方法，而且对他来说最难的就是要学习反映对话。

"反映对话"，是反映不是反思，就是说当实务工作者的实践所依赖的现有理论不起作用的时候，我们就要有一种反映思考及对看、映照的能力，而不是反思、反省。要在你跟服务对象的对谈中，彼此听懂，并用文字或语言呈现出来。如果做到这一点，不懂残障领域的人也可以做行动研究。

我认为现在的学术评价体系不利于学者去从事反映对话的行动研究，这也存在一个情怀的问题。学者要做行动研究，需要他们躬身亲耕，与你们结成生命共同体，通过反映对话来协同探究，协助实务工作者开展实务工作，开展行动研究，最后的研究成果应该是平等共享的。但是这样的东西对我们现在要进入大学，进入体制内的学者来说是有压力、有挑战的。我期待学者们躬身亲耕，跟所研究的群体结成生命共同体，一起推动改变，而不是让他们成为资料的提供者或者田野贡献者。实际上这就是对知识分子的另一种诠释。

这些年，我推动行动研究，作为一个协同探究者，关于行动研究的文章立基于我的行动位置，做如何行动、如何协同探究的研究，这是我坚持的学术立场。我也努力寻找各种机会和创造各种条件创建实务工作者表达实践知识的平台，比如图书出版，因为我们的书写风格无法和学术著作一样。这条路比较难走，但有价值！

解岩：我理解杨老师说的用公式表达，一个是"残障+"，另一个是"+残障"。我们今天讨论的主体性，讨论的残障行动研究或者是残障研究，这是一个"残障+"的问题，也就是"残障+研究"。"+残障"，就是在研究中怎么加上残障，所以才会有制度性的设计。杨老师一直说我不自信，是作为行动者让渡了残障者在残障研究中主体性的权利。最后，我特别希望有更多的学者来挖掘我们残障研究的"宝藏"，作为残障自组织，我们特别愿意把所思所想跟大家共享。

杨静：我今天讲的行动研究可能在短时间内没办法让大家明白，我讲的实务工作者的行动研究，是实务工作者作为主体的研究者如何去做研究，残障人成为研究者，与当下通常的做法，把残障人融进来以学者为主的研究是两回事，是泾河与渭河的分别。

我觉得这是一种"双向奔赴"。解岩，你们已经奔赴了，我认为在这个时代，越来越需要能够跟实践者一起去解决问题的学者。而且面对整个国家这种巨大的变革，最重要的是解决问题，而不要停留在解释、揭示问题上。很多实践者有效地找到了解决问题的办法，而学者却局限于自己的学科，局限于自己的思维模式中，没办法看到实践，所以我认为需要"双向奔赴"。

谢谢大家！

跋 安驻那5%的软土深掘

李大君

搞行动研究是需要关系厚度的,也需要一定的人生阅历。这是一个以中年公益人为学习主体的行动研究学习网络,多数人在公益领域的从业时间已超过十五年。大家接续了第一代公益人的理想、理念与方法,也在当下这个公益人并不如鱼得水的时代努力工作生活。这样一群人走在一起能发生什么?作为项目组成员,我虽有预设,但还需在具体的学习过程和实务工作中加以检验。

我们如何走到一起?

我们这个行动研究学习网络聚焦可持续议题,可我们都知道这是个难以实现的议题。我们这些人在年轻时选择以公益为志业,曾畅想世界会因我们,以及无数像我们及我们前辈一样投身社会改造运动的人,而变得更美好。然而,当我们青春已逝,身体机能开始下降时,却没有迎来更美好的世界,而是一个比我们年轻时要糟糕许多的世界——战争危机、气候危机、粮食危机、全球瘟疫、人工智能危机笼罩全球。全球畅销书作家、"人类简史三部曲"作者尤瓦尔·赫拉利关于"随着科学技术的发展,进入21世纪后,曾经长期威胁人类生存、发展的瘟疫、饥荒和战争已经被攻克"的乐观论断,正被残酷的现实所击破。科技没能解放人,反而让作为生物物种的人类越来越脆弱、越来越遭受非人性化对待。与其说这是一个不确定的时代,不如说这是一个不确定会下坠到什么境况的时代。

生活在此间的人,若非浑浑噩噩或视而不见,都不可能对现在的状况无动于衷。2023年9月，面对联合国可持续发展目标时间进程已经过半，而目标进展普遍不佳和危机重重的现象，在纽约联合国总部举行的可持续发展目标峰会上，联合国秘书长古特雷斯向各个国家代表强调，"可持续发展目标不会在纽约得到拯救，它们将在你们的社区中获救。如果我们想实现可持续发展目标，我们需要承认和支持在社区中为实现这些目标而努力的变革者，利用他们热情的声音和充满活力的基层网络，帮助挽救可持续发展目标，并为每个人应享有的更美好未来而奋斗"。

如果说还有翻盘的机会，解决可持续发展危机的钥匙就在社区。越是困难重重，社区就越重要，人们活跃在社区里，在社区里发现机遇、调动资源和解决问题。

早在2018年，对标联合国可持续发展目标，万科公益基金会就发布了2018~2022战略规划，将可持续社区作为战略目标发力。

也是在2018年，时隔十年重新回到环保公益领域的我，发现21世纪初我们那批环保从业者想当然认为的"环境保护以社区为基础"的环保公益，已经普遍出现了"环保脱嵌于社区"的现象，环保在走向专业的同时，呈现短期化和精英化的状态。于是，我有意识地张罗了一个由几位环保组织的负责人组成的行动研究学习小组，并邀约了杨静老师做指导，希望重新将环境保护嵌入社区。

2018年7月，我们这个环保人的行动研究学习网络专程去了梁军老师团队的河南周山村项目点进行研学。这个没啥经费支持，到后来由参与者凑钱来维系的行研小组，大家的学习动能不足，线上的学习时间无法保证，更谈不上反映对话能力提升了，学与行之间并没能产生直接的连接，次次能保证完成行研作业的也只有两个人——"美境自然"的创始人张颖溢博士和我。

正在我和颖溢为这个行研网络如何继续而犯难的时候，2019年5月4日，经杨静老师牵线，我和颖溢邀约了来北京讲学的夏林清老师为我们这个行研小组的未来提供一些指导，并邀约夏老师参与我们的行研学习小组。因为种种原因，夏老师无法参与指导。颖溢安慰我，我们还是可以自己慢慢摸索着来。

第二天，夏老师给我发来一条微信，"你得练习做细工，努力安驻在目前的工作位置上，享受5%的可以软土深掘的自我磨炼"。这句话当时我并不明白。

社区实践者的行动研究

几天后，我经历了人生的一场变故。人在孤寂时，记忆会复活，甚至早已忘却的事情、忘却的人会如跳鱼般在脑海中浮现出来。这时，我似乎懂得了夏林清老师和我说的那句"享受5%的可以软土深掘的自我磨炼"。是的，就算我们没在一个理想的行动位置上，我们依然可以尝试把它作为自我修行的道场，不管是有5%的机会，还是5%的空间，重要的是我们要全情投入这5%还可以软土深掘的自我磨炼中。

于是，行动研究于我，就不再仅是生产实践知识，它已经成为我在一种非理想环境下，探寻和追求人生意义的方法或者说是"心法"，我也希望这种心法能够对我接触到的人有所帮助。

2019年底，当重新回到工作岗位时，我遇见了"恒星伙伴计划"。这是一个由万科公益基金会与北京合一绿色公益基金会联合发起、聚焦可持续社区领袖成长支持的公益项目。在参与设计恒星伙伴计划时，我将行动研究作为基本手法引入恒星伙伴计划，杨静老师也成了恒星伙伴计划的导师。六个月后，随着首批恒星学员根据我设计的"行动研究框架"（有人称之为八股框架）梳理出自己或长或短或深刻或青涩的行动研究报告时，我发现通过恒星伙伴计划项目的"逼迫"，大家是可以进行自己的行动脉络梳理和实践知识生产的。

但行动研究不是玄学，也不只是一种学术报告，它的价值是真刀真枪干出来的。行动研究这一方法在恒星伙伴计划的实战发生在2021年7月。当时应恒星伙伴青岛你我创益社会工作服务中心（简称"青岛你我"）创始人徐进老师之请，我邀约大病初愈的杨静老师赴青岛协助伙伴进行业务梳理。但在这个过程中，杨静老师敏锐觉察到"青岛你我"团队成员间的关系张力与危机，她用行动研究反映对话方法协助"青岛你我"化解了团队危机。这个经历也促成了北京近邻正在向万科公益基金会申请的行动研究项目，和其支持的恒星伙伴计划相伴，成为赋能恒星伙伴的一个专项。已任职质兰基金会秘书长的颖溢基于之前对行动研究的学习和认同，邀请质兰项目伙伴和北京市近邻社会工作发展中心一直在陪伴支持的西部四川行研网络、甘青行研网络的部分伙伴加入。

兜兜转转，这群学科背景各异，但都是立基于社区、看见人并在自己的行动位置上深耕的公益人，因为行动研究，因为对于可持续议题的关注并为此身体力行而走到一起。

我们怎样展开学习？

如今，"行动研究"对于学界和公益界已不再是一个新奇的词语，不仅有了不同的流派，也有了基于各自认知和解读的行动研究学习与实践网络。如果说"一千人眼里有一千个哈姆雷特"，我想，一千人眼里有一千个行动研究的解读，也不足为奇。我们所学习的行动研究，是源自夏林清教授的"社会改变取向的行动研究"这一流派。

何为"社会改变取向的行动研究"？杨静老师曾在《一把促进有效改变的利器——"社会改变取向的行动研究"之于社会工作》[①] 一文中，予以系统阐述。我对这一取向的行动研究的理解是，"社会改变取向的行动研究"是一种实践取向和批判解放取向的社会实践路径，它以反映性实践（关于反映性实践稍后论述）为基本方法，强调行动者立基于自己的历史和情景脉络，观照理解自己的主体经验与其他主体的经验，进行协同行动与探究，从而达成积极的改变。

为了将"可持续社区领域行动研究学习网络"作为一个行动探究的过程，这个学习网络在运转的过程中，形成了一套以行动研究报告为抓手，以"线上读书会（行动研究理论学习）+专题讲座（公益前辈公益历程分享、可持续社区案例分享）+一对一辅导（含行动研究报告书写辅导）+伙伴分享报告（促进经验交流）+观影对话（练习反映对话）+小组聚会（弥补线上大组学习不足、深度反映对话）+线下工作坊（整合可持续社区发展议题与行动研究理论等的学习）+区域辅导（以行动研究报告为抓手的深度反映对话和助力团队学习）"等八种学习方式为一体的组合拳，有些来自项目组的设计，"观影对话"则是学习网络在学习互动中的短暂生发。

我们这个行研网络开班后的第一次学习就是读《悄然而深刻的乡土变革》一书。研习这些案例，我们当然不只是为了高山仰止，而是为了走进那一代公益人的世界观、知识观和方法论，从中既可以找到拿来马上实践的知识，也可以找到行动者与上一代社区深耕者在思想上的契合点。所以，也就有了梁军老师团队基于河南周山村性别平等与乡村营造实践的"拖秧理论"，

---

① 杨静：《一把促进有效改变的利器——"社会改变取向的行动研究"之于社会工作》，《中国社会工作》2016年7月。

社区实践者的行动研究

有了孙庆忠教授在躬身实践中将学术与田野打通，有了高小贤老师、谢丽华老师将群众路线和"好玩儿"的公益重新拉回公益领域的努力，有了对侯远高老师、于晓刚老师、邓仪老师的拜访，有了对河南周山、四川凉山、云南宝山与河北太行山深处那些深耕案例的研学。

这对于我们而言，是一条公益的朝圣之路，也是回归之路。有了对第一代公益人的拜访与对话，我们也逐渐明晰了我们这代公益人要承担的时代使命——承前启后，守先待后。有了这"守先待后"的使命，我们就不会随波逐流堕入"犬儒主义"，也不会在困顿迷失中郁郁寡欢。我们可以通过向身边作为，承上启下，让自己进到他人的生命脉络与行动反映中，彼此交融共构，从而"找到新的稳固的支点"，从"我要实现理想"到"理想经由我而得以实现"。由此，我们也就开始一步步形塑我们的学习乃至生命共同体。

我们还系统学习了与"社会改变取向的行动研究"相关的经典书目与文章。这种系统性学习在当下这个除了工作时间外，一切"以短见长"的碎片化信息压迫的时代，是珍贵的。虽然在这个过程中，有人坚持得很好，有人坚持得潦草，有人入了门儿，有人摸到了门儿，有人还在找门儿，但有几点是实实在在认识到了。

我们知道了凡事都有它的社会情境/问题情境。所以在一个领域做事情，一定要对与这个领域相关的一切社会环境系统有了解，并且能够清晰地看到应然与实然间的差别，看到规则与潜规则对这个领域实务工作的影响，不就理想谈专业，不就情怀谈专业，而是超越学理性专业，以实践的专业性与有效性来回应你的理想与情怀。

我们了解了什么是行动中认识与行动中反映。我们看到了内隐知识和缄默文化的重要性，即同样一件事情，不同的人来做会效果迥异。现在做公益比较流行谈模式复制和推广，但即便那些号称已经实现了模式复制的公益项目，在实际落地时也是千差万别。人的社会行动不是流水线上的商品，行动着的人也不是工具人，人有自己的情感和认知。这就是行动中认识。行动中反映则是一个人接受与回应情境影响的活动过程，是一系列思想、情感、价值观和行为的重新建构。所以，行动不是做了就做了，还需要说得清、道得明、接得住。

我们还学习和实践了对行动的反映。"对行动反映"强调的是实践者从行动现场抽身出来对行动进行检视与思考，有点像复盘，以便更好地行动。

就算是再紧凑的行动与实践场域，我们依然可以暂时抽身对阶段性行动进行反映，这不仅是可以的，而且是必要的。甚至，其间的某些看似意外的事物都有可能成为未来行动中和总结经验时非常重要的考虑因素——比如我们行研学习中脱离既定流程的"翻车事件"。我们还会发现，在具体的行动和实践场域中，对关系脉络和各种动能关系的分析非常重要，包括情绪都有它的积极意义，只有对此进行真实的反映和应对，才有可能找到最合适的行动和实践策略。

用现在的网红语言来说，我想我们还做到了"把自己作为方法"。我们用不同程度的投入和付出来承受这个行研网络和我们自身成长的结果。我们经历了多轮对话，经历了"翻车"，经历了想逃避想滑走而被拽回来被摁住那尴尬且又必须直面的现场，也书写了或书写着自己的行动报告。但这也是一个直到结营时，绝大多数参与者才充分打开的行研网络，也是一个直到结营时也没能拍到一张全家福的行研网络。

最后一次线下营，各组在对这个行研网络讨论复盘时，不同程度和频次地谈及了"如果"，如果这样，如果那样，结果可能就不一样。这个"如果"是有意义的，但更具现实意义的是"还可以"，我们还可以怎样？所以，就有了还可以借由各种机会进行反映对话，还可以重读行研经典，还可以继续完善行研报告，还可以以自己为方法、以自己为种子，来构建自己所在区域的行研网络，让行研在自己的生活、工作和理想可以经由你来实现的圈层中生根发芽。项目结束了，但我们的行研学习网络成员像种子、像酵母一样，不仅在推动自己所在机构的进化与变革，也在不同的地区生根、发酵、向上成长、向下扎根、根脉相连，我们积极涉入区域性零废弃议题、气候变化议题、生态保护议题、区域综合发展议题，我们用自己的行动丰富了人们对可持续社区的想象。

我们为什么要进行书写？

由此，我们进入这个行研报告文集。我们这些平时忙于眼前事务而难以自拔的人，我们这些习惯于动手做而不习惯于动手写的人，为什么要进行书写？

就算我们这群人真的文笔平平，但总算也被逼了出来。

人生不易，为何如此相逼？我想，从行动研究的角度上，尤其是在当下的公益低潮时期，这种"相逼"是有意义的。行动研究一定是朝向改变的，而这个改变一定是从自我改变而起的，如果不相逼，你咋知道你文笔平平？如果不相逼，你咋知道你绘不出"守望相助的邻里情"，寻不到"左右两边都是径"的多重角色自洽，悟不出"向下扎根，向阳生长"的根脉相连，看不清"社区工作的生态视角"与"生态工作的社区视角"的异同，完不成从"我要实现理想"到"理想经由我而实现"的角色转变？如果不相逼，你会就着行研报告的书写启动与团队、与自己毫不避讳的关系对话吗？如果不相逼，你会知道你在躲什么，你在逃什么，你又在乎什么吗？因此，这种相逼，是让我们返璞归真的必要路径。这些年来，我们习惯了被裹挟着朝前看、不停赶路，行动研究的书写就是要我们再回首，看来时的路，找当时的心，并以此为基点再出发。

这个书写除了满足自己，还可以带来哪些意义？正式出版的这本行研报告文集是我们这个学习网络行研报告文集的一部分，有些行研报告因不便或不能，而未正式出版。尽管如此，我们也可以从中看到实践知识生产逻辑与学术知识生产逻辑的不同。行动研究报告不是命题作文，而是根据行动需要确立研究主题，然后展开行动脉络的梳理与对话，在这个过程中关注关系、动能与行动效力，而报告成果也要放到行动中来检验。这个写作的过程一定要求行动者强在场，而非置身事外，因此行动研究报告所贡献的也正是情境化的思考与行动逻辑，而且是从"小我"开始指向"大我"——行动共同体的改变之道。这个文集里的很多行动知识和观点对于我们当下和未来开展行动改变都是有参考意义的。

北京近邻魏儆麟、张杨关于北京农转居社区工作十年探索的行动研究，对中国城市扩张过程中，大量农民上楼、农改居而出现的社区治理和公共服务难题进行了大量有意义的探索，并深刻回应了社区重建过程中人心建设的重要性。

新疆山水周环关于牧区生计发展与生态保护的行动研究探索，也为我们提供了公益行动者从零起步，以社会学的想象力、民族学的专业精神和社会工作者的敏锐度来细致化对待各方关系，从中发现机会、提心吊胆又笃定务实的社会变革者的样貌。

质兰基金会陈楠的行研报告则是围绕"质兰基金会品牌塑造的路径思考与探索"展开，质兰基金会品牌背后的逻辑和思考对于当下把"品牌"放到前所未有高度的公益行业而言，是有着现实意义的，这带给我的启示是品牌一定是与你的赋能工作高度关联，甚至你可以经常用来自我追问"我的群众基础在哪里"。

新疆山水杨曙辉、美境自然陶镜如、大鱼营造何嘉、北京近邻张杨围绕组织建设而展开的行研报告在我看来更是难能可贵，四位机构负责人能把自己在做机构时的探索、踩的坑，甚至一地鸡毛清晰地呈现出来，无论从袒露的勇气还是从自我剖析的能力上来说，都是令人敬佩的，我想这是行研深入骨髓的体现，而我也相信这种深度和开放度必能推动组织的进化和业务的发展。

可持续，不仅关乎事业的可持续、组织的可持续，还有自身生命状态和生命气象的可持续，从南宁绿生活李宁宁和施永青基金（香港）北京代表处周丽娟的行研报告中，我们可以看到两位经历了两个公益时代和两种公益身份的行动者，寻求事业与内心平衡的实践与思考，并在这个过程中营造一个区域或议题新业态的行动故事。

故事不多，宛如平常的一段歌。但，这的确是一本处处用心、步步惊心、娓娓道来的文集，字里行间帮你置身于行动者的行动位置与在地情境，并像是一位久违的老友在问你："如果是你，你会怎么办？"

随着文集的正式出版，项目到此结束。这是上一段路的终点，也是一条尚未成形的路的起始点。行动研究是生命中一场无止境的自我革命。记住，不躺平不抱怨，安驻那5%的软土深掘，开路铺路成为路，毕竟还有一个大大的世界等着我们去改造。

后　记

　　本书最终能编辑成书，要感谢太多的人和事。首先感谢北京市近邻社会工作发展中心的大部分资金支持。这部分资金来源于十年前，北京近邻推动的行动研究的一个项目，原计划有两本书出版，与出版社签了约交了钱，却因为种种原因一本书没有出，北京近邻用自己的钱给资方退了钱，留在出版社的钱正好成就了这本书的出版。感谢近邻，其余资金不足部分由万科公益基金会和质兰基金会分别出资支持，在此一并感谢！

　　感谢在编辑本书过程中北京合一绿色公益基金会的李大君老师！他是恒星伙伴计划的负责人，也是我们学习网络项目组的成员、重要推动者、学习委员。他为本书的编辑付出了很多的心力，无论是没有参与还是参与到学习网络中的恒星伙伴的文章，每一篇他都认真细致地修改！他从来不计较个人得失，只为他的纯粹公益理想和改变做事情！感谢万科公益基金会的林虹和张艳为项目所做的工作！

　　感谢北京近邻的鲁清香，本书中没有她的文章，但每一篇都有她的身影，她默默地负责校对和收集资料的工作，她是"学习网络"项目重要的行政组织者，她总是谦虚地说，所做的工作都是给予她学习的机会。感谢北京近邻的魏傲麟对全书进行的校对工作。

图书在版编目(CIP)数据

社区实践者的行动研究 / 杨静，刘源主编. -- 北京：社会科学文献出版社，2025.4. -- (行动研究系列丛书). -- ISBN 978-7-5228-4733-7

Ⅰ.C912.8

中国国家版本馆 CIP 数据核字第 20251MC437 号

行动研究系列丛书
社区实践者的行动研究

主　　编 / 杨　静　刘　源

出 版 人 / 冀祥德
责任编辑 / 谢蕊芬
责任印制 / 岳　阳

出　　版 / 社会科学文献出版社·群学分社（010）59367002
　　　　　 地址：北京市北三环中路甲29号院华龙大厦　邮编：100029
　　　　　 网址：www.ssap.com.cn
发　　行 / 社会科学文献出版社（010）59367028
印　　装 / 三河市东方印刷有限公司

规　　格 / 开　本：787mm×1092mm　1/16
　　　　　 印　张：15.5　字　数：258千字
版　　次 / 2025年4月第1版　2025年4月第1次印刷
书　　号 / ISBN 978-7-5228-4733-7
定　　价 / 89.00元

读者服务电话：4008918866

▲ 版权所有 翻印必究